Boris Cyrulnik

Bajo el signo del vínculo

Colección
Psicología

Otros títulos de interés

El amor que nos cura
Boris Cyrulnik

Los patitos feos
La resiliencia: una infancia infeliz no determina la vida
Boris Cyrulnik

El murmullo de los fantasmas
Volver a la vida después de un trauma
Boris Cyrulnik

El encantamiento del mundo
Boris Cyrulnik

Los buenos tratos a la infancia
Parentalidad, apego y resiliencia
Jorge Barudy y Maryorie Dantagnan

La felicidad es posible
*Despertar en niños maltratados la
confianza en sí mismos: construir la resiliencia*
Stefan Vanistendael y Jacques Lecomte

La resiliencia: resistir y rehacerse
Michel Manciaux (compilador)

El realismo de la esperanza
Testimonios de experiencias profesionales en torno a la resiliencia
Boris Cyrulnik y otros

Bajo el signo del vínculo

Una historia natural del apego

Boris Cyrulnik

gedisa
editorial

Título del original en francés:
Sous le signe du lien
© Hachette Littératures, 1989
© Boris Cyrulnik, 1989

Traducción: M. Margarita Polo

Diseño de cubierta: Alma Larroca

Primera edición: abril de 2005, Barcelona
Primera reimpresión: noviembre de 2005, Barcelona
Segunda reimpresión: mayo de 2008, Barcelona

Derechos reservados para todas las ediciones en castellano

© Editorial Gedisa, S.A.
Avenida del Tibidabo, 12, 3.º
08022 Barcelona, España
Tel. 93 253 09 04
Fax 93 253 09 05
gedisa@gedisa.com
www.gedisa.com

ISBN: 978-84-9784-042-2

Depósito legal: B-26554-2008

Impreso en Master Copy, S.A. de C.V.
Impreso en México
Printed in Mexico

Índice

mártir • La palabra modifica el destino biológico • La etología transcultural • La pérdida de esa seguridad fortalecedora crea un momento de vulnerabilidad • La primera vez que una madre toma a su bebé en brazos • Las primicias del beso • Notas

SEGUNDA PARTE: LA PAREJA

Introducción

1

La actitud etológica

¿Quién podría pensar que cuando las gaviotas planean por encima del pico rocoso de la isla de Porquerolles nos plantean un problema antropológico? ¿Quién osaría pensar en la evitación del incesto?

No es sencillo hacer esa observación, pues se trata de ver algo que no ocurre: un no acontecimiento.

Para observar que una cría de chimpancé rechaza aparearse con su madre, se debe vigilar a los dos animales durante su período sexual. Es fácil ver que las callosidades de las nalgas de la hembra se tornan rosadas bajo la influencia de ciertas hormonas. También es fácil observar cómo solicita a los machos reculando hacia ellos y cómo éstos se interesan vivazmente por esa inusual hinchazón coloreada.

El observador se sorprende al notar que la cría de chimpancé se esconde, con la cabeza entre los brazos, desvía su mirada y se acurruca en un rincón mientras su madre juguetea. Apenas terminado el período sexual, el joven macho vuelve a acercarse a la hembra ya calmada, le hace algunas sonrisas, le ofrece unas frutas y vuelve a mimarla.

Para observar la evitación del incesto, fue necesario notar un comportamiento particular entre un joven macho y una hembra, compararlo con los otros comportamientos de encuentro de los animales del grupo y, sobre todo, conocer a los individuos desde su nacimiento, para saber que esa hembra y ese joven macho eran madre e hijo.

Para observar ese no acontecimiento, fue necesario adoptar una actitud mental particular que consiste en analizar lo que se tiene ante los ojos y situarlo en la historia que se ha tenido ante los ojos, a saber: seguir la evolución de un individuo, su diacronía, la manera como ha desarrollado un comportamiento, a fin de dar sentido a lo que se manifiesta en un momento preciso, en la sincronía de los animales entre ellos.

Para observar la evitación del incesto, en esa familia de chimpancés tan edípica, se necesitó mucha lentitud y una gran paciencia.

Por ello, los psicoanalistas y los científicos, personas presurosas e intrépidas, aún ignoran que los animales no realizan el incesto en su entorno natural.

Una joven gaviota macho anillada de rojo se dirige hacia su nido ubicado al borde de un camino. Una hembra anillada de amarillo se coloca cerca de él y se aproxima graznando. Esas gaviotas viven en pareja desde hace dos meses. El color de los anillos permite saber que nacieron en ese territorio del pico de Mèdes.

Tras un largo viaje por encima de los Pirineos hasta el Atlántico, han vuelto para formar una familia en el sitio donde nacieron y al que su infancia los ha apegado. Es una pareja de jóvenes pues aún tienen algunas plumas pardas en el borde anterior de las alas, mientras que el plumaje de las gaviotas adultas es de un blanco impecable con franjas gris pálido.

Durante el invierno han frecuentado las playas del Atlántico con gaviotas llegadas de Inglaterra.[1] A pesar de tener en común la genética, la anatomía y los comportamientos, las dos poblaciones de gaviotas no se han mezclado. Se dice que sus gritos no tienen el mismo acento y que esa extrañeza las intimida.[2]

En la primavera volvieron a su lugar de nacimiento y allí se reconocieron. El contexto territorial, las rocas blancas, la dirección del viento, las raíces de las verbenas han generado en ellas un sentimiento de familiaridad que, al darles seguridad, ha permitido el cortejo sexual. Cuando el macho anillado de rojo se dirigió a su nido, la hembra se puso cerca de él sin vacilaciones.

Las parejas se reconocen de lejos gracias a la expresión de su rostro. Creía que todas las gaviotas eran iguales, pero he tenido que aceptar que cada rostro es particular y que las gaviotas se reconocen entre individuos.

Para un ojo humano, los machos y las hembras son idénticos, mientras que, para los pájaros, la diferencia es evidente. Las hembras, más pequeñas, tienen una cabeza más redondeada y, sobre todo, manifiestan comportamientos de hembra.[3] En el caso de las gaviotas, ella es quien toma la iniciativa del cortejo sexual. Apenas identifica al macho deseado, retrae el cuello, coloca el cuerpo en forma horizontal y emite gritos, suaves, breves, poco sonoros, que evocan la postura y el grito de los pequeños cuando piden alimentos.

El macho, emocionado, estira las alas, tensa el cuello y grazna largamente. Si, por casualidad, otro macho pasa por allí, la pareja lo atacará. Así unidos por esa agresión común, los compañeros se dirigen hacia un espacio llano y comienzan la construcción de su nido.

El macho deseado debe ser vecino. Si tuviera anillo amarillo como esta hembra, podría haber sido criado por los mismos padres; los muy frecuentes conflictos entre hermanos y hermanas provocan un odio que los separa.

En Hendaya, por otro lado, el acento de las gaviotas inglesas crea una sensación de extrañeza que intimida a las gaviotas marsellesas e impide las paradas sexuales.[4]

Para ser deseado, el macho debe ubicarse a la distancia emotiva correcta. Demasiado cerca, el exceso de familiaridad favorece la expresión de hostilidad. Demasiado lejos, la extrañeza de su acento y de ciertos comportamientos diferentes inhibe los intentos de acercamiento.

De ese modo se reúnen las condiciones sociales, ecológicas y genéticas que impiden el incesto entre las gaviotas.

En 1949, Lévi-Strauss[5] dio a la prohibición del incesto el poder de «indicar el paso de la naturaleza a la cultura», de la animalidad a la humanidad.

Desde 1987, las gaviotas, como la mayoría de los animales, ponen en duda la teoría de Lévi-Strauss. La elección sexual entre animales adultos está lejos de efectuarse al azar en razón de que existen reglas biológicas, ecológicas, sociales e históricas que llevan a los animales a elegir a su compañero dentro de un pequeño número de posibles. La endogamia, el acoplamiento con compañeros procedentes del mismo grupo, es muy poco frecuente en el medio natural,[6] mientras que el incesto entre los humanos es mucho más frecuente de lo que se dice.[7]

Para ser lógicos, deberíamos concluir que los animales son más cultivados y más humanos que los hombres.

La trampa reside en la manera de plantear la cuestión, pues nosotros, los humanos, sólo podemos describir lo que observamos nombrando las cosas. Siempre hay un momento en que terminamos por hablar y ponemos en palabras lo que observamos. De ese modo introducimos una traición suplementaria en nuestras observaciones. Una cría de gaviota no se aparea con su madre, pero si lo hiciera, ¿estaría realizando un incesto? Es el observador humano el que llama «incesto» a ese acto sexual. Por lo tanto, no es el acto lo que señala el paso de la naturaleza a la cultura, sino el hecho de decir que ese acto es un «incesto» y prohibirlo.

Incluso se podría renunciar al corte radical entre el hombre y el animal. Desde esa perspectiva, podría describirse el programa común de todos los seres vivos al mismo tiempo que la especificidad de cada uno. Todos los seres vivos tienen en común la necesidad de seleccionar ciertas informaciones materiales fuera de lo real para obtener energía y adaptarse a ellas. Pero cada ser vivo organiza la propia manera de procesar la información según la estructura de su cerebro y la de su persona.

En tal sentido, el término «animal» se refiere a los seres vivos que no son ni plantas ni humanos. El animal, ese «no hombre», comprende una diversidad tan grande que la idea de un ser animal remite a maneras de ser prodigiosamente diferentes. Si orientamos nuestra máquina de percibir el mundo hacia la molécula, la pared membranosa y los intercambios de materia, descubriremos que la aplisia, una suerte de babosa de mar, secreta en su sinapsis –el espacio entre dos células nerviosas– la misma molécula de acetilcolina que el hombre,[8] lo cual no permitirá deducir que el hombre es una aplisia. Cuando Freud descubrió que las células nerviosas de las anguilas tenían la misma forma que las células nerviosas humanas,[9] no confundió a un hombre con una anguila, nunca tuvo una anguila en su diván y, sin embargo... ¡las células nerviosas de ambos seres poseen la misma forma!

De modo que la distinción entre la etología animal y la etología humana hoy en día ya no tiene mucho sentido. Debería hablarse más bien de la apertura etológica de una disciplina previamente formada. Cuando los psicólogos aplican a su objeto científico la actitud y el método etológicos, se habla de etopsicología. Los antropólogos que dedican una gran parte de su trabajo a hacer observaciones no verbales, hacen etoantropología. Cuando los lingüistas observan los comportamientos en los actos de habla o las conversaciones, hacen etolingüística. Los urbanistas hacen etourbanismo; los neurólogos, etoneurología y los psicoanalistas, etopsicoanálisis.

Freud escribía a Martha, su prometida: «Me impulsaba una suerte de sed de saber, pero que se inclinaba más por las relaciones humanas que por los objetos propios de las ciencias naturales, sed de saber que, por lo demás, aún no había reconocido el valor de la observación...».[10] Por ello, cuando Victor Frankl, que tenía 16 años en 1921, remite a Freud un artículo sobre «El origen de los gestos de afirmación y de negación», éste, encantado de ver un método de observación natural aplicado a las relaciones humanas, inmediatamente lo hace publicar en el *Journal International de Psychanalyse*.[11]

En el período de posguerra, René Spitz realiza una observación de las sonrisas del recién nacido, claramente inspirada en los métodos de Niko Tinbergen sobre el inicio del picoteo en las crías de gaviotas. Ese gran psicoanalista describió más tarde los comportamientos anaclíticos de los niños abandonados que, sin la base de seguridad que otorga el cuerpo materno, no han podido consolidar su desarrollo. Observando las reacciones de miedo en el niño, describió también los comportamientos de angustia ante el extraño y su aparición súbita durante el período sensible del octavo mes.[12]

Todos esos psicoanalistas pudieron realizar observaciones directas porque tenían en mente una teoría psicoanalítica que les permitía pensar en el hombre en términos históricos. Así pues, se lanzaron en busca de las raíces tempranas de un trastorno expresado mucho más tarde.[13]

En 1969, John Bowlby refuerza esa actitud etopsicoanalítica: «Es indudable que, si el psicoanálisis pretende alcanzar un lugar entre las ciencias del comportamiento, a su método tradicional debe añadir los métodos comprobados de las ciencias naturales».[14]

Actualmente, grandes nombres del psicoanálisis se forman en etología. Es posible que para curar no modifiquen su manera de practicar el psicoanálisis pero, si quieren hacer de éste una ciencia, deben adoptar una actitud que les permita hallar otras hipótesis, deben aprender un método de observación mediante el cual se puedan descubrir hechos diferentes y proponer causalidades nuevas.[15]

¿Cómo se llega a la etología, psicología del comportamiento que se propone observar a los seres vivos en su entorno natural?

La historia nació con Konrad Lorenz.

En la década de 1930, ese austríaco decepcionado por la medicina, espantado por la psiquiatría de su época, decidió vivir en compañía de cornejas y de ocas cenicientas.[16] El simple hecho de compartir con esos animales su casa, su comedor y la escalera que conducía a las habitaciones, cambió en gran medida su mirada de observador.

La convivencia con las ocas cenicientas le permitió comprender la importancia de la vida afectiva y social de esos animales. Lorenz narra la vida sentimental de una oca criada con ternura por una pareja de padres fieles.[17] Durante la pubertad, la pequeña oca se opone tenazmente a sus padres, se niega a seguirlos y se resiste. Los padres, por su lado, se vuelven esquivos. Luego recomienzan el cortejo y la pequeña oca les resulta molesta en sus danzas. La amenazan ante la menor interrupción, por lo que, de la manera más natural del mundo, la adolescente se ve en la obligación de abandonarlos.

Este relato inocente de un conflicto de generaciones en animales estimuló a numerosos investigadores y les permitió observar cómo ese comportamiento se relacionaba con la inhibición del incesto. Desde 1936, Konrad Lorenz pudo describir en las ocas cenicientas la ausencia de relación sexual entre un hijo y su madre. Para ello fue necesario introducir la historia en la observación, como habían propuesto los psicoanalistas. Había que vivir con los seres observados, compartir su cotidianidad y analizar lo banal.

En la vida de todos los días, la actitud mental del observador organiza la observación. Cuando el observador dice: «Todos los chinos se parecen», quiere decir que reduce la persona observada a ciertos índices realmente observados. Sensorialmente ha percibido el color amarillo de la piel, el aspecto rasgado de los ojos negros y los cabellos lacios.[18] A partir de esas pocas informaciones reales, ha sintetizado una categoría «chino» que, en efecto, es portadora de la misma longitud de onda reflejada por la piel, la misma forma de los ojos y el mismo color de cabello.

Sin embargo, si uno vive con chinos, si comparte la misma habitación, las mismas comidas, el mismo oficio, descubre que existen diferencias muy grandes entre la manera de comer, de dormir y de entablar relaciones afectivas de cada uno. Tratará de comprender el sentido del gesto de ofrecer un vaso de vino, de una sonrisa en un momento en que uno está falto de ánimo, de una sonoridad verbal incomprensible, pero que transmite un sentimiento de amistad o de odio. El hecho de compartir la cotidianidad con los chinos va a cambiar radicalmente la observación del observador.

A partir de entonces, ya no todos los chinos son iguales. Se puede ver que los hay altos, gentiles, tristes, perezosos... La manera de observar ha personalizado a los chinos.

En la llana región de la Camarga, con sólo subir a un taburete, el paisaje cambia y se puede ver el mar, como hicieron Konrad Lorenz con sus ocas cenicientas y nuestro viajero con sus chinos. Por el simple cambio de actitud del observador, el ser observado cambia de forma.

Así pues, el hecho de estar enamorado me plantea un problema de orden epistemológico.

Cuando veo caer a la mujer que amo, no pienso que cae en función de $\frac{1}{2}\,mV^2$. No llego a representarme a la persona que amo bajo la forma de un peso sometido a la atracción terrestre. Cuando ella cae, siento una emoción tierna y angustiada, me apresuro para ayudarla, esperando que no se haya lastimado. $\frac{1}{2}\,mV^2$ no tiene pertinencia alguna en mi estado amoroso, y cuando se da a $\frac{1}{2}\,mV^2$ un valor explicativo para la caída de la mujer que amo, me escandalizo. Aceptar que cae en función de $\frac{1}{2}\,mV^2$ es considerar a la mujer que amo análoga a una piedra. Es descalificar la emoción que siento por ella, reducir a la nada la tierna sensación que me invade. Es como decir que estoy enamorado de una piedra. Reducir a la mujer que amo a una ley común de las piedras y las mujeres amadas es negar mi representación amorosa, mi vida íntima y psicológica.

¡Detesto a los que, viendo caer a la mujer que amo, declaran: «Cae en función de $\frac{1}{2}\,mV^2$»!

Y sin embargo, ¡ella se cae!

El objeto observado no es, pues, neutro; el observador, según su estado sensorial o neurológico, según la estructura de su inconsciente, selecciona ciertas informaciones a partir de las cuales crea una representación que llama «evidencia».

Pero la evidencia no es evidente. Algunos observadores se escandalizan por la reducción de la caída de la mujer que aman a una ley física, mientras que otros observadores, horrorizados por la propia afectividad, se sienten liberados por esa ley general.

El primer momento de la observación etológica sería una observación ingenua. Pero vemos que en realidad no es tan ingenua, puesto que «la caída de la mujer que amo» nos ha hecho comprender que una observación es el efecto que produce lo observado en el observador.

La etología propone, entonces, un segundo momento, una serie de observaciones dirigidas que van a tratar de analizar ciertas variables.

Sabiendo que $\frac{1}{2}mV^2$ es una ley general que se aplica a todo cuerpo que cae, aplico mi observación experimental en tres situaciones:

1. Doy un puntapié a una piedra: conociendo el peso de la piedra, las leyes de la atracción terrestre, la fuerza y la dirección de mi golpe, puedo prever la trayectoria de la piedra con una precisión balística que me da una gran satisfacción.
2. Doy el mismo golpe a un perro:
   a) Cuando el perro está en mi territorio: observo que el perro se desplaza mucho más lejos de lo que había previsto según la fuerza mecánica de mi puntapié.
   b) Cuando el perro está en su propio territorio: para mi gran sorpresa, soy yo el que se desplaza con fuerza en sentido inverso al que podría haber previsto según la dirección de mi puntapié.
3. Doy el mismo puntapié a la mujer que amo y observo:
   a) Una reacción vocal y verbal: «¡Ay! ¿Estás loco?»
   b) Una interpretación: «Mi madre me había dicho que algún día me harías algo así».
   c) Un desplazamiento muy diferente de lo que había previsto según la fuerza y dirección de mi puntapié: «Me vuelvo a lo de mi madre» (¡a 800 km de mi puntapié!).

Esta pequeña fábula muestra que la observación es un acto de creación que debe guardar adecuación con las leyes generales.

El método científico nos ha enseñado a disponer los objetos de observación en diferentes niveles de organización que no son excluyentes unos de otros. El método es excluyente, no el objeto observado. El hecho de que la mujer que amo haya interpretado mi puntapié no le impidió recibir su impacto mecánico. Las leyes matemáticas explicaron la fuerza de mi puntapié, pero la interpretación y las decisiones conductuales de mi mujer se explican por la idea que ella tiene de nuestra vida conyugal.

En los medios «psi», siempre hay algún adorador de la molécula para explicar un comportamiento a partir del efecto de un producto biológico: «Si el cerebro de su mujer hubiera secretado menos dopamina, ni siquiera hubiera tenido la fuerza para decidir volver a lo de su madre». Ese argumento es pertinente; en efecto, los melancólicos y los dementes cuyo cerebro no secreta suficiente dopamina no pueden interpretar sus percepciones y dejan de actuar en su mundo.

Los veneradores del símbolo se indignan contra ese molecularismo y sostienen que el hombre es diferente de una molécula. Ese argumento también parece defendible.

Sin embargo, los adoradores de la molécula no son más poseedores de la verdad que los veneradores del símbolo. El observador ha elegido su nivel de observación en función de lo que sabe y de lo que es. Ha descrito lo que su actitud inconsciente le permitía ver.

Apenas producidas, esas observaciones son interpretadas por aquellos a quienes el observador las relata. Cuando organizamos en Toulon nuestro coloquio sobre la comunicación intrauterina, los documentos publicados eran sólidamente defendibles.[19]

Todos habían podido oír las sonoridades intrauterinas y ver, en la ecografía, cómo los bebés reaccionaban ante ciertos componentes de la voz materna. Esas informaciones biofísicas, apenas percibidas, se incorporaban en el inconsciente de los oyentes para suscitar interpretaciones diametralmente opuestas. Algunos obstetras se opusieron con vehemencia a ese tipo de exploración. «Por supuesto, nos decían, todo el mundo puede ver a los bebés nadar, mamar, acelerar el corazón o incluso sonreír en el útero cuando su mamá canta una canción familiar, pero esas reacciones conductuales no significan que los bebés hayan oído, pues el oído externo no funciona en el agua y la memoria del feto es tan breve que transforma esa información en estimulación física inmediata.» Los obstetras que interpretaban de ese modo las observaciones de comunicación intrauterina eran, en su mayoría, partidarios de las madres portadoras. Para vender un bebé apenas nace, para entregarlo a otras manos cariñosas, era mejor pensar que no había vínculo entre la madre y el niño en su vientre. La ausencia de apego intrauterino hacía que la entrega fuera más fácil.

Esa tarde, el organizador me presentó a una periodista que había tomado nota de todo, había grabado todo y acababa de hablar con Stock-Pernoud, que aceptaba publicar las actas del coloquio. «Es extraordinario, decía, es maravilloso saber que el bebé en el útero percibe a su madre, la reconoce y se familiariza con ella.» En la cena, supe que la periodista militaba en un movimiento contrario al aborto y que esperaba utilizar ese descubrimiento para intentar volver a prohibir la interrupción del embarazo.

La misma observación científica había alimentado dos representaciones opuestas: el hecho de que un feto sonriera y se succionara el pulgar cuando su madre hablaba había proporcionado a algunos la prueba de que se trataba de una reacción refleja. Los que querían creer que el apego únicamente se desarrolla a partir del nacimiento se sentían autorizados a separar al bebé de su madre, que sólo era portadora.

Paralelamente, la misma observación había dado a otros oyentes la prueba de que el bebé, al responder a su madre desde el sexto mes, se convertía en una persona que vivía dentro del útero.

El objeto observado, el objeto científico nunca es fantasmáticamente neutro. Al ser percibidas, las cosas adquieren un sentido, en el fulgor de nuestra comprensión.

«Cuando el observador parece ocupado, según él mismo cree, en observar una piedra, en realidad está observando los efectos de la piedra en él mismo.»[20] Con este dicho, se pretende mostrar cómo el observador observa y cómo su inconsciente organiza lo que percibe.

Si se cambia el observador, si se cambia su cerebro, su cámara, su historia, su inconsciente o, simplemente, su actitud intelectual, se cambiará su observación y se obtendrán de lo real otros hechos sorprendentes. Konrad Lorenz, al compartir su dormitorio con una oca cenicienta; Albert Einstein, al inventar una matemática nueva a partir de la posición del observador, cualquiera que se suba a un taburete en la Camarga perciben, comprenden cosas distintas.

En cuanto admitamos esa idea, podremos ver y escuchar nuestras observaciones con otros ojos y con otros oídos. El ojo nos permitirá la observación directa y el oído nos ofrecerá la historia.

Esos dos órganos dan acceso a dos formas muy diferentes de la comprensión: la historicidad y la causalidad.

Observo una garrapata prendida a una rama baja: entre todas las informaciones que componen su mundo real, ninguna la estimula debidamente y la garrapata, adormecida, sigue prendida.

Pasa un perro con su piel grasa y sus glándulas que secretan mucho ácido butírico. Los órganos receptores de la garrapata están materialmente organizados de tal manera que la molécula de ácido butírico excita su sistema nervioso y entra en éste como una llave en su cerradura. Nada estimula más a la garrapata que, muy excitada, se despierta, abre sus pinzas y cae en la piel del perro, donde pasará unos momentos felices. «El ácido butírico es el significante biológico de la garrapata.»[21]

Propongo probar el mismo razonamiento para el hombre psicológico. La frase: «Te encontramos en un cubo de basura», pronunciada por algunos padres comunica una serie de informaciones «tú/niño encontrado/por nosotros padres/en cubo de basura».

Cuando el niño oye esa frase, la interpreta y la integra en su historia, lo que, cuarenta años más tarde, en psicoterapia se transformará en: «Esa frase me conmocionó. Me aterrorizó. Después de esa frase, me pasé la vida temiendo el abandono y haciendo todo lo posible para no ser abandonada. Me doy y me sacrifico tanto que la persona que amo nunca podrá abandonarme, pero yo… no logro vivir mi vida, de tanto que me envenenó esa frase».* Sin embargo, no puede decirse que esa frase sea la causa del destino sacrificado de esa mujer de 47 años, pues, unos días más tarde, otra paciente dice: «"Te encontramos en un cubo de basura"… Instantáneamente la frase me liberó. Yo no era entonces la hija de esos padres. Estaba autorizada a ignorarlos, a despegarme de ellos, a mandarlos a paseo, a hacer mi vida».*

Esa frase sólo puede ser significativa para las dos mujeres si tienen oídos para captar las sonoridades, un cerebro para transformar los sonidos en palabras y una historia para dar sentido a esas palabras. Pero la historicidad de ambas es diferente, porque eligen sus acontecimientos reales en función del filtro de su sensibilidad. Los seres vivos seleccionan sus informaciones para componer, a partir de lo real, una memoria

---

* Con este signo repetido a lo largo del libro hacemos referencia a frases recopiladas y transcritas palabra por palabra en sesiones de psicoterapia.

quimérica, en el sentido de que todos los elementos en ella incluidos son verdaderos, mientras que el animal quimérico es inventado.

La introspección, el análisis retrospectivo, la memoria sincera sólo pueden recordarnos biografías quiméricas. Se debe renunciar a toda causalidad por ese método. Una paciente dice: «Esa frase («te encontramos en un cubo de basura») me enfermó de angustia». La otra dice: «Después de esa frase, me sentí liberada de mis angustias».

Pero si añadimos la observación directa, podremos ver cómo el sentido viene a las palabras, cómo una misma frase adquiere un sentido diferente, mientras que la significación es la misma: tú/encontrada/en la basura/por padres.

A partir de observaciones directas de niños dejados algunas horas en una guardería infantil, surge la idea siguiente: los niños que resisten mejor la separación son los que, antes de ese acontecimiento, habían desarrollado con su madre el apego más tranquilizador.[22]

Esa idea es defendible gracias a una serie de observaciones realizadas por varios etólogos coordinados en torno de un mismo tema. Uno describe el microanálisis de los comportamientos de niños sin madre (N. G. Blurton-Jones[23]); otro describe los comportamientos de socialización de esos niños, como la demanda afectiva: acercarse, sonreír, inclinar la cabeza, tender la mano (Hubert Montagner[24]). Otro describe la imitación, «que no es una "monería"», sino una inducción al juego y al diálogo (Pierre Garrigues[25]). Todos esos rasgos conductuales hacen que se pueda observar cómo un niño separado de su madre se protege contra el abandono y se socializa pese a todo.

¿Demanda más afecto o aumenta sus actividades centradas en el propio cuerpo? ¿Sonríe o evita la mirada?

No es difícil trazar el perfil conductual de esos niños y seguir su evolución. Se comprueba entonces que los niños «separados precozmente» (más allá de la causa de esa separación) son los que resisten más difícilmente la partida de la madre: aumentan las actividades autocentradas y disminuyen los comportamientos de socialización que les habrían permitido soportar la partida.[26]

Inversamente, el retorno de la persona de apego provoca comportamientos muy diferentes según la historia directamente observada del niño. Una suerte de «experimento natural» se realizó en una institución canadiense donde se cuidaba durante el día a unos treinta niños que habían sido realmente abandonados por sus padres cuando tenían entre dos y seis meses. Esos niños habían sido ubicados en un centro de acogida donde el afecto que recibían les había permitido reparar rápidamente sus trastornos.

Otros niños, que nunca habían sido abandonados, también eran dejados por sus padres en la misma guardería. La inevitable partida de la persona de apego provocaba los comportamientos esperables antes descriptos: los niños bien familiarizados se succionan menos el pulgar, se acuestan menos boca abajo, demandan más a los otros, sonríen, vocalizan y se toman de las rodillas de los adultos.[27]

Cuando vuelve la persona de apego, se comprueba una diferencia muy clara entre las reacciones conductuales: los niños «separados precozmente» manifiestan una gestualidad mucho más intensa, más gritos, sonrisas y abrazos que los niños familiarizados.

Así pues, un hecho realmente acontecido en la historia temprana de esos niños había podido crear una aptitud relacional, repetible en función de los acontecimientos de la existencia.

Supongamos que se asocia esa observación directa a la frase: «Te encontramos en un cubo de basura». En ese caso puede explicarse el sentido tan diferente atribuido a la misma frase. Al interrogar a los vecinos, los familiares o los testigos que podemos considerar como observadores ingenuos, nos enteramos de que la mujer que se había angustiado por la frase había tenido antes una historia de rupturas, separaciones, había pasado de mano en mano, de hogar en hogar. Su madre había sido hospitalizada dos meses después de su nacimiento; la abuela, frágil, había necesitado la ayuda de numerosas niñeras, en tanto que el padre, inestable, al cambiar de trabajo los había obligado a mudarse muchas veces. De ese modo, acontecimientos como la guardería infantil, los primeros días de escuela o las colonias de vacaciones despertaban en ella fantasías de abandono. Al aparecer, en la historia caótica de esa niña, la frase funcionaba como metáfora fundadora de su destino de abandonada. Frase-metáfora por su poder condensador de emoción, pero no frase-causa de su destino, como sostenía la paciente al contar su historia.

La otra paciente, la que había sido liberada por la misma frase, tuvo una primera infancia plena de afecto: «Mi madre estaba siempre encima de mí… Apenas yo quería algo, ya lo tenía. Me hartaba. Me estaba tanto encima que sólo la veía a ella, yo no sabía quién era yo. Estaba incluida en su amor. Me llevaba a todos lados. Era terrible. Ni siquiera pude lastimarme alguna vez las rodillas».*

Esa niña, llena de atenciones y de afecto, sólo podrá llegar a ser ella misma y sentirse una persona oponiéndose a quienes la aman. Para ella, la frase tendrá el valor de liberación, de autorización a ser ella misma, metáfora fundadora de su destino de marginal, único medio que encontró para personalizarse en ese mundo infantil anestesiado por la plétora afectiva.

La finalidad de esta introducción es ilustrar una sola idea: las observaciones que más adelante presentaremos en el libro son falsas. Pero como fueron hechas por observadores que saben hasta qué punto la observación es una creación, siguen siendo «revisables»: lo que hemos visto deberá revisarse.

Quienes dicen «Es obvio, sólo hay que ver» viven en un mundo impresionista. Creen observar el mundo, mientras que sólo observan la impresión que tienen de ese mundo.

Trataremos de esclarecer un poco la cuestión del apego, ese vínculo que impregna una parte tan grande de nuestra vida cotidiana que lo teníamos ante los ojos y no lo podíamos ver.

Notas

1. G. Launay, «Dynamique de population du goéland leucophée sur les côtes méditerranéennes françaises», Parque Nacional, Port-Cros, 1983.
2. I. Eibl-Eibesfeldt, *Éthologie. Biologie du comportement*, Éditions Scientifiques, 1972, reeditado en 1988, p. 120. [*Biología del comportamiento humano. Manual de etología humana*. Madrid, Alianza, 1993.]
3. N. Tinbergen, *L'univers du goéland argenté*, Bruselas, Elsevier, 1975.
4. B. Cyrulnik, *Communications pré-verbales chez les animaux,* Bordeaux, Société Internationale d'Écologie, 1987; L'Harmattan, 1989.
5. C. Lévi-Strauss, *Les structures élémentaires de la parenté*, París, PUF. [*Estructuras fundamentales del parentesco*. Barcelona, Paidós Ibérica, 1998.]
6. J.-M. Vidal, «Explications biologiques et anthropologiques de l'interdit de l'inceste», *Inceste, Nouvelle Revue d'Éthnopsychiatrie*, Grenoble, La Pensée Sauvage, 1985.
7. P. Scherrer, «L'inceste dans la famille», ibíd.
8. J.-P. Changeux, *L'homme neuronal*, París, Fayard, 1983. [*El hombre neuronal*. Madrid, Espasa-Calpe, 1986.]
9. S. Freud, Prix du bulletin de l'Académie des Sciences (Base de la théorie des neurones), Viena, 1877.

10. J. Farran, *Freud*, París, Tchou, 1969.
11. V. Frankl, *Un psychiatre déporté témoigne*, Lyon, Éditions du Chalet, 1973.
12. R. Spitz, *La première année de la vie de l'enfant*, París, PUF, 1953. [*El primer año de la vida del niño*. Madrid, Aguilar, 1993.]
13. D. Wildöcher, *Les logiques de la dépression*, París, Fayard, 1983.
14. J. Bowlby, *L'attachement*, París, PUF, 1978, t. 1.
15. S. Lebovici, *Le nourrisson, la mère et le psychanalyste*, Le Centurion, 1983.
16. A. Nisbett, *Konrad Lorenz*, París, Belfond, 1979.
17. K. Lorenz, *L'année de l'oie cendrée*, París, Stock, 1978.
18. A. Langaney y D. Roëssli, «La couleur de la peau désirée: mesure d'un fantasme», *Le visage: sens et contresens*, París, ESHEL, 1988.
19. J. Petit y P. Pascal, Colloque éthologie et naissance (NEC), 1985, SPPO (Société de Psychoprophylaxie Obstétricale), núm. 10, mayo de 1988.
20. B. Russel, *Signification et vérité*, París, Flammarion, 1969.
21. J. Von Uexküll, *Mondes animaux et monde humain*, París, Denoël, 1956.
22. Idea desarrollada en el capítulo: «Hijos de la basura, hijos de príncipes».
23. N. G. Blurton-Jones, *Ethological Studies of Child Behaviour*, Cambridge, Cambridge University Press, 1972.
24. H. Montagner, *L'enfant et la communication*, París, Stock-Pernoud, 1978.
25. Obra colectiva, *Le jeu, l'enfant*, París, ESF, 1985.
26. L. Petitclerc y J.-F. Saucier, Adaptation aux pairs de la garderie, en *Éthologie et développement de l'enfant*, París, Stock-Pernoud, 1985.
27. B. Tizard, *Early Childhood Education*, Windsor, NFER, 1975.

Primera parte

La madre

2

La vida antes del nacimiento

Nunca oí decir «Mi feto querido».

La palabra «feto», en latín, se refiere al huevo, a las membranas, al embrión vivíparo. «¿A partir de cuándo el feto se convierte en persona?» ¿A partir del día catorce, cuando el huevo se implanta y se adhiere a la pared uterina? ¿Después de la semana catorce, cuando las células se organizan en tejidos y luego en órganos? ¿Cuando se mueve, cuando habla?

Los biólogos no saben indicar cuándo nace una persona. Pueden decir que el individuo nace y muere, pero que la vida nunca se interrumpe. Cuando las células sexuales se encuentran para inventar un niño, están vivas. Pero sólo el individuo que resulte de ese encuentro va a nacer y morir. Sus células sexuales van a perpetuarse en otros. Los individuos mueren; la vida, no.

La aparición del sentimiento de persona se construye lentamente: el bebé es imaginado antes de ser percibido, hablado antes de ser oído.

Hasta el siglo XIX en Europa, la muerte de bebés era tan frecuente que el bautismo en el útero en general preocupaba mucho. Cuando un bebé moría antes del bautismo, los padres debían deshacerse del pequeño cadáver, enterrarlo haciendo un pozo en tierra no consagrada. La vida, tan frágil en ese tiempo, hacía que el bautismo fuera urgente; algunos hasta deseaban celebrarlo antes del nacimiento. Trataban de bautizar al niño apenas «llegaba al mundo», es decir, cuando se volvía accesible al hombre exterior, marcándole un extremo del cráneo a través del cuello dilatado del útero de la madre. Así, el rito era realizable: el sacerdote podía esparcir agua en una parte desnuda del cuerpo pronunciando las palabras del sacramento: «Niño, te bautizo en nombre del Padre, del Hijo y del Espíritu Santo». En cambio, para otros, como Santo Tomás, era necesario que «el niño naciera a la vida física antes de nacer a la gracia divina».[1]

Ya en la Edad Media algunas parteras habían intentado ir al encuentro del bebé en el útero, introduciendo una caña o drenajes. En el siglo XIX se fabricaron embudos muy finos que permitían esparcir agua sagrada sobre el bebé que aún estaba en el vientre de la madre. Esa invención del muy creyente doctor Verrier, en 1867, permitía dar al bebé, en caso de muerte, una sepultura cristiana.

Con el transcurso de los siglos, la imagen del feto cambió de formas. El arte cristiano de la Edad Media representaba vírgenes encintas, al niño Jesús de rodillas en el vientre de su madre, en plegaria o de frente en actitud hierática, con su aureola y suntuosas vestimentas.[2]

Cuando, en el siglo XIV, Giotto pinta una Natividad, el recién nacido está envuelto con fajas estrechas para estirar sus piernas y combatir así la animalidad que podría haberlo hecho caminar en cuatro patas. Mantiene erguida la cabeza y mira intensamente a la Virgen, sonriéndole. Hoy en día, un macho que nada sabe de bebés bien sabe que un recién nacido es incapaz de hacer ese ejercicio muscular.

En el siglo XVI, Leonardo da Vinci dibujó bebés anatómicos, de cabeza grande y en posición fetal. La observación se volvió más natural con Georges de la Tour: la madre sostiene la cabeza del bebé, que tiene los ojos cerrados. Hace poco tiempo que los dibujos del feto en el útero traducen observaciones anatómicas: dentro de la estructura ósea de la pelvis femenina se encuentra un bebé con la cabeza hacia abajo. Pero la imagen sigue muy idealizada: los bebés están cuidadosamente pintados, con bucles rubios que se ensortijan sobre una frente de angelote.

En 1964 pudimos ver las primeras imágenes de un embrión en el útero.[3] Obtenidas gracias a nuestros sensores modernos, confieren al feto una representación que depende de nuestras técnicas y, por ende, de la organización de la sociedad donde se efectúa la observación.

La ecografía da una imagen emocionante del bebé en el vientre y modifica nuestras representaciones. Nunca más podremos imaginar un bebé con aureola dentro del vientre de la madre. Hoy en día, observamos en el útero un feto que se chupa el pulgar cuando la madre está cansada, que traga un poco de líquido amniótico, que succiona y saborea el cordón umbilical cuando la madre se pone a tararear alguna canción.

Así observado, el objeto ya no está exclusivamente fundado en la idea que nos hayamos hecho de él. Resulta de un proceso de observación en dos tiempos: la observación de acercamiento, denominada *ingenua*, durante la cual el observador se deja influir por las informaciones que circulan entre él y el feto; y la observación dirigida, denominada *experimental*, durante la cual el observador elige un ítem, una parte de un comportamiento, para registrarlo según ciertas condiciones definidas. Ese documento será analizado en el laboratorio para describir la forma y el desarrollo. Luego se cambiarán las condiciones de registro para comprender la función y las causas del cambio.

De ese feto etológico quisiera hablar.

El vientre de las mujeres siempre ha sido un misterio, mágico y demoníaco. Hace niños y pierde sangre, da placer y aprisiona. Ese lugar de las mujeres que produce el orgasmo y del que salen los niños posee el poder fantasmático de destruir y devorar, como la vagina ácida, corrosiva, imaginada por tantos hombres que temen a ese poder femenino.

El «continente negro de la sexualidad femenina» del que hablaba Freud es hoy invadido por los exploradores. Los espeleólogos de los abismos femeninos penetran y se escurren en él, envían sensores, sondas, hidrófonos, cámaras, proyectores. El vientre de la mujer nunca ha sido tan visitado... y el continente negro se aclara.

Desde que se lo considera un objeto científico, ese vientre revela un mundo aun más fantástico que el inventado por nuestras imágenes más alocadas. Y el increíble descubrimiento de esos Cristóbal Colón fue mostrar que los embriones se convierten muy rápidamente en personitas. A medida que se conocía la comunicación con esos bebés, resultaba imposible pronunciar la palabra «feto». Los investigadores terminaron por emplear la expresión «bebé en el vientre», sin haberse puesto de acuerdo. Cuando cerca de la vigesimoquinta semana, uno puede comunicarse con seres que se comportan, actúan y reaccionan a los olores, las palabras, las canciones, las emociones, resulta imposible seguir nombrándolos con una palabra biológica.

Los bebés son competentes mucho antes de nacer. Están dotados de una organización neuropsicológica que los vuelve aptos, antes de cualquier experiencia, de cualquier aprendizaje, para percibir, procesar y estructurar las informaciones que llegan de su entorno.

El descubrimiento reciente de ese pequeño pueblo del continente negro provoca mucha más emoción y plantea nuevas cuestiones. La representación que uno se hace del bebé en el vientre ya no puede ser la imagen de un Cristo aureolado, ni la de un producto biológico. Tendremos que hablar de otro bebé.

No siempre es fácil observar el medio en que se desarrolla el embrión, pero la naturaleza nos ofrece los huevos, verdadera preparación de medios embrionarios fuera de la madre, más cómodos para estudiar y manipular, que se caracterizan por estar envueltos por coberturas líquidas o gelatinosas, por paredes musculares o calcáreas. Ese pequeño mundo que los rodea constituye el entorno ecológico que necesitan.

Sin embargo, ese mundo embrionario no está cerrado, se comunica con el mundo exterior, lo cual ha permitido proponer la hipótesis siguiente: la historia del bebé comienza mucho antes de su nacimiento, dado que las informaciones percibidas por el embrión participan en su desarrollo.

El etólogo Niko Tinbergen,[4] al estudiar las crías de gaviota, observó la eclosión de los huevos en una playa holandesa. En primer lugar, una fisura en la cáscara que el polluelo frota con el dorso del pico. Comienza a rasgarla por la cara interna y termina haciendo un agujero en la parte superior del huevo. Eso significa que el polluelo debe girar sobre sí mismo dentro del huevo para adoptar la postura más adecuada para la eclosión.

Cuando sale, los padres lo incuban hasta que el plumaje se vuelve liso y velloso. Si no pueden proteger al pequeño, las plumas se aglutinan y el polluelo muere. Lo sorprendente es que, apenas nace, la cría de gaviota se dirige hacia los padres que la han incubado, hacia ese padre y esa madre que forman una pareja estable, apegada a un territorio donde se turnan para cuidar al pequeño.

¿Por qué misteriosa razón la cría se dirige hacia los «verdaderos» padres? ¿Cómo hace para reconocerlos apenas sale al mundo?

En cuanto está fuera del huevo, la cría de gaviota da un leve golpe sobre la mancha roja del pico de su padre, lo que provoca la regurgitación de una bandeja de frutos de mar tibia, predigerida, adaptada a las necesidades alimentarias del pequeño.

De esa observación ingenua en medio natural, en el silencio de las mañanas de junio, en las playas de Holanda, Niko Tinbergen extrajo una cuestión que motivaría numerosas investigaciones sobre los bebés: el polluelo reconoce, en la hora siguiente a la eclosión, el grito de sus padres. Se inmoviliza apenas escucha el primer grito de su madre. La cataplexia así provocada es tan perfecta que el polluelo se confunde con las rocas, al punto que corre el riesgo de ser pisado. A la primera llamada de la madre, se despierta y acude titubeando, mientras que no reacciona a los gritos de llamada de otros adultos.

A partir de varias observaciones experimentales, se ha intentado dar una respuesta a esas cuestiones planteadas por los polluelos.[5] El desarrollo de un embrión de pato dura 27 días; desde el decimoquinto día en el huevo, responde a través de vocalizaciones y de cambios de postura ante las emisiones vocales de la hembra que lo incuba. E incluso responde a los otros patitos que vocalizan en los huevos vecinos.

El calendario de ese desarrollo audiofonatorio siempre sucede de la misma manera. Depende de la velocidad de maduración del sistema nervioso, lo que no impide que el entorno facilite u obstaculice el desarrollo de ese programa. Así pues, un huevo de pata, en una incubadora insonorizada, emite sonoridades vocales mucho más tardías que en medio natural, mientras que un huevo también incubado, puesto en un medio rico en sonoridades, responde mucho antes que en las condiciones habituales de incubación.[6]

Esos huevos nos invitan a examinar las mismas hipótesis en nuestros bebés, utilizando los mismos medios de observación.

En la isla de Embiez,[7] cerca de Bandol, organizamos un coloquio internacional al que invitamos a algunos de los investigadores más avanzados en el ámbito de la etología respecto al nacimiento.

Los trabajos se agruparon en tres temas:

• Las interacciones intraliquidianas, en el útero;
• Las interacciones aéreas, inmediatamente después del nacimiento;

- Las interacciones fantasmáticas: los primeros gestos que se basan en representaciones inconscientes de la madre y que inducen ciertas reacciones del bebé.

Ese día caía una lluvia tropical, como a veces sucede en la región de Var. Esa contingencia meteorológica es importante porque cambia la índole de las presentaciones de un congreso. Obviamente, hay presentaciones oficiales que los expositores han preparado en su oficina, pero sobre todo hay otras espontáneas que se expresan alrededor de una mesa o durante un paseo y que dejan percibir el fundamento inconsciente de un trabajo científico.

Esa mañana, una presentación sobre la observación de ciertas comunicaciones con los bebés en el vientre[8] nos había mostrado y hecho escuchar cómo esos bebés perciben palabras y no sonoridades: acabábamos de comprender la competencia lingüística de los bebés en el útero.

Era apasionante, en el sentido de que la pasión inflama las ideas, sobre todo porque su talento de oradores se mezclaba con las sonoridades intrauterinas[9] recogidas en un grabador y con las imágenes filmadas de los cambios de postura y de las reacciones cardíacas. Todos teníamos la sensación de descubrir un continente nuevo. Yo sentía lo que se siente cuando ocurre un hecho feliz: un sentimiento de inmensidad y de satisfacción.

Llovía tan fuerte que tuvimos que quedarnos en el pasillo. Me senté, entonces, cerca del psicoanalista Bernard This[10] y lo escuché decir: «Eso es nazismo. ¡Sus experimentos recuerdan los experimentos de los médicos nazis!».

¡Bernard This hablaba de nazismo cuando yo tenía un sentimiento de gran satisfacción! ¡Él, cuyo rostro respira bondad con un dejo de iluminación; él, que se levanta cuando una mujer embarazada entra en su oficina y dice: «Buen día, señora; buen día, bebé»; él, que hoy participa de las aplicaciones clínicas de esos descubrimientos sobre la competencia temprana de los bebés! Como todo el mundo, sintió la angustia del conocimiento, el shock de la revelación. Ahora comparte esos descubrimientos.

El bebé competente nació en 1970, cuando se pensó a los bebés de otra manera. Ya no se trataba de la «semilla buena o mala» del siglo XIX que podía crecer bien o mal, como si un niño pudiera desarrollarse sin medio, sin familia ni lazos sociales. Esa idea del «bebé semilla» prendió muy bien en la década de 1930, con el bebé de los racistas que creían que los procesos de la semilla buena constituían la raza superior.

Tras la derrota nazi, hubo que dar la palabra al entorno. El bebé fue visto como una «cera virgen» sobre la que el medio podría inscribir cualquier historia. Esa hipertrofia de la cultura expandió la idea de un hombre completamente determinado por su medio. Tras el junco pensante, el robot pensado: un hombre en el cruce de las presiones externas, sin autonomía ni interpretaciones personales.

Desde la década de 1970, el bebé ya no es una semilla buena ni una cera virgen. Se descubre que realiza actividades espontáneas desde su nacimiento, y se observa la forma en que ese bebé activo influye en su entorno. Se describen «patrones de comportamiento», como moldes que muestran cómo un gesto se expresa y desencadena ciertas reacciones del entorno: el estado de vigilancia del bebé modifica el comportamiento materno;[11] la primera sonrisa del recién nacido es provocada por la electricidad de su sueño rápido.[12] El bebé sólo dispone de algunas horas de vigilia por día para poner en práctica los comportamientos espontáneos que van a actuar sobre su entorno humano, el que a su vez sólo dispone de esos momentos para decodificar el gesto y armonizarse con el pequeño.[13]

Esta nueva manera de pensar al bebé permitió filmar a gemelos en los brazos de su madre y observarlos durante tres años en la misma situación.[14] La madre dice que su emoción es diferente para cada gemelo: fácil con Robert, extrañamente difícil con Rudy, con el que tiene una sensación de tensión, de fatiga, de molestia. Tres años más tarde, se comprueba, desgraciadamente, que Rudy sufre de autismo infantil. Al proyectar los filmes en cámara lenta y analizar las secuencias de comportamiento, se pudo observar que, desde las primeras semanas, Robert acomodaba su cuerpo en el nido que formaban los brazos de la madre, sostenía la mirada y respondía a solicitaciones vocales; mientras que Rudy echaba la cabeza hacia atrás y se estiraba, evitaba la mirada, no acomodaba el cuerpo contra la madre y no respondía a sus incitaciones, creando por esa interacción muy precozmente trastornada, un sentimiento de molestia y de gran fatiga.

En el mismo momento de su historia, en el mismo cuerpo materno, Robert había hecho de su madre una buena madre, alegre, atenta y liviana, mientras que Rudy había transformado a esa mujer en una madre obligada, molesta, fatigada y que pensaba en otra cosa.

Esa madre fue descrita en 1943 en relación con las «madres de niños autistas»:[15] ese niño en esa mujer había hecho de su madre una madre de niño autista, como las que se observan regularmente.

Antes de 1970, no se le hubiera ocurrido a ningún investigador utilizar un grabador, cámaras, papel y lápiz para verificar una hipótesis. Por entonces fundamentaban sus investigaciones en postulados imaginarios: «De un sujeto sin habla sólo puede hacerse una exploración biológica. Como el bebé no habla, no puede comunicarse». Sin embargo, sólo había que emplear su «lenguaje», descubrir sus canales de comunicación sensoriales. Y, gracias a los sensores técnicos, la comunicación pudo establecerse con bebés cada vez más jóvenes: en particular, la comunicación auditiva comienza hacia la vigesimoséptima semana.[16]

Antes del nacimiento, el bebé vive en un espacio confinado. El útero ejerce una presión constante sobre su espalda, sus nalgas y su nuca: ese acomodamiento postural, como una fruta en un paquete, explica la posición fetal. Sobre ese fondo de tensión permanente, el útero se contrae por momentos y envía a la espalda del bebé un masaje postural. Ese tacto cutáneo posterior constituye la primera vía de comunicación sensorial en todos los mamíferos.[17]

La vía visual intrauterina es difícil de explorar. Puede pensarse que la gruta uterina es oscura y que las entradas visuales a ese espacio son escasas: simples variaciones luminosas traducidas en colores oscuros y rojos. Y sin embargo, desde el nacimiento, los prematuros fijan la mirada y siguen el desplazamiento de un objeto, a condición de que sea móvil, brillante y esté a una distancia de 20 centímetros.

Entonces, ¿por qué en nuestra cultura se dice que el bebé es ciego? Ese mito sostiene que el bebé sólo accede a la visión después de varias semanas de existencia. El entorno debe acostumbrarse a su presencia, en tanto ser que vive en lo real, bajo la mirada de los adultos, para que se ose pensar que el bebé es un ser que puede ver.

La comunicación a través del olor probablemente exista en el útero. Los receptores químicos se diferencian muy tempranamente durante el desarrollo del embrión, apenas después del tacto. Los embriólogos proporcionaron esa información en 1975,[18] pero no teníamos los medios para hacer una observación conductual.

Recientemente pudimos saber que las moléculas de un perfume radiomarcado, respirado durante las últimas semanas de su embarazo por una rata, atravesaban fácilmente la barrera de la placenta.[19] El contador Geiger crepitaba ante el líquido amniótico, probando de ese modo que la molécula de perfume circulaba en el útero. Sabiendo que todos los mamíferos placentarios deben obligatoriamente pasar un período de su desarrollo en un medio líquido intramaterno, postulamos la hipótesis de una comunicación por el olor dentro del útero.

Por otro lado, habíamos podido observar en la ecografía cómo un feto se chupaba el pulgar o tomaba el cordón umbilical para succionarlo apenas su madre hablaba o cantaba. Sabíamos que el niño deglutía cuando percibía la voz de su madre. Y en cuanto a la gelatina azulada (el meconio) que los mamíferos excretan después del nacimiento, quedaba demostrado que habían tragado esa sopa intrauterina. Para efectuar una observación sobre el sentido del gusto, encuestamos a varias parturientas marsellesas y les preguntamos si habían comido alioli al final del embarazo. Cuando respondían que sí, les pedíamos que tocaran la lengua del recién nacido con una tetina perfumada con alioli. Casi todos los bebés marselleses lo chuparon, haciendo gestos de placer, mientras que los recién nacidos parisinos sólo hicieron expresiones de desagrado. Esta observación nos permite postular que los fetos tendrían una experiencia culinaria intrauterina, ya que en las horas siguientes al nacimiento, los recién nacidos marselleses reaccionaron en forma diferente de los recién nacidos parisinos. La cultura culinaria de la madre formó su gusto, mientras todavía estaban dentro del útero.

De modo que la aculturación de los bebés comenzaba antes de su nacimiento. Pero ese matiz cultural, esa adaptación del gusto del feto a la cultura de su entorno, no excluye la existencia de un fuerte programa común de todos los bebés del mundo, como ha demostrado la filmación de los gestos faciales de los recién nacidos, cuando se coloca en su lengua una gota de agua azucarada y luego una gota de agua amarga.[20] No fue muy difícil interpretar el resultado: todos los bebés degustaron el agua azucarada sonriendo, mientras que el agua amarga provocó gestos de disgusto.

Los bebés confirman, pues, la idea etológica de que existe en los seres vivos un programa biológico común cuya aculturación comienza apenas se pone en funcionamiento.

En los animales las estructuras anatómicas se desarrollan mucho antes de que comiencen a funcionar. Si bien las vías auditivas de los prematuros humanos no están del todo formadas cuando llegan al mundo, ellos pueden oír muy bien. Comienzan a caminar mucho antes de que los nervios que dirigen los músculos estén terminados. Hablan mucho antes de que su cerebro haya acabado de formarse.

La comunicación sonora intrauterina se relaciona con la cuestión de la transmisión de un sonido en un medio líquido. El agua es un excelente conductor. Los animales marinos no necesitan individualizar un oído externo, con un pabellón y huesecillos para golpear la membrana del oído interno... lleno de líquido. El agua reduce la intensidad de las transmisiones sonoras, vuelve los sonidos más graves y los traduce en presiones de líquido, como olas más o menos fuertes que tocan el cuerpo del animal receptor.[21] Para el animal marino, una sonoridad fuerte se traduce en un impulso fuerte sobre su cuerpo y su cabeza.

Los ruidos cardiovasculares de la madre, grabados por un minúsculo hidrófono intrauterino introducido en una oveja unas semanas antes del término, apenas son percibidos, contrariamente a lo que se dice habitualmente: «Pueden oírse los sonidos del corazón de la madre y sus borborigmos». Esa representación de la madre bajo la forma de vísceras, corazón e intestinos no fue confirmada. En el útero, sólo se registraron el sonido de la placenta y los ruidos externos.

En el útero se percibe un ruido de fondo grave y poco intenso, como un soplo sordo con varias sonoridades que surgen de él. Es el soplo de la placenta que envía al útero el ruido del corazón materno. Cerca de la placenta, con la cabeza del feto hacia arriba se lo percibe como un viento de fuerza 8 en los obenques (tormenta); lejos de la placenta, con la cabeza hacia abajo, se lo percibe como un viento de fuerza 4 (buen viento); algunos borborigmos poco significativos, y el ruido del mundo externo alrededor del útero, alrededor de la madre, son percibidos como un ronroneo sordo, suave y grave.[22]

Existe, pues, un universo sonoro en el útero de las mujeres encintas. El bebé recibe esos ruidos organizados bajo la forma de sonoridades traducidas en presiones contra su cuerpo y contra el líquido de su oído interno.

El método etológico obliga a realizar un tramado de observaciones. Se deben asociar, tejer alrededor de una trama lógica, enunciados de observaciones. El resultado de esas observaciones será diferente según las técnicas. Las diversas formaciones de los observadores también producirán hechos diferentes.

La voz materna pasa de manera muy clara por encima del ruido de la placenta. Menos sonora, menos aguda que la que oímos en condiciones aéreas, es la que mejor se distingue entre los otros ruidos del universo sonoro uterino.

La voz de los que hablan cerca del útero se confunde con el ruido medio de la conversación y pasa apenas por encima del ruido de la placenta. Se oyen las voces de hombres y mujeres, suaves y graves, apenas diferentes del ruido de fondo del útero.

El bebé en el útero establece con la voz de su madre una relación privilegiada. Pero lo más increíble es que no establece esa relación con una sonoridad vocal ni una estimulación meramente matemática (altura, frecuencia, intensidad). Ya en el útero ¡trata con el habla!

Algunos medios muy simples permiten saber lo que ha oído. Toda madre sabe que su bebé se sobresalta cuando oye un ruido fuerte, pero sólo se trata en ese caso de una estimulación física ante la cual el bebé reacciona. Lo sorprendente es que al bebé se le acelera el corazón cuando su madre canta una canción y cambia de postura cuando ella habla.

En el marco de estudios sobre la memorización de los bebés,[23] las frecuencias cardíacas del pequeño registradas revelan una aceleración al comienzo del discurso materno. Luego, cuando la madre repite una misma frase, se nota un acostumbramiento: el bebé reacciona menos a sus palabras pero todo nuevo cambio de frase acelera nuevamente el ritmo del corazón.

Una vez más, la aparición reciente de la ecografía aporta imágenes conmovedoras. Cuando la madre habla, el bebé cierra los ojos, cambia de postura y succiona su pulgar o el cordón umbilical. Esa reacción conductual compleja permite hacer visibles dentro del útero los elementos del habla que estimulan al bebé.

Algunos trabajos realizados con bebés de entre cuatro y seis semanas[24] mostraron que ciertas organizaciones de la palabra son más estimulantes que otras: las consonantes oclusivas como B/P/ o D/T/ provocan las reacciones más intensas. Las sílabas complejas como BAD/BAG aumentan las succiones mucho más que DAB/GAB, menos estimulantes. Algunos psicolingüistas[25] observaron la competencia lingüística del feto. Desde la vigesimoséptima semana de vida intrauterina, el bebé se despierta y se mueve cuando recibe una información sonora organizada como un fragmento de habla. Obviamente, percibe estimulaciones sonoras físicas, pero sobre todo responde por medio de reacciones vegetativas y conductuales a ciertos fonemas, a ciertas organizaciones lingüísticas que percibe mejor que otras: la entonación de la voz, el acento tónico, la prosodia, el contorno musical de la frase participan de la constitución de ese objeto sonoro. Se necesitarán varios meses de vida relacional después del nacimiento para que el pequeño atribuya una significación a ese objeto sonoro. La información muy nueva aportada por los bebés es que procesan la palabra materna: le responden, están estimulados por ella y, sobre todo, se familiarizan con ella.

J. Feijoo, uno de los primeros investigadores en ese ámbito, sólo contaba con un viejo disco en el entorno familiar de su mujer encinta: era *Pedro y el lobo*.[26] La secuencia del fagot es famosa por su intensidad y la abundancia de frecuencias bajas. Resulta que éstas penetran muy bien en el universo sonoro del útero. El bebé se movía en su universo uterino cuando Feijoo pasaba *Pedro y el lobo*. Después del nacimiento, se agitaba, aumentaba sus succiones y giraba la cabeza hacia esa música familiar, mientras que Bach o Brassens lo dejaban indiferente.

Algunos bebés japoneses cuya vida intrauterina se desarrolló cerca del aeropuerto de Osaka[27] se calman con facilidad en un universo sonoro de aviones, mientras que sufren de insomnio en un universo silencioso.

De esas observaciones artesanales se desprende que, durante los últimos tres meses de vida intrauterina, el bebé percibe la palabra materna, se familiariza con la musicalidad de esa voz y oye algunas características sonoras del mundo externo.

Estas simples conclusiones suscitan numerosas cuestiones fundamentales.

En la década de 1980, las publicaciones mencionadas provocaron tanto placer como hostilidad: «¿Con qué derecho se interfiere en el descanso del feto? ¡Es muy peligroso! ¡Además, no puede oír!».[28] Luego se debatieron estas objeciones, lo que formaba parte del proceso científico. Pero no todo es científico en el proceso científico; el hombre de ciencia no es sólo ciencia, es hombre también. Globalmente, las críticas subrayaban que los bebés no podían oír pues el filtro del oído aéreo, del tímpano y los huesecillos lo impedían. Además, «era peligroso».

Me recordaban la historia del Cristo aureolado, arrodillado y en plegaria en el útero de María. Para que uno no se sienta responsable del bebé, éste tiene que ser ciego, sordo y no bautizado. Desde que nos ve, nos oye y lleva un nombre, se convierte en una persona a la que uno se apega. El efecto desresponsabilizador de la biología permite el distanciamiento, mientras que es muy angustiante apegarse a alguien tan débil y dependiente como un recién nacido.

El decenio de 1980 también fue la época en que se comenzó a hablar de «madres portadoras». La elección de esa expresión es muy significativa de la contratransferencia del objeto científico. Yo, que creía que todas las madres eran portadoras, descubría entonces que sólo algunas mujeres podían ser madres y que otras sólo eran portadoras. Eso equivale a decir que sólo se piensa acerca de la mujer en función de la cavidad que va a portar un bebé. No se considera a la mujer portadora que podría apegarse al bebé, sólo se piensa en la mecánica materna. Por otra parte, se habla de útero de alquiler por nueve meses, como se hablaría de vagina de alquiler por unos minutos. En esa representación de la madre parcial-mecánica, el bebé también debe ser parcial-biológico.

El objeto científico es el útero y su capacidad de portar un bebé biológico. La contratransferencia de ese objeto científico consiste en poner esa tecnicidad al servicio de la neurosis de una madre portadora.

Una joven de 20 años deseaba portar un bebé para su madre. Ese proyecto la llenaba de alegría. Su madre, divorciada, vivía con una segunda pareja, estéril. La hija, también casada, propuso prestar su útero a su madre. Técnicamente no había problema. Pero psicológicamente ¿qué significaba ese deseo de portar un hijo para su madre? «Me gustaría tanto hacer un hijo para mi madre», decía esa bonita joven. La madre y la hija eran la verdadera pareja. Los otros, los hombres, sólo tenían la función de plantadores de niños y de hacedores de dinero. El papel de los maridos era sólo instrumental y financiero. El amor prolongado por un deseo de niño organizaba la vida de las dos mujeres. La proeza técnica de los médicos se ponía al servicio del inconsciente de esas mujeres.

¿Por qué no? La técnica no es sino técnica. Adquiere sentido desde que un hombre la incorpora a su existencia. La gran preocupación que suscita la inseminación artificial se refiere al desarrollo afectivo del niño que nacerá, mientras que uno no se plantea ese problema en el caso de la inseminación natural. Suele decirse lo siguiente: «¿Qué identidad desarrollará ese bebé el día que sepa que fue plantado en un útero mercenario... ¿Ese pasaje de un útero de alquiler a brazos llenos de amor será traumatizante?»; en cambio, esas preguntas no se nos ocurren cuando cualquier hombre con cualquier mujer hace un niño por vías naturales.

Los técnicos de la fecundación van más rápido que la evolución de las costumbres. Nos plantean cuestiones fundamentales, por ende angustiantes; sobre todo porque quienes efectúan esos descubrimientos son veterinarios, criadores de animales y manipuladores de material sexual.

El alma recibe un golpe, incluso un golpe bajo. La materia, el excremento sexual, ocupan en el útero el lugar del Cristo aureolado. La pistola con que se inyecta el esperma, el tubo aspirador del óvulo, los tubos de vidrio, el útero portador, instalan en el imaginario colectivo una Virgen María de cuello dilatado, una concepción maculada, una reproducción sexual compuesta de órganos, vísceras, orificios y secreciones que facilitan el aspecto de trombón de varas del encuentro amoroso.

¡La imagen bíblica de la producción sexual cambió mucho a partir del parto sin dolor, la píldora, el aborto y los avances de los especialistas en cavidades femeninas! El sexo se transformó en juego. Ahora la vida intrauterina y la manera de ser padres se imagina de modo diferente y se formula con otras palabras. La representación del parentesco en la actualidad suprime lo sagrado y cae en lo trivial.

En Chicago, la Seed Brothers Company, especializada en reproducción animal, monta una sociedad de reproducción humana, Memorial Health Services, que realiza comercio de embriones humanos. Ese procedimiento, legal en California, Florida y Alaska, cuesta 5.000 dólares por la prestación médica (extracción, banco de esperma, fecundación, trasplante y control) y 7.500 dólares por la mera redacción del contrato entre el solicitante y la portadora,[29] lo que significa que la técnica de inseminación artificial ya se cotiza en bolsa menos que el registro del contrato.

Esa tecnicidad que devalúa lo biológico da nacimiento al niño fantasmático. Antes de nacer, ya tiene una misión: no debe garantizar la jubilación de sus padres, sino encarnar sus fantasías. «Deseo a esta pequeña de ojos verdes y largo cabello negro porque si yo hubiese sido bonita como ella hubiera utilizado mi belleza para hacer sufrir a esos hombres odiosos. Gustar para destruir, esa es la misión que encargo a mi hija.»*

El niño reparador de parejas, el niño «para mostrar a mi madre que soy capaz de tener un hijo sin tener marido»,* el niño «condenado a la felicidad porque yo soy incapaz del menor goce»,* el niño condenado a tener éxito «porque que me hayan echado de la escuela ha sido la humillación de mi vida»* da al bebé una condición de reparador de fantasías.

La ciencia y el comercio se ponen al servicio de nuestras fantasías. Pero ¿nuestras leyes naturales serían más morales que nuestros medios técnicos? La medicina siempre ha luchado contra la más natural de las leyes: la muerte. Los préstamos de úteros eran frecuentes en la Edad Media, cuando no se hablaba de leyes naturales. La Biblia evoca esta solución: «La mujer de Abraham, Sara, no le había dado hijo, pero tenía una esclava egipcia llamada Agar, y Sara dijo a Abraham: «Jehová no permitió que yo tenga hijos. Vé entonces con mi esclava. Tal vez tenga hijos por medio de ella». Y Abraham hizo caso de las palabras de Sara».[30]

Llevar ese debate a la plaza pública es crear un acontecimiento cultural apasionante. Pero una plaza pública no es más competente que una plaza privada. Nuestra cultura, centrada en el niño-rey, suele expresar que el niño tiene el derecho a ser considerado como una persona y no como el objeto de las fantasías de los padres: ¿conocéis algún niño que no haya nacido de las fantasías de sus padres?

Lo más sorprendente es que los estudios longitudinales, los que observan las historias de vida, revelan que las vidas de niños encargados de alguna misión, esos niños preferidos, ¡suelen ser más difíciles y más peligrosas que las de los niños no deseados! [31] El proceso científico se opone al estereotipo que dice que los niños no deseados se desarrollan mal.

El simple hecho de plantear la cuestión de otra manera hizo observable la vida intrauterina. El bebé deja de ser un producto biológico o un bastón para la vejez. Más bien se convierte en una personita muy sometida a nuestras fantasías, lo que no hace su vida más fácil.

Notas

1. J. Gelis, M. Lacet y M. F. Morel, *Entrer dans la vie*, París, Julliard, 1978.
2. F. Charvet, *Environnement de la naissance*, París, Vigot, 1985.
3. Edelman, Congreso de obstetricia de Mónaco, 1964.
4. N. Tinbergen, *L'univers du goéland argenté, op. cit.*, 1975.
5. G. Gottlieb y Z. Y. Kuo, «Development of behaviour in the duck embryo», *J. Comp. Physiol. Psychol.*, núm. 59, 1965, pp. 183-188.
6. J.-C. Guyomarch, *Abrégé d'éthologie*, París, Masson, 1980.
7. J. Petit y P. Pascal, *NEC: Naissance et communication*, Toulon, 1985.
8. Presentación de D. Querleu, obstetra, y M.-C. Busnel, directora de investiga-

ciones en el CNRS sobre acústica, en el coloquio «Etología y nacimiento», Toulon-Les Embiez, 1985.

9. D. Querleu, X. Renard y F. Versyp, «Vie sensorielle du fœtus», *Environnement de la naissance*, París, Vigot, 1985.

10. Médico psicoanalista, autor de varias obras, entre ellas *Le père: acte de naissance*, París, Seuil, 1980.

11. Hutt y Prechtl (1969), véase C. Hutt y S. T. Hutt, «Stereotypies and their relationship of autism», *Behaviour Studies in Psychiatry*, Pergamon, Oxford, 1970.

12. Wolff (1965) y Emdé (1976), véase Wolff, «Observations of the early development of smiling», *Determinants of Infants Behaviour*, vol. 2, Wiley, Nueva York, 1963.

13. A. Pomerleau y G. Malcuit, *L'enfant et son environnement*, Bruselas, Mardaga, 1983.

14. D. M. Stern, «A micro-analysis of mother-infant interaction», *J. Am. Acad. Child Psychiatry*, núm. 10, 1971, pp. 501-517.

15. Observación realizada por Kanner, 1943.

16. Observación realizada por M.-C. Busnel.

17. B. Schaal, «Discontinuité natale et continuité chimio-sensorielle: modèles animaux et hypothèses pour l'homme», *Ethologie et naissance*, mayo de 1985, S.P.P.O, Société de Psychoprophylaxie obstétricale, núm. 109, mayo, 1987.

18. En particular Bradley.

19. Observación realizada por Poisson, 1985.

20. A. N. Meltzoff y M. K. Moore, «Imitation of facial and manual gesturies by human neonates», *Nature*, núm. 282, 1977, pp. 403-404.

21. Y. Leroy, *L'univers sonore animal*, París, Gauthier-Villars, 1984.

22. D. Querleu, X. Renard y F. Versyp, *op. cit.*

23. M.-C. Busnel y E. Herbinet, 1981, *L'aube des sens, Cahiers du nouveau-né*, París, Stock. Trabajo retomado y precisado por J.-P. Lecanuet, C. Deferre y M.-C. Busnel, «Familiarisation prénatale aux signaux de parole», *Connaître et le dire*, Bruselas, Mardaga, 1987.

24. J. Mehler, J. Bertoncini, M. Barrière y D. Jassik-Gerschemfeld, «Infant recognition of mother's voice», *Perception*, núm. 7, 1978, pp. 491-497.

25. D. Aslin y P. Eimas, «La perception de la parole par les nourrissons», *Pour la science*, marzo de 1985.

26. J. Feijoo, «Le fœtus, *Pierre et le loup*… et une approche originale de l'audition prénatale humaine», en M. Herbinet y M.-C. Busnel, *L'aube des sens, Cahiers du nouveau-né*, París, Stock, 1981.

27. Observación realizada por Ando, citado por D. Querleu, X. Renard y F. Versyp, *op. cit.*

28. J. Creff, *Le fœtus entend-il?*, E.M.C., La Pratique médicale, 29, 1983.

29. J. Ayats, «Faut-il interdire le prêt d'utérus?», *La Recherche*, núm. 162, 16 de enero de 1985.

30. Genésis 16, 1 y 2, citado en J. Ayats, *op. cit.*

31. O. Bourguignon, *Mort des enfants et structures familiales*, París, PUF, 1984.

3

Nacimiento del sentido

Hay mil maneras de nacer.

El día del nacimiento no indica el comienzo de la vida, sino tan sólo el día en que caemos bajo la mirada de los otros, en que somos nombrados, en que se reconoce nuestro sexo. El entorno dice: «Es un niño. ¿Qué nombre le van a poner?». Nuestra existencia, nuestra llegada al mundo, comenzó mucho antes de nuestro nacimiento, pero ese día nos mudamos, cambiamos de medio, dejamos el vientre materno, nuestro primer hábitat acuático, para pasar al mundo aéreo y social. Pero ése no es el primer día de nuestra vida. Es una mudanza ecológica. Al cambiar de medio el día de nuestro nacimiento, traemos con nosotros nuestros primeros modos de comunicación, nuestros canales sensoriales que, ya en el útero, nos habían permitido familiarizarnos con una sensorialidad sonora, olorosa y acariciante llegada del mundo materno.

En el instante mismo del nacimiento el apego cambia de forma. Nuestros sentidos, que funcionaban en un mundo líquido, de golpe deberán funcionar en un mundo aéreo. El recién nacido, que conserva en él la memoria de su vida intrauterina, deberá ahora adaptarse a una vida aérea.

Por lo general, el nacimiento de los monos se produce durante la noche. El grupo está en calma. Un macho grande monta la guardia. La hembra se aleja del grupo, se acuclilla entre dos ramas, y en algunos segundos, da a luz.[1] A veces, un macho atrapa el feto apenas asoma la nariz y lo saca suavemente.

En cautiverio, los monos grandes dan a luz de otra manera. Las madres dependen menos de las variaciones del día y de los desplazamientos del grupo. Dan a luz a cualquier hora. Cualquiera sea la especie, los comportamientos parentales enseguida se despliegan. Los monos hamadrías comen la placenta,[2] los chimpancés la lamen,[3] los monos ardilla lamen el rostro y el vientre del pequeño. Ese aseo realizado por la madre tiene una importante función digestiva.

Muchas veces he contado a los estudiantes que, cuando un incidente impedía a la madre asear a su cría, esta moría de oclusión intestinal. La relación de causa a efecto entre el lamido de la madre y la constipación del recién nacido me parecía misteriosa hasta el día en que, filmando el parto de una perra,[4] pudimos ver que, como todos los mamíferos, inmediatamente comenzó el aseo de los recién nacidos, y el simple hecho de lamer su vientre provocaba la defecación de una especie de gelatina azulada, residuo de las degluciones intrauterinas. Desde ese instante, el tubo digestivo se volvía aéreo. El contacto y la presión mecánica en el vientre del recién nacido estimulaban el reflejo digestivo y facilitaban el cambio de medio.

Al nacer, el niño provoca ciertos comportamientos maternos. Apenas la madre da a luz al pequeño, éste se aferra del vello del vientre materno. En la especie de los cinomorfos, esos monos que parecen perros, la madre transporta al pequeño entre los maxilares hasta que éste puede asirse de los pelos de la región ventral.

En medio natural, la madre forma cavidades con su cuerpo para la cría: cuna con un brazo caminando en tres patas, cavidad con un muslo agachándose o hueco en el vientre acostándose sobre la espalda para jugar con ella.

En cautiverio, las estimulaciones son muchas, inquietantes, y dispersan la atención de la madre que responde mal a las estimulaciones que provienen del pequeño. A menudo se sobresalta, arranca el cordón umbilical o interrumpe su aseo. El pequeño sangra y sufre trastornos digestivos. Llora, gime y se tuerce de dolor. Esa modificación de los comportamientos de la cría se explica por la organización del entorno físico y social, el zoológico inventado por los hombres.

El grupo apacible de monos ya no existe. Los visitantes enternecidos atemorizan a la madre cuando se acercan. El bebé, mal aseado y constipado, ya no suscita los comportamientos maternos. La madre lo atrapa por una pata, lo arrastra de espalda y le impide tomarse de su vientre. Arranca el cordón y los gritos del pequeño aumentan su nerviosismo. Lo transporta mal, lo alimenta mal, responde mal a sus solicitaciones. Lo deja morir y, a veces, lo mata.

La cultura humana ha hecho de esa madre una «mala madre», al interferir en los intercambios de ella con su cría. En un extremo de la cadena de interacciones se observan graves trastornos biológicos en el hijo, pese a que al inicio sólo había una intención humana de mantener a esos encantadores animales en una jaula.

En el plano metodológico, esa observación ingenua es importante. Un observador sin método podría concluir: «He visto con mis propios ojos a una madre chimpancé morder el vientre de su cría, arrastrarlo de espalda, golpeándole la cabeza. Estoy indignado con esa mala madre. Hay que tratarla, porque probablemente esté loca».

Una psicología del ser solo se preocuparía por esa mala madre. Buscaría su trastorno metabólico y lo encontraría; buscaría su trastorno conductual y lo encontraría, lo que probaría el fundamento de las observaciones: esa madre chimpancé está loca de la cabeza, hay que tratarla.

La historia de los sentimientos en Occidente facilita esa representación del ser solo. Sin embargo, lo íntimo apareció dificultosamente. Se necesitaron siglos para reducir la gran familia a algunas unidades de personas. El «yo» surge tardíamente en la historia de las letras. Sólo en el siglo XII podemos leer y escuchar una literatura del «yo», del sentimiento íntimo: «Je suy cellui au cueur *vestu de noir*», expresaba la íntima melancolía de Charles de Orléans. El diagnóstico de la melancolía se estableció correctamente desde Hipócrates, con la ausencia de sueño, la pérdida de energía vital, la disminución física, pero el tratamiento era colectivo: «Troilo estaba sumido en la melancolía: en poco tiempo, su recámara se llenó de señoras y señoritas y de toda clase de instrumentos de música modernos».[5]

Más tarde, la evolución hacia la intimidad occidental hará del melancólico un hombre solo. Se deberá tratarlo individualmente.

La fragmentación del cuerpo social que se manifestó en los comportamientos cotidianos fue descrita en Alemania.[6] El invitado ya no compartía el lecho del dueño de casa, no dormía entre los esposos. La vajilla se personalizaba, ya no se comía en un recipiente común. Hacia el siglo XVIII comenzó a ser más decoroso limpiarse las narices con el pañuelo personal. Y sobre todo, la aparición del tenedor simbolizó la actividad ahora más individual de la comida. A pesar de ello, la mesa todavía ofrecía un lugar de sociabilidad para el grupo o la familia. Sólo recientemente nos conforma saciar nuestro apetito con una comida rápida y solitaria.

En esta cultura occidental, los procesos de distensión del cuerpo social se desarrollan al máximo. Otras culturas tienen aún el marco tranquilizador y apremiante de las estructuras de la familia, el clan, el grupo social o la religión. En ese contexto, los observadores formaron su inconsciente e inspiraron sus hipótesis. El siglo XIX científico triunfó gracias a esa cultura de la separación de los problemas, del aislamiento de las disciplinas y del análisis, que permitió la especialización y los perfeccionamientos técnicos. De ese modo llegamos a pensar que si el chimpancé hembra muerde el vientre de su pequeño, le pisa la cabeza y le roba la comida es porque su instinto materno está enfermo. Debería entonces tomar neurolépticos, se la ataría o se le practicaría una lobotomía. Este razonamiento es pertinente, la prueba es que funciona. La madre neuroleptizada se calmaría, los cortes frontales de su cerebro impedirían toda expresión de agresividad y el pequeño, menos agredido por esa mala madre, tal vez sobreviviría.

Éste es un tipo de razonamiento occidental surgido de una cultura de la personalización y sus felices consecuencias terapéuticas. Sin embargo, la observación de esa mala madre chimpancé conlleva un valor epistemológico: nos permite comprender que nuestro proceso de individualización occidental conduce a la fragmentación de nuestros conocimientos y de nuestras representaciones, que se alimentan de ellos. Si el pequeño chimpancé de vientre hinchado sufre de oclusión intestinal, si, mal aseado, se vuelve vulnerable a la menor infección, si atormenta a su madre con sus gritos quejosos, si la madre le responde mordiéndolo, si lo arrastra golpeándolo contra el suelo, es porque el entorno ecológico y social ha desorganizado la epigénesis de las interacciones entre ese pequeño y su madre cuando se instalaron sus estimulaciones recíprocas.

El hombre creó esa patología que se apresura a tratar. El observador participó en la creación de lo que ha observado. El observador y lo observado son coautores de esa observación. Esa es la enseñanza epistemológica de la mala madre chimpancé.

Desde esa perspectiva diacrónica y sincrónica, sucesiva y simultánea, hemos observado las primeras reacciones de los recién nacidos. El bebé no plantea problemas muy diferentes de los que conlleva el estudio de la lingüística en las gaviotas. La cría de gaviota, palurda y gris, apenas salida del huevo, se dirige hacia su padre y da un pequeño golpe con el pico sobre la mancha roja que marca su mandíbula inferior. Ese gesto filial desencadena en el adulto una regurgitación alimentaria que refuerza la relación de apego entre los dos animales. Pero lo que ha estimulado a la cría es la mancha roja en el fondo amarillo. Lo que la incitó a dar ese golpecito filial es una relación de longitudes de onda, un conjunto sensorial formado por dos colores diferentes: rojo-redondo sobre amarillo-largo.

Manipulaciones experimentales revelan que otros colores y otras formas (azul-largo sobre gris-redondo) desencadenan picoteos con mucha menor frecuencia. El recién nacido puesto ante un señuelo de cartón alargado y amarillo con una pastilla redonda y roja dará un 90% de picoteos, mientras que ante un cartón alargado y gris con una pastilla redonda y azul, sólo dará un 17%.[7]

En el plano cognitivo, la manera en que la cría de gaviota se informa desde que sale del huevo permite comprender que no reacciona ante informaciones luminosas elementales, como una longitud de onda, sino que lo hace ante una información visual organizada. Apenas nace, antes de cualquier experiencia, su ojo y su cerebro están organizados para ordenar las informaciones luminosas en imágenes. Es una forma hecha imagen, como un cuadro moderno (redondel rojo sobre fondo alargado amarillo), que estimula su comportamiento de picotear.

La cría de gaviota trata los sonidos de la misma manera: percibe organizaciones sonoras y no sonidos aislados. En las rocas de Porquerolles hemos comprobado que las gaviotas adultas, al proteger a los pequeños, nos indicaban su posición. Cuando veían que nos acercábamos al nido, se iban volando haciendo largos círculos muy por encima de nuestras cabezas. Cuanto más nos acercábamos al nido, más estrechos se hacían los círculos, hasta que, muy cerca de los pequeños, los adultos giraban en el lugar y se inclinaban cerca de nuestras cabezas, con las patas hacia delante, dando gritos de alarma y simulando el ataque. Sus círculos y sus gritos nos indicaban así la posición del pequeño a través de una suerte de juego «frío o caliente».

Registramos los gritos de las gaviotas adultas en un grabador muy preciso. Luego, llevamos la grabación al analizador de frecuencias de la marina en Toulon, la cual nos entregó un papel plateado tatuado con una figura negra. El ordenador transformaba en imagen una sonoridad compleja. El grito tomaba la forma de un dibujo, de una cadena montañosa. En la parte izquierda del gráfico, el ordenador imprimía los picos de frecuencias bajas; en la parte derecha, los picos de frecuencias altas.

Luego tratamos de establecer una relación entre la forma de los dibujos entregados por el ordenador y los comportamientos observados en el grupo de gaviotas. Muy fácilmente pudimos observar que los gritos de forma diferente provocaban comportamientos diferentes. Algunos gritos como aullidos breves, en un solo tono, poco intensos, dibujaban montañas muy elevadas en la parte izquierda de las frecuencias bajas. Ese espectro corresponde a un comportamiento característico de la gaviota. El animal únicamente emite ese grito cuando está solo, aislado del grupo. Casi de inmediato otra gaviota le responde con un grito de la misma forma. Ese acontecimiento sonoro ocurre solamente en período de calma: no hay viento, ni intrusos, ni conflicto, ni estimulación ecológica o social. La función de esos gritos corresponde a una suerte de ecolocalización, como la de los murciélagos: «uap-uap», grita una gaviota («¿hay alguien?»), «uap-uap», responde otra en el mismo tono («sí, hay alguien»). No hay reacción conductual.

Otros gritos más largos, más intensos, más agudos, como fuertes maullidos, dibujan en el ordenador una mancha más amplia, más montañosa a la derecha del gráfico. Esa imagen sonora provoca la reunión tranquila de las gaviotas espaciadas. Asociando la forma de esa sonoridad con la función de un comportamiento de reunión, pudimos denominar a esa estructura y a esa función: grito de llamada.

Identificamos una decena de gritos que permitían observar estructuras y funciones diferentes. Niko Tinbergen describió más de cuarenta, pero no necesitábamos un catálogo tan rico pues nuestro desafío no era describir la vida social de las gaviotas, sino hallar hipótesis y elaborar métodos para observar a los recién nacidos humanos.

El grito de triunfo comienza con una secuencia baja, poco intensa, repetida, luego aumenta su intensidad y termina con un *staccato* de hermoso efecto. A ese grito corresponde un comportamiento muy evocador: la gaviota, para cantar, sumerge la cabeza en el agua. Cuanto más fuerte grita, más eleva el cuello hacia el cielo, hasta el momento en que su llamada de trompeta se asocia al despliegue de las alas. El animal triunfante ocupa entonces el mayor espacio posible, sonoro y corporal. Ese grito se canta exclusivamente después de una victoria, como la apropiación de un lugar privilegiado, la huida de un intruso o el alejamiento de un peligro.

El grito de alarma corresponde a un intenso grito de llamada. Cuando la gaviota se lanza en picado sobre el intruso con las garras hacia adelante, su grito de alarma se vuelve agudo y muy fuerte, como un grito de angustia.

El grito de pedido de alimento es sobreagudo, muy suave, y está acompañado de un comportamiento lo más antitriunfal posible: entra las alas, encoge el cuello y las patas, interrumpe las sonoridades y todo lo que podría incomodar al eventual dador de comida.

En el cortejo sexual, la hembra adopta el comportamiento infantil de súplica alimentaria y emite gritos desgarradores de solicitación. Durante el apareamiento, el macho, que para seducir a su dama tuvo que regurgitar algunos peces y alimentos predigeridos, emite un grito de angustia y de triunfo a la vez.

Estos datos hechos imágenes por el ordenador pueden interpretarse de varias maneras. Podemos sostener que acabamos de descubrir la gran filosofía de las gaviotas, que mezclan así sus angustias con el amor. Podemos maravillarnos ante el comportamiento de las hembras, que para seducir se vuelven infantiles. Hicimos tales interpretaciones, pero esa visión humana de la vida de las gaviotas no es publicable en una revista científica.

En cambio, pudimos describir una semiótica de las gaviotas, una teoría de los signos con (como en lingüística) sus modos de comunicación: sintaxis, semántica y pragmática.[8] Pudimos identificar la unidad de comunicación y cómo se combinaba en la frase conductual. Las señales suelen ser ópticas: el pico negro de las gaviotas bebés, pardas, comunica una sensación de no competencia que les evita ser atacadas antes de la pubertad, cuando su pico se volverá amarillo y rojo. Esa información es utilizada por el macho, que quiere acercar su hembra al nido. Busca un trozo de madera o un objeto de color pardo que lleva en el pico. Ese color pardo, análogo al de las crías, adquiere el valor de signo y comunica a la hembra una sensación de no agresión. Entonces ésta deja que se acerque. Ahora bien, si el experimentador dibuja una mancha de pintura roja en la cabeza blanca del padre servicial, su hembra y sus propios hijos lo agredirán y le darán picotazos pese a que él lleva al nido la bandeja con frutos de mar. Ese signo de color agregado por el hombre en la cabeza de la gaviota padre provoca un contrasentido.

Es necesario que el encadenamiento de comportamientos comunicantes se organice en una secuencia coherente para dar significación a esa serie de gestos en que los movimientos del cuerpo expresan una emoción o una intención.

Cuando colocamos los anillos a las gaviotas en Porquerolles, les ofrecemos una mezcla anestesiante que contiene ketamina. Una vez anillados, vuelven al grupo titubeando y, hasta que no eliminan el medicamento, sus comportamientos comunican una sensación de extrañeza: su cabeza se balancea, sus alas penden sin fuerza, sus gritos barbullan un código empobrecido y mal percibido. El encadenamiento temporal de los gestos se ha modificado. Las gaviotas torpes son agredidas, echadas por los adultos del grupo. Entonces, huyen para fermentar el medicamento a distancia, solas, con la cabeza gacha, a ras del agua. No se reintegrarán al grupo hasta que no puedan comunicarse normalmente.

Las señales sintácticas son, pues, visuales, posturales, gestuales, sonoras u olfativas. El conjunto de esas señales constituye un repertorio de comunicación que puede significar numerosas emociones o expresar intenciones variadas.

Es posible verificar la pragmática de esas señales observando cómo las gaviotas se coordinan y adaptan sus comportamientos a esa comunicación. Si una gaviota se comunica mal (mancha de pintura roja, ala que se balancea sin fuerza), ese trastorno de la sintaxis conductual va a provocar su rechazo. La manera de comunicarse debe ser sintácticamente coherente para permitir la comunicación de un mensaje casi semántico: «Traigo un pez», impidiendo así la instalación de un trastorno de la relación expresado a través de picotazos o de gritos de alarma, y el contrasentido resultante: «¿Traigo un pez y me dan picotazos?».

La observación de esos comportamientos semióticos de las gaviotas sobre las rocas de Porquerolles plantea así un problema lingüístico manifiestamente abstracto: la estructura de un mensaje posee un significado inherente. El grito matemático organizado (modulación de las intensidades, histograma de las frecuencias, medición de las cadencias...), la estructura del grito en sí, transmiten un mensaje que provoca la respuesta conductual correspondiente.

En una tarde calurosa y calma de junio, durante la siesta de las gaviotas, decidimos emitir por altavoces una serie de gritos. Pudimos predecir el comportamiento provocado: cuando el altavoz emitía un grito, provocábamos la huida del grupo y el remolino de algunas dominantes, mientras que un grito de llamada reunía al grupo, y un grito de triunfo sometía a los animales, que encogían la cabeza, las alas, las patas y se hacían muy pequeños.

El contexto ecológico modificaba un poco el significado inherente del mensaje: un grito de alarma emitido a lo lejos provocaba menos vuelos que el mismo grito emitido en las cercanías, pues la distancia, al disminuir la intensidad del grito, modificaba la estructura del mensaje y su significación.

De modo que la historia influía en esa significación: una gaviota que, tras una victoria social, acababa de gritar el triunfo tendía, en los minutos siguientes, a repetir ese grito más fácilmente que las otras. La emoción, el estado interno que fundamenta esa manifestación sonora y postural persiste y facilita la organización de esos gritos de triunfo... cerca del acontecimiento feliz.

Así pues, los gritos poseen estructuras matemáticas significantes, «matemas» diría Lacan. Las gaviotas manejan esa noción sin dificultad.

Pero lo que más claramente modifica la forma de la interacción producida por ese mensaje es la interpretación del receptor: un grito de alarma provoca el auxilio ruidoso de las dominantes y la huida silenciosa de las dominadas. El mismo grito de alarma emitido por los padres provoca la cataplexia de las crías, que inmediatamente se inmovilizan. Hipervigilantes, muy atentas ante la menor información, son incapaces de moverse hasta que la madre no las haya tranquilizado con un «uap-uap», un grito de localización tranquilizador que significa: «No hay nada que temer, id tranquilos». Y los pequeños vuelven a andar.

La interpretación del grito depende en gran medida de la condición social del receptor y de su estado neurológico. Así se explica que, desde el nivel biológico, una información sea polisémica: un mismo objeto sonoro provoca interpretaciones muy diferentes según el estado social y neurológico del receptor, en función de que sea dominante o dominado, adulto o joven.

La estructura del grito expresa el estado interno del emisor. El receptor percibe e interpreta ese grito en función del propio estado interno. Una comunicación intersubjetiva es entonces posible, materialmente, gracias a la producción de un objeto sonoro, fuera de todo aprendizaje, por el simple hecho de la organización de los aparatos de comunicación.

Ello explica esa impresionante capacidad de comunicación entre especies diferentes. Los niños nunca aprenden a hablar el lenguaje de las gaviotas ni el de los perros y, sin embargo, perciben muy claramente la diferencia entre una gaviota que pide un trozo de jamón y un perro que los amenaza.

En suma, las gaviotas no están para nada de acuerdo con la tortuga de Lewis Carroll en el diálogo de la Tortuga y Aquiles: «Si quieres utilizar una regla, dice la Tortuga, necesitas una regla que indique cómo utilizar esa regla».[9]

Ni gaviota, ni neurólogo, Lewis Carroll no podía saber que nuestros cerebros resultan de un largo proceso de evolución. No hay pensamiento sin materia. Su objeto físico es el cerebro y los canales que conducen hasta él: ladridos, gritos de triunfo, palabras, posturas, colores, mensajes visuales, sonoros u olfativos que constituyen la biología de los significantes.

No necesito reglas para utilizar mi regla. He logrado tener dos hijos sin ser ginecólogo. El misterio de mi mujer sigue intacto, así como el de las manifestaciones físicas de mi deseo. No sé cómo funciona mi cerebro y, sin embargo, a veces lo utilizo.

Para responder a esa espinosa cuestión de fantasmatología planteada por la tortuga de Lewis Carroll, es útil recurrir a las medusas y a los bebés. Las medusas cuentan con un sistema nervioso tan simple que sólo pueden percibir un mundo muy simple. Su equipamiento neurológico apenas les permite avanzar abriendo la boca para filtrar el plancton. Muchos hombres desearían un proyecto de existencia semejante: sin problemas. Pero las medusas no tienen opción: no pueden subir, ni bajar, ni retroceder. Con un programa neurológico de esas características, la angustia es imposible. Todas las decisiones se resumen a avanzar más o menos rápido, a abrir la boca más o menos grande. Esa debilidad motora, esa certidumbre conductual, deben de dar un fuerte sentimiento de seguridad. En cambio, la complejización del cerebro dio a los bebés humanos una gran competencia para asociar las informaciones. La principal característica de nuestro cerebro es la organización en redes asociativas de sus miles de millones de neuronas, así una información parcial puede difundir y estimular otras neuronas a la potencia cincuenta.

Si tenemos en cuenta la enseñanza de las medusas (un cerebro simple sólo puede percibir un mundo simple), llegamos a la cuestión siguiente: un cerebro hiperasociativo únicamente puede percibir un mundo hiperasociado. Una información sensorial elemental, difundida por la red asociativa del cerebro, será percibida en una zona distinta de la prevista por las vías neurológicas directas. Es decir, que esa organización cerebral permite que nuestras percepciones alimenten nuestras representaciones. Los circuitos de neuronas y su funcionamiento constituyen la base biológica de nuestras representaciones, desde las más gráficas hasta las más abstractas.

Desde esta perspectiva surgida de la observación de las gaviotas y las medusas, hemos estudiado el llanto, los sueños y otras producciones de los recién nacidos.

Postulando que un bebé solo no es un bebé, observamos a los recién nacidos en el campo donde se desarrollan y reciben las presiones, es decir, el campo de las fantasías de sus padres.

Suele objetarse: una fantasía es un escenario imaginario que uno proyecta en su interior para poner en imágenes los propios deseos apenas conscientes. ¿Cómo es posible entonces que una imagen íntima ejerza una presión activa en el recién nacido?

Para mostrar el gran poder de las fantasías y su acción en lo real necesitamos recurrir a los animales. Fue Pupuce, un perro bastardo, el primero que volvió observable la acción real de las fantasías imaginarias. En 1978 identificamos una pareja en riesgo, lo que no es una hazaña. Como esa pareja no podía tener hijos, había comprado un perro, lo que no es raro. Y ese perro, al que llamaron Júpiter y que ocupaba el lugar de un hijo, se convertía en un perro significante, lo que nos interesaba más. Ese perro significaba el don del amor de la joven pareja. Algunas referencias conductuales muy simples nos permitían ver que Júpiter permanecía muy cerca de su ama, de sus caricias, su mirada, su voz, sus ofrendas alimentarias o de toda comunicación sensorial proveniente de su ama adorada. Ladraba apenas un intruso se acercaba a ella y sólo se calmaba después de haber recibido algunos suaves puntapiés afectuosos.

Unos años más tarde, las cosas se complicaron en la familia de Júpiter. La pareja comenzó a llevarse mal y Júpiter cambió de sentido. Se transformó en el perro que simbolizaba el matrimonio fracasado: «Cuando pienso que lo compramos porque creíamos que nos amábamos, decía ella. –Tú quisiste comprarlo. –Pero no, fuiste tú, es tu perro el que nos impide irnos de vacaciones».

Un día, Pupuce, perro de la calle y gran experto en cubos de basura, ejerció su talento entre los desechos del vecindario. La joven mujer enseguida lo adoptó, pues «él, por lo menos, es un perro libre». Júpiter, valiéndose del derecho que le confería su antigüedad, amenazaba a Pupuce, que inmediatamente se sometía. Júpiter se mantenía cerca de las caricias parentales, dormía al pie de la cama, comía y ladraba primero, tímidamente imitado por Pupuce, siempre a la zaga o retrasado.

Paulatinamente, las relaciones afectivas se fueron orientando hacia el huérfano que, sintiendo la «ayuda moral», tomó confianza, mientras que Júpiter, desalentado, cada vez con menos fuerza, fue cediendo algunas prerrogativas. Entonces aparecieron algunos comportamientos sorprendentes. Júpiter, que sólo comía carne de la buena y dejaba de comer cuando no tenía más hambre, comenzó a engullir los restos de tallarines y de pan que Pupuce dejaba. Él, que daba la señal de alerta ante el menor movimiento extraño, seguía durmiendo, mientras Pupuce defendía su nuevo territorio. Él, tan ágil en los juegos de balón, comenzó a hacer movimientos en falso, caerse, resbalarse, no alcanzar el balón o incluso soltarlo rápido tras haberlo tomado entre los dientes, en cuanto Pupuce aparecía. Obesidad sorprendente, trastornos del sueño sorprendentes, comportamientos de fracaso sorprendentes en un perro tan despierto unos meses antes.

La significación que Júpiter adquiría en su ama había cambiado, pues las relaciones entre los humanos habían cambiado. Las actitudes, posturas, palabras y ofrendas de la joven se convertían en agonistas para Pupuce, que significaba la libertad. Esos mismos gestos se convertían en antagonistas para Júpiter, el perro de raza que ahora significaba el matrimonio fracasado. La representación que surgía en el espacio imaginario de la joven inducía comunicaciones sensoriales diferentes según la significación que daba a los dos perros. Uno se sentía contrariado; el otro, fortalecido. Los comportamientos y metabolismos de los perros eran consecuencia de la fantasía de la joven mujer.

Cuando publicamos en 1980 «El caso Pupuce», propusimos las expresiones «transmisión de deseos inconscientes» y «comunicación de los inconscientes». Pero el concepto era demasiado amplio para ser manejado experimentalmente.[10]

La manera de hablar de un acontecimiento modifica la manera en que el observador observa ese acontecimiento así como las realizaciones medibles de ese acontecimiento, por ejemplo, una carrera de galgos.

La observación ingenua muy simple consiste en hablar de un galgo diciendo que es absolutamente sorprendente, genéticamente seleccionado, criado por una supermadre y alimentado mediante métodos dietéticos particularmente sanos. Unos días más tarde, el mismo galgo es elegido para otra carrera. Pero se habla de él de manera desvalorizante. No se conoce su pedigrí, fue separado de su madre, cambiado de amos y alimentado con desechos. Después de haberse referido así a los animales, el cronómetro arranca: los galgos de los que «se habló formidablemente» tuvieron actuaciones superiores a las de los galgos de los que «se habló desvalorizadamente».[11]

¿De qué manera la palabra del amo pudo influir en el cronómetro? O más bien, ¿por qué cadena de interacciones la palabra pudo modificar los rendimientos de los animales? La observación ingenua muestra que los galgos de los que «se hablaba formidablemente» recibían caricias y mimos. Se los ubica cuidadosamente dentro de la jaula antes de la carrera y cuando la puerta se abría con fuerza para permitir que el perro se lanzara tras el señuelo, el animal, absolutamente distendido, explotaba al máximo sus cualidades.

En cambio, los galgos de los que «se hablaba desvalorizadamente» eran maltratados. Se los empujaba, se los sacudía y prácticamente se los arrojaba en la jaula de partida. Estos temblaban y se cansaban en una crispación excesiva. Cuando la jaula se abría, algunos se sobresaltaban, otros vacilaban, y el cronómetro registraba una clara diferencia de rendimientos…, inducida por la palabra.

La cadena de interacciones podría resumirse así: la palabra del criador induce en el imaginario del organizador de las carreras una representación. Esa imagen genera ciertos gestos que comunican tranquilidad a los galgos bien representados y estrés a los galgos mal representados. Esa emotividad, inducida en el animal por los gestos significantes del hombre, modifica su rendimiento.

Muchas otras observaciones hombre-animal muestran la importante fuerza modelizadora de esos pequeños gestos. Explican cómo un perro puede volverse enurético en una familia y dejar de serlo cuando se lo confía a otra familia, para volver a serlo el mismo día en que retorna junto a la primera; cómo Júpiter se vuelve obeso al engullir tallarines en cuanto cambia de sentido en la representación de su ama; cómo algunos gatos contraen espasmódicamente el tercer párpado cuando son demasiado amados; cómo algunos bassets se vuelven obsesivos en un campo afectivo y dejan de serlo con otra persona, y cómo las vacas dan a luz problemáticamente si son asistidas por un granjero nervioso.

Podemos describir muchas otras comunicaciones fantasmáticas en las cuales el animal expresa por sus comportamientos la fuerza modelizadora de las fantasías del ser humano. Algunos pequeños gestos basados en una representación humana transmiten una emoción que puede modificar el estado psicobiológico del receptor.

Éste es el esquema que proponemos para observar las interacciones fantasmáticas entre las madres y sus bebés: asociar la observación directa de los actos entre la madre y el niño a la escucha de las fantasías maternas que formulamos mediante la expresión «interacción real, interacción fantasmática».[12] En calidad de etólogos, nos gusta observar; en calidad de clínicos, sabemos que la escucha forma parte de la observación; y en calidad de psicólogos, nos gusta comprender esa vida psíquica íntima. En el plano teórico, esa actitud nos obliga a cambiar de nivel. Debemos pasar del acto observable a su significación psíquica, de lo objetivable a lo simbolizable.

El «caso Pupuce» nos permitió comprender que era posible traducir el nivel fantasmático en expresiones gestuales. Esos significantes, cargados de emociones, tienen el poder de modificar los comportamientos del receptor.

Vayamos ahora en busca de los «correlatos visibles de los movimientos inconscientes»,[13] es decir, de los indicios conductuales periféricos observables que hagan referencia a fantasías íntimas.

El barco tiene un papel importante en la vida de Marcel Rufo y de René Soulayrol, dos profesores de psiquiatría de Marsella y marineros de clase I. Las observaciones de interacciones fantasmáticas que hicimos juntos nacieron en el *Crooner*, un viejo barco de regatas inglesas. Acostumbrábamos a reunirnos allí, con fichas para anotar nuestras ideas y vino rosado para activarlas. En 1978 se había iniciado un intercambio entre el primatólogo Jean-Claude Fady, que nos explicaba las diferencias que había hallado entre la risa y la sonrisa de los chimpancés, y nuestro grupo, en cuyo seno Marcel Rufo comenzó a observar la primera sonrisa de los recién nacidos.

La primera sonrisa, el primer llanto, la primera vez que se toma de la mano y el primer olor mediatizan las primeras interacciones fantasmáticas. En realidad, el tramado que constituyen los diversos trabajos realizados en lugares diferentes muestra cierto desorden. Pero, ordenándolo un poco, podemos exponer aquí un cuadro coherente del nacimiento del sentido.

Para iniciar la historia observada de la primera sonrisa, deberíamos remontarnos al día en que Saadi Lahlou me llamó por teléfono. Marinero en Saint-Mandrier, no sabía nada de biología pero sabía filmar, realizar cálculos científicos estadísticos y poseía todas las cualidades de un excelente observador. Además, había trabajado en el laboratorio de fisiología del sueño del profesor Jouvet en Lyon.

Lahlou colocó electrodos chatos por veinticuatro horas en la frente de varios recién nacidos para registrar las ondas eléctricas de su cerebro y en los extremos de los ojos y los labios para grabar la mínima contracción muscular. Luego analizó las películas y trazó curvas estadísticas. Así pudo verse que ¡los bebés sonríen!

El electromiograma muestra que los ojos se contraen al mismo tiempo que los labios para dar al rostro un aspecto sonriente. El recién nacido que pasa veinte horas del día durmiendo sonríe feliz mientras duerme. Lo más asombroso es que su primera sonrisa, cuando duerme, sólo se produce durante el equivalente del sueño paradójico: sueño rápido, alerta cerebral paradójica, pues sobreviene en el momento del sueño más profundo. Los recién nacidos, sin estimulación externa alguna, sonríen con todo el rostro, boca y ojos durante el sueño paradójico.

Saadi Lahlou determinó entonces un índice constante en una población de recién nacidos: sonríen 32 veces cada 100 minutos de sueño paradójico.[14] Toda modificación del sistema hace disminuir ese índice. Ese cambio puede provenir del interior del bebé: una infección, un trastorno del metabolismo o algún otro malestar. También puede provenir del exterior: una enfermedad de la madre, una depresión o su ausencia provocan la disminución del índice de sonrisas en el bebé.

Como en el caso de las gaviotas, centramos nuestras observaciones en lo que pasa entre el bebé que produce esa primera sonrisa paradójica y el adulto materno receptor de ese índice conductual.

En 20 años de práctica, nunca escuchamos que una madre, al percibir esa sonrisa, diga: «Mira, el neuropéptido que provoca el sueño paradójico acaba de provocar la primera contracción de las comisuras de los labios de Nathalie». ¡Nunca!

En cambio, cuando las madres perciben la primera sonrisa del bebé, siempre la interpretan y dicen: «Ya me reconoce», o bien: «Sonríe por mí», etc.[15] (no saben que es un neuropéptido el que desencadenó la sonrisa). Pero al decir eso acercan su cuerpo al bebé sonriente, lo llaman, dicen su nombre y vocalizan sonoridades melodiosas. De ese modo crean en torno del bebé una atmósfera de intensa sensorialidad compuesta de olores, sonoridades cercanas, contactos y calor.

Lo que dicen participa en lo que hacen. La interpretación que hacen del hecho (la sonrisa bioquímica) crea en torno del bebé una sensorialidad cálida. Esa interpretación provoca la adaptación tónico-postural de la madre y crea una sensorialidad que responde a la sonrisa-señal del bebé.

La manera en que la madre interpreta esa sonrisa deriva de su propia historia y del sentido que atribuye a ese hecho. La prueba es que cada madre hace una interpretación propia. Hemos escuchado: «Pobrecito, sonríe… no sabe lo que le espera: nunca debería haberlo traído al mundo». Entre el 30 y el 40% de las madres jóvenes hacen esta interpretación ansiosa. Tal representación se basa en una actitud corporal radicalmente diferente: al decir eso, la madre se tensa y mira al niño con angustia. Al hacerlo, aleja del bebé las informaciones sensoriales emitidas por su cuerpo. Podemos imaginar que el bebé siente menos el olor de su cuello y de sus senos, oye menos la caricia de su voz, siente menos la suavidad de sus manos. Esa interpretación depresiva (por encima de cierto umbral), proveniente del inconsciente materno, crea en torno del bebé un mundo sensorial frío.

El sentido que la madre da a la sonrisa modifica los sentidos que mediatizan y tejen el vínculo de apego. La historia natural de la sonrisa, desde su primera producción, mezcla el sentido y la vida, la interpretación y la biología. La sonrisa muta: apenas interpretada, se carga de historia, se vuelve diferente por naturaleza de la primera sonrisa biológica.

Hacia la segunda semana, la sonrisa se socializa: el bebé, con los ojos abiertos, la boca abierta, estimulado por la cercanía del rostro materno, emite sonidos agudos asociados a movimientos de piernas y a balbuceos, indicios de un gran placer social.

¿Pero qué papel juega el sexo en todo ello, si éste es el fundamento de las cosas de la vida?

En la década de 1970 aprendimos hasta qué punto los bebés de dos a cuatro meses de edad eran interlocutores activos en el diálogo madre-niño.[16] Con frecuencia, el bebé toma la iniciativa de la interacción y la madre imita sus mímicas faciales: frunce el ceño, hace muecas, saca la lengua, tal como la invita el bebé en su deseo de establecer con ella una conversación no verbal. El bebé de pronto se fatiga y eso significa el fin de la interacción: da vuelta la cabeza, mira para otro lado y deja de responder a las solicitaciones maternas.

No podíamos obtener nada mejor, pues esa observación nos parecía correcta, pero podíamos interesarnos en el final de la «conversación», cuando el bebé, al desviar la mirada, indica que el intercambio ha terminado.

La mayor parte de las mujeres continúan solicitando al bebé saciado de interacciones. Contamos la cantidad de solicitaciones maternas (tocar, llamar, buscar la mirada) en función del sexo del bebé. Esa observación nos dio un número: ¡las madres solicitan a los bebés niñas casi tres veces más que a los bebés varones!

¿Qué significa esa diferencia temprana del comportamiento materno, en función del sexo del niño? ¿Cómo interpretar ese número para darle un sentido? ¿Se trata de un índice de la tolerancia materna hacia los varones o de la intrusión de la madre en el mundo de las niñas? Se nos dijo que ese número era la prueba de la indiferencia que las madres sienten por sus varones, demasiado extraños para ellas, en contraste con la identificación que sienten con sus niñas, más cercanas y más solicitadas.

Esa descripción de la sonrisa, real y fantasmática a la vez, permite asistir al nacimiento del sentido: cómo se otorga sentido a las cosas, cómo la espiral de las interacciones se desarrolla, cómo una sonrisa-señal apenas producida por lo biológico se convierte en un signo social y sexual en cuanto es interpretada por otro.

La observación de la primera sonrisa hace posible ilustrar que esas interacciones fantasmáticas son observables en lo real, de qué manera atribuyen sentido a las cosas y hasta qué punto constituyen una fuerza modelizadora en el desarrollo de los niños.

Mientras estaba en el vientre materno, consideramos al bebé como un receptor de sonoridades. Desde su nacimiento, se convirtió en emisor, y el medio materno, al reaccionar, ingresó también en la danza de la interacción. Grabamos el primer llanto de bebés nacidos en tiempo y de bebés prematuros.[17] La grabación se hacía de manera muy simple, con un grabador y un cable largo para no interferir en el trabajo de los parteros. Teníamos la impresión de que los llantos de los bebés cambiaban de forma, intensidad y armonía, pero queríamos dar a esos llantos una forma visible, una imagen más fácil de observar y analizar. El analizador de frecuencia nos ofreció esa imagen descomponiendo los llantos del bebé en picos de frecuencia. Cuando un bebé lloraba con sonidos agudos, los picos aparecían a la derecha, y, por ende, los graves figuraban a la izquierda. La altura de las «montañas» reflejaba la intensidad. El procesamiento de los datos también era simple: sólo había que registrar los primeros llantos en el grabador, llevar el casete al analizador de frecuencia y asociar la forma del grito así dibujada a las reacciones conductuales y verbales del medio materno. Exactamente el mismo método que habíamos aprendido con las gaviotas.

El día en que pasamos la cinta a un grupo de amigos y estudiantes reunidos alrededor de una mesa tuvimos la primera sorpresa. Observamos que cuando los llantos tenían muchas frecuencias bajas, los adultos reaccionaban con buen humor. Muy rápidamente, reconocían que se trataba del llanto de bebés y decían: «Un bebé que tiene hambre... Oh, pobrecito, está llorando, debe de estar enfadado... Seguro que es un glotón, como su papá», etcétera.

Cuando los llantos tenían muchas frecuencias altas, cuando el ordenador dibujaba una imagen en la que las montañas eran altas a la derecha, las interpretaciones fueron totalmente diferentes: la connotación ansiosa fue frecuente, las somatizaciones se expresaron con una precocidad asombrosa, antes incluso del reconocimiento del llanto de bebé: «Me siento mal… Se me hace un nudo en la garganta o en el estómago… Parece un bebé que no está bien…».

Parecería entonces que la estructura física del llanto constituye el soporte material de la transmisión de una emoción, la traducción sonora de un estado interno que, al comunicarse al adulto, suscita en éste representaciones muy diferentes.

Las frecuencias bajas transmiten una emoción que da lugar a interpretaciones alegres: «Es un glotón como su papá», mientras que las frecuencias agudas transmiten un estado de malestar expresado por el bebé y muy rápidamente provocan somatizaciones ansiosas en los adultos: «Se me hace un nudo en la garganta».

Cuando pasamos los gritos agudos a animales, las perras inmediatamente se pusieron a gemir, bajaron las orejas, manifestaron comportamientos de preocupación orientados hacia el grabador. Las gatas se irguieron, comenzaron a explorar la pieza, maullando quejosamente y se dirigieron primero a la fuente sonora y después a los humanos.

Esta observación plantea la cuestión de la comunicación entre las especies. Si se nos suele reprochar que hacemos extrapolaciones, se debe hacer el mismo reproche a las gatas y a las perras. ¿Por qué se meten? No tienen el derecho teórico de inferir una comunicación entre humanos con una comunicación entre perros o gatos. No hay inferencia posible entre los hombres y los animales, ya que hay que llamar a los hombres hombres y a los gatos gatos. Pero las gatas, muy maternales, poco interesadas por los problemas epistemológicos, se conmueven con los llantos agudos de los bebés humanos.

La otra sorpresa de esta interacción emotiva fue observar la asombrosa adaptación de los comportamientos espaciales de la madre al estado interno del bebé. Grabamos los llantos de varios bebés enfermos. Contrariamente a lo que se piensa, un bebé enfermo no llora. Un bebé que no llora es como un niño demasiado obediente, hay que preocuparse. Uno de ellos sufría una meningitis cerebroespinal. Gemía suavemente. Nuestro oído humano oía esos ruidos y los organizaba en sonoridades significantes. Pero el grabador registraba todos los ruidos. El ordenador analizó entonces las frecuencias de esos ruidos y nos entregó una imagen donde veíamos la curva montañosa más elevada... ¡del ruido de fondo de la habitación del niño!

Cuando observamos a la madre, pudimos comprobar que se quedaba muy cerca del bebé y no le sacaba los ojos de encima. Cuando el estado clínico mejoró, los llantos del bebé sobrepasaron el ruido de fondo y volvieron a ser comunicantes, transmisores de emociones. La madre entonces comenzó a mirar menos al bebé, se alejaba de la cuna, iba a buscar cosas y hablaba con las enfermeras.

Las manifestaciones verbales de la madre, asociadas a la observación de la enfermedad del niño, nos permitieron inferir que cuando el niño estaba mal, la madre, como no podía interesarse en nada más, se sentía bloqueada cerca de él. Cuando el bebé volvió a llorar, la madre pudo abrir su espacio, mirar otras cosas, desplazarse y hablar, «sabiendo» que, ante cualquier problema, se restablecería el canal de comunicación por el llanto.

Cuando las gaviotas y los bebés lloran, nos hacen comprender que toda información está inscrita en lo biológico. Y en cuanto esta estimulación es percibida, adquiere sentido porque es interpretada. La historia de quien percibe da sentido a esa percepción. Lo biológico y lo histórico entremezclados nos permiten asistir al nacimiento del sentido.

Notas

1. M. Goustard, *Le psychisme des primates*, París, Masson, 1975. [*Los Monos antropoides.* Madrid, Oikos Tau, 1971.]
2. H. Kummer, *ibíd.*
3. N. Milhaud, *ibíd.*
4. M. Giffroy, filme: *Journées, Éthologie*, Escuela veterinaria de Maisons-Alfort, 1986.
5. *Roman de Troïlus*, París, Biblioteca Nacional, ms. fr. 255 28 en Ph. Ariès y G. Duby, *Histoire de la vie privée*, París, Seuil, 1986. [*Historia de la vida privada.* Madrid, Taurus, 1989.]
6. N. Elias, *La civilisation des mœurs*, París, Calmann-Lévy, 1977 (1ª ed. 1973).
7. N. Tinbergen, en I. Eibl-Eibesfeldt, *Éthologie. Biologie du comportement*, Éditions Scientifiques, 1972, reeditado en 1988. [*Biología del comportamiento humano. Manual de etología humana.* Madrid, Alianza, 1993.]
8. J. Coulon, *Les voies du langage*, París, Dunod, 1982.

9. D. Hofstadter, *Gödel Escher Bach*, InterÉditions, 1985. [*Gödel, Escher, Bach.* Barcelona, Tusquets, 1989.]

10. B. Cyrulnik y F. Cyrulnik-Gilis, «Le cas Pupuce: éthologie des désirs inconscients», *Evolution psychiatrique*, núm. 3, 1980, citado en B. Cyrulnik, *Mémoire de singe et paroles d'homme*, París, Hachette, 1983.

11. R. Queinnec, presentación personal durante las jornadas de Maisons-Alfort, 1986 (sobre observaciones realizadas por su esposa, criadora de galgos).

12. B. Cramer, Interaction réelle, interaction fantasmatique, *Psychothérapies*, núm. 1, 1982, pp. 39-47.

13. Ibíd.

14. M. J. Challamel y S. Lalhou, «Sleep and smiling in neonate: a new approach», *Sleep Research Society*, Múnich, vol. 7, núm. IX, 1984.

15. M. Rufo, F. Reynard, R. Soulayrol y J. Coignet, «À propos du sourire comme signal d'une interaction précoce parents-bébé, dans un service de prématurés», *Psycho. Med.*, vol. 16, núm. 2, 1984, pp. 279-285.

16. C. Trevarthen, P. Hubley y L. Sheeran, «Les activités innées du nourrisson», *La Recherche*, núm. 6, 1975, pp. 447-458.

17. B. Cyrulnik y H. Peter, «Ontogenèse et fonction des cris de bébés», en *Une nouvelle clinique de la dépression*, Cambridge, I.R.E.M., 1984.

4

Biología de nuestra historia

El desarrollo actual de las observaciones directas puede tanto seducir como irritar a los psicoanalistas. Muchos se entusiasman y dicen que la etología confirma sus hipótesis. Otros, como André Green, se preocupan: «El niño –escribe– al ser tentación de objetivación, se presta a la maquinación que hace callar el sujeto en él».[1]

Los padres suelen decir lo contrario. «Nuestros hijos nos decepcionarán como nosotros decepcionamos a nuestros padres.»[2] Cuando el niño es pequeño, es aún tan imaginario que la madre proyecta en él sus fantasías y piensa, durante algunos años, que ha traído una maravilla al mundo. En ese estadio de la interacción, no es «tentación de maquinación»; por el contrario, sirve de pantalla para nuestras proyecciones fantasmáticas. Más tarde, la personalización del niño obligará a los padres a hacer el duelo de ese niño soñado y a apegarse, de todos modos, a ese niño diferente. Por lo general, «la maquinación que hace callar el sujeto en él» está constituida por la fuerza de nuestras fantasías y por la presión de la mirada social.

La observación directa permite hacer una observación de lo real (lo que no quiere decir observar lo real).

Un niño parcial es analizado en su devenir y en sus interacciones. Es un niño parcial porque estamos obligados a elegir lo que vamos a observar. Supongamos que observamos cómo se adquiere el gesto de se-

ñalar con el dedo, asociándolo a la aparición de la primera palabra.[3]
Decidimos filmar ese conjunto conductual. El dispositivo de observación es cruel ya que hay que filmar a un bebé sentado en su silla y colocar delante de él, fuera del alcance de su mano… ¡una caja de caramelos! Reducimos nuestra observación (pero no al bebé) a esa secuencia gestual. Y comprobamos que, hasta la edad de quince meses, todos los bebés tienden y separan los dedos, con la palma hacia abajo, miran los caramelos y vocalizan sonoridades intensas. La madre asiste a ese drama sin intervenir. El bebé, sujetado a la silla, fracasa en el intento de realizar su deseo. Entonces, grita de desesperación y se estira hacia atrás. La madre, conmovida, interviene, toma al niño en brazos, y la observación debe terminar.

Hacia el decimoquinto mes, se observa un cambio radical de estrategia gestual. El niño señala con el índice hacia los caramelos, mira a la madre e intenta articular una protopalabra: «melo o mamelo». El trazado de las curvas de ese conjunto gestual muestra que, apenas se instala ese conjunto, el niño deja de llorar y de manifestar esa hipergestualidad desesperada provocada por la frustración de su deseo. El objeto codiciado no está al alcance de su mano, entonces el niño se dedica a solicitar a su madre, articulando la palabra «caramelo», capaz de comunicar la expresión de su deseo. En cuanto aparece la palabra, la gestualidad cambia radicalmente de forma. Mucho menos intensa, menos desesperada, más orientada hacia la demanda afectiva. Mientras hay palabra, hay esperanza.

Esta observación reductora y maquinal plantea algunos problemas fundamentales. Se puede pensar que el niño sólo intenta la comunicación verbal cuando es estimulado por la falta. Alcanza con que la madre se precipite y coloque los caramelos al alcance de su mano para hacer desaparecer la palabra.

Se puede pensar también que para señalar con el índice en una dirección del espacio y mirar hacia otra dirección, es necesario que el cerebro del bebé haya alcanzado cierto grado de desarrollo que le permita procesar informaciones espaciales de orígenes diferentes. Es necesario, asimismo, que las neuronas que dirigen la mano sean lo suficientemente eficaces para coordinar la flexión de cuatro dedos y la extensión del índice que señalará la cosa lejana, el futuro significado. Además, es necesario que el niño sienta que es posible solicitar a su madre para obtener la realización de su deseo. Finalmente, para tratar de articular una palabra, el niño debe comprender que una sonoridad vocal convencional puede designar un objeto que no tiene al alcance de la mano.

En una palabra, se necesita que el cerebro esté lo suficientemente desarrollado y que la historia afectiva sea lo suficientemente sentida para que el niño se lance a la aventura de la palabra. Apenas aparece ese modo de información y de emoción, el mundo relacional del niño cambia de forma. Ya no es necesario actuar, es suficiente articular. El nacimiento de ese proceso de simbolización se arraiga en el cuerpo, en el cerebro y en el afecto.

El contraexperimento, o más bien la contraobservación, consiste en buscar un niño que no tenga acceso a la palabra, porque es autista o tiene alguna enfermedad cerebral (encefalopatía), y observarlo en la misma situación. Se comprueba entonces que esos niños tienden los dedos hacia el objeto codiciado y lo miran llorando. El fracaso de la realización del deseo provoca un exceso de gestualidad desesperada: el pequeño se tira hacia atrás, llora o se repliega.

Podemos observar, entonces, en una situación manejable científicamente, el conjunto vocal y gestual que el niño sin habla no dejará de repetir a lo largo de su vida cotidiana.

En una observación etoclínica, el pequeño David, de treinta y cinco meses, nunca ha señalado con el dedo. Sin embargo, algunas imágenes fugaces permiten observar una breve aparición de la secuencia: mirada hacia la madre, mano tendida en pronación y articulación gutural. «Esa secuencia, aunque fugaz, significa en ese contexto un pedido de ayuda para alcanzar el objeto. La relación triangular niño-colaborador-objeto es, pues, funcional.»[4] La evolución clínica mostrará que ese niño no está totalmente encerrado en su psicosis. Esa minúscula puerta de entrada permitirá comunicarse con él y eliminar sus barreras psicóticas.

Ese niño descrito por nuestras observaciones directas no tiene nada que ver con el niño-metáfora de los psicoanalistas. Lo que es memorizable puede no tener relación alguna con lo que es observable. El hombre que en el diván reencuentra su pasado realiza una construcción mítica. Vuelve a sentir, a vivir, los acontecimientos que ha puesto en su memoria y que recuerda porque hoy está sensible o porque esos hechos de memoria adquieren un sentido para él. Es un trabajo de identidad, de manipulación emotiva muy importante, no necesariamente relacionado con lo observable. El inconsciente no es lo no consciente. El inconsciente es esa organización psíquica que gobierna nuestras fantasías y nuestras decisiones y que una astucia relacional, la convención psicoanalítica, eventualmente puede volver a traer a la conciencia bajo la forma de recuerdos y de sueños, y traducir en palabras.

Lo no consciente no es memorizable. Esa memoria no consciente induce emociones o comportamientos que no podemos recordar: ¿quién podría recordar la desesperación sentida por la pérdida de la madre a la edad de seis meses? Sin embargo, esa tragedia cambió el desarrollo de la persona y la hizo ávida de afecto. La privación creó en la persona comportamientos de demanda o de ofrecimiento que no existían antes de la desaparición de la madre. Esos comportamientos fueron observables, nunca memorizables. Se pudo ver cómo de súbito el niño se volvía anormalmente tranquilo, demasiado gentil. En la edad adulta, nunca tendrá la posibilidad de rememorar la pérdida de la madre que provocó ese cambio tan importante.

Es observable, real, y no consciente, como nuestras moléculas biológicas. No es memorizable y, por lo tanto, nunca formará parte del proceso de identidad psíquica de quien hace el relato de su historia. «La observación naturalista nunca sabrá… cómo el niño ha interiorizado e interpretado su entorno humano»,[5] dice André Green. La observación psicoanalítica nunca sabrá cómo el niño actuaba y reaccionaba en su entorno humano, respondería un observador naturalista.

No podrán entenderse, puesto que no se trata de la misma observación. El psicoanalista escucha cómo el adulto interpreta y da sentido a los acontecimientos significantes para él. El etólogo observa los comportamientos que permiten hacer visibles y experimentables los indicios de esa vida psíquica.

La ventaja del psicoanálisis es que puede decir cómo el sujeto hablante siente su mundo. Es terapéutico cuando el sujeto desarrolla ese sentimiento de interioridad que le permite escapar a las presiones externas y a las propias interpretaciones. Es un trabajo de personificación.[6]

La ventaja de la etología es que puede mostrar cómo un sujeto se desarrolla y por qué algunas presiones pueden orientarlo hacia cierta manera de ser (como en las carencias afectivas) o desorganizarlo (como en los aislamientos sociales). Es un trabajo de semiología.

El psicoanálisis necesita cierto talento por parte del hablante para traducir en palabras su mundo íntimo y por parte del psicoanalista para interpretarlo, como un músico que, al interpretar un código musical con su instrumento, le da vida.

La etología necesita, por parte del observador, cierto talento de observador y cierto aprendizaje del método que le permitirá describir un trastorno y hallar sus causas.

Propongo ilustrar esa articulación con la fábula de la oveja y los bebés prematuros.

Una oveja sólo puede iniciar su comportamiento materno en un momento preciso, en las horas siguientes al parto, y en una interacción precisa con una cría que debe llevar las estimulaciones sensoriales adecuadas para provocar ese comportamiento.[7]

Durante las horas siguientes al parto, la oveja puede iniciar un vínculo de apego con su cría o con alguna otra que le sea confiada. Antes o después de ese período sensible de algunas horas no puede apegarse a ningún recién nacido, incluido el propio, y lo rechaza.

La manipulación experimental es muy simple: alcanza con retirar el cordero apenas nace y devolverlo a la madre después de 48 horas de separación. Se niega entonces a ocuparse de la cría, no la sigue cuando se tambalea y la golpea cuando trata de mamar.

El contraexperimento consiste en dejar que las interacciones se desarrollen naturalmente. Desde el nacimiento, la cría se orienta hacia la ubre de la madre que, en ese momento, la lame, la siente y la marca con su olor.

Si se separa a la oveja de su cordero durante cuarenta y ocho horas, dos semanas después del nacimiento, el proceso de familiarización tuvo tiempo de llevarse a cabo y la madre reconoce a su cría y la recupera sin dificultad.

En esa especie, el olor constituye el canal privilegiado para provocar el apego. Una hembra con los ojos tapados reconoce a su cría y se ocupa de ella, mientras que una hembra con la nariz tapada la considera un intruso y no se apega a ella.

Pero un olor solo no provoca un comportamiento. Para que funcione y participe en el proceso de apego es necesario que se manifieste en un momento de gran sensibilidad del receptor. Las ovejas, fuera del período de parición, se retraen y dan vuelta la cabeza cuando se les hace oler un paño embebido de líquido amniótico. Pero si se les presenta ese paño después del parto, se interesan vivamente y lo exploran con la nariz.

Para provocar una adopción, alcanza entonces con untar un cordero ajeno con líquido amniótico y ponerlo bajo la nariz de una oveja que acaba de parir.

La articulación, el desencadenamiento del apego se producirá a partir del encuentro entre una información externa (el olor del recién nacido) y una sensibilidad interna (el cambio hormonal posterior a cualquier parto).

Estas observaciones y manipulaciones confirman la idea de que existe en las ovejas un período sensible después del parto, durante el que el animal se vuelve particularmente receptivo a un tipo de información sensorial. Esas estimulaciones las porta naturalmente la cría que, para salir de su madre, le ha distendido la vagina. Luego va hacia las mamas, perfumadas con el líquido amniótico, se acerca y responde balando ante la menor emisión sonora de la madre. Todas las vías de comunicación recogidas durante ese período sensible forman el proceso biológico de la familiarización.

Este tema del período sensible fue objeto de numerosas observaciones y manipulaciones experimentales. Fue descrito para el caso de las crías de patos, las perras que acaban de parir, las cebras y todas las especies donde se produce un apego en las que se intentó encontrarlo.[8] Los análisis electrofisiológicos, los sitios receptores cerebrales y hormonales, las referencias conductuales fueron mil veces descritos y analizados.

De allí se desprende una idea: existe un período sensible en que el apego entre la madre y el niño se inicia con suma facilidad. Y también un temor, que parece dar la razón a André Green: «la maquinación del sujeto» estaría ilustrada por la oveja, que demuestra hasta qué punto el apego entre la madre y la cría se instaura a partir de una suerte de ligazón biológica.

Pero en psicología una causa no provoca un efecto, y la evolución de las ideas en la cultura puede ser asombrosa. Dos pediatras ingleses[9] retomaron la tesis del período sensible y lo observaron en el apego materno humano después del parto. Matizaron el aspecto de «ligazón afectiva» mostrada por las ovejas, sosteniendo que las madres pueden apegarse a sus niños incluso después del tercer día. De modo que ese período crítico no es tan crítico, puesto que es recuperable. Pero, en fin de cuentas, tres días pasan rápido y si se pierde ese período óptimo para el establecimiento del vínculo, se producirá una crisis del apego.

La prematuridad es una experiencia natural, ya que los bebés son separados de su madre, aislados y agredidos por la incubadora, esa máquina que los salva. Algunos psicólogos[10] observaron importantes trastornos del desarrollo en bebés prematuros: el ritmo de alimentación se coordina mal, la arquitectura del sueño que organiza la noche con sus ondas cerebrales diferentes nunca adopta la forma habitual y, sobre todo, los trastornos del tono muscular perturban los acomodamientos corporales entre la madre y el niño. Se describió incluso un «síndrome tardío de los prematuros», esos pequeños delgados, miopes, disléxicos, temerosos y malos alumnos.

Llegan nuestros dos pediatras ingleses que enseñan a sus colegas que la separación madre-niño durante el período sensible posterior al parto trastorna la instauración de los primeros canales de apego y explica los importantes trastornos del desarrollo de los prematuros.[11]

El analogismo abusivo de la trasposición de modelos y la fragilidad metodológica de los dos pediatras provocaron aprehensiones agresivas en los medios etológicos. «Las mujeres no son ovejas… Esos médicos no tienen derecho teórico de inferir de la oveja a la mujer… Las observaciones de trastornos del apego se hicieron a la ligera… Sin teoría… Sin método… Cero para los pediatras.»[12]

«Cero», dicen los científicos, aislados en sus laboratorios con sus teorías autocentradas y sus métodos incomunicables por sofisticados. Pero no se merecen un «cero» los médicos empiristas que deben actuar en el lugar, que disponen de algunas horas, algunos gestos y algunas decisiones para recuperar a un bebé prematuro o dejarlo morir.

«Esta publicación tuvo una repercusión considerable en los medios relacionados con el tema del nacimiento.»[13] Desde esa época, los médicos se esforzaron por no separar a la madre del niño. Redujeron al mínimo la tecnicidad de sus gestos. Los cirujanos hospitalizaron a los niños con la madre. Los bebés fueron llevados al quirófano con su osito o su trapito tranquilizador entre las manos. Los psicólogos hablaron con esas madres privadas de gravidez y restablecieron el vínculo fantasmático solicitando a las puericultoras que dejaran de llamarse «mamá» a sí mismas, para de ese modo permitir que las parturientas volvieran a sentirse madres. El resultado clínico debido a ese cambio de actitud mental fue excelente. En algunos meses, los prematuros alcanzan el nivel de desarrollo de los bebés nacidos a término. Con medios muy simples, gestos evidentes, palabras necesarias, el síndrome tardío que afectaba a los bebés prematuros está en vías de desaparición. Las madres y los médicos hoy dan prueba del cambio de pronóstico de la prematuridad, gracias a esa publicación tan poco científica.

De modo que las ovejas permitieron que los bebés prematuros tuvieran un desarrollo normal. Pero si bien las ovejas pudieron hacer comprender los trastornos de la ontogénesis del desarrollo, no pudieron explicar el sentimiento que el niño se hace de su historia, de su historicidad. La comparación entre los niños prematuros y los niños abandonados nos permitirá ilustrar la diferencia entre la ontogénesis y la historicidad. La separación de la madre y el niño es exactamente igual en el caso de los niños abandonados. Ocurre en el transcurso del momento sensible posterior al parto. Suele ser menos agresiva que para los prematuros ya que los niños abandonados no son sometidos a perfusiones, inyecciones, sondas, sonorizaciones, pero los trastornos iniciales son muy comparables: retraso de las posturas, falta de espacialización, esquema corporal defectuoso, hipersensibilidad a los ruidos, al tacto y, sobre todo, anorexia, insomnio y dificultad para acomodarse en los brazos de la madre.

Mientras que los bebés prematuros, gracias a las ovejas, son reubicados lo más pronto posible en un medio materno coherente que les permite reparar rápidamente sus trastornos, los niños abandonados, por su parte, suelen ser ubicados en una institución de escaso valor maternal. Algunos meses más tarde, accederán al lenguaje y dirán: «Soy un niño abandonado».

Esa situación de abandono va a adquirir sentido para ellos y despertará sentimientos de vergüenza: «Soy un hijo de la basura», pues la vergüenza caracteriza lo que esos niños sienten por sí mismos. ¿Por qué sienten vergüenza de no tener madre? Como una tara, una enfermedad vergonzosa, en el fondo de ellos mismos. Dicen: «Debo de haber sido muy malo para que mi madre haya deseado abandonarme». Y esas frases revelan su sentimiento de desvalorización y culpabilidad.

Los trastornos biológicos y conductuales son los mismos que en el caso de los niños prematuros. Pero esa memoria, esa conciencia de sí, esa identificación respectiva caracteriza el proceso de historización que, por su parte, ya nada tiene que ver con las ovejas.

La historización, la memoria de sí, es un proceso activo de creación del propio pasado que da una forma a la identidad del hablante. Ese trabajo, muy diferente de la observación directa, no impide la actitud etológica.

Anna Freud, partiendo de un concepto psicoanalítico, observó a niños abandonados: «Habían encontrado otro lugar donde ubicar su libido y, apoyándose en eso, habían manejado algunas de sus angustias y adquirido actitudes sociales».[14] En esta descripción, se encuentra el polo psicológico: «Manejar algunas angustias» y el polo conductual observable: «Habían adquirido actitudes sociales» (hablar a, jugar con).

En suma, la cuestión de las interacciones fantasmáticas supone intentar una correlación entre el mundo íntimo expresado por las palabras y el mundo periférico expresado por los gestos: «Para mí, mi madre era como el diablo de tanto que me hacía sufrir. Ahora quiero ser madre para castigarme. Voy a ser una buena madre hasta el sufrimiento. Me ocupo mucho de la casa. Me quedo de pie para no arrugar los almohadones del sillón. Alimento a mis hijos a la perfección. Todas sus comidas están listas a horario, bien presentadas, en una bonita mesa. Les doy de comer tan rápido y en tanta cantidad, gritando fuerte, porque me angustian. Me impiden ser una buena madre si no comen. Siempre terminan vomitando. Cuando comen en casa de la vecina, nunca vomitan».*

En el testimonio oral de esa joven que había sido una niña-mártir, el psicoterapeuta escucha la historización, el relato de esa «madre diablo». El médico también comprende el sentido psicológico atribuido a los hechos: «Ahora quiero ser madre para castigarme». Comprende la descripción conductual: «Me quedo de pie… la mesa es bonita… les doy de comer… gritando…». También registra una manipulación casi experimental: «Cuando comen en casa de la vecina, nunca vomitan».

De modo que la interacción fantasmática puede observarse clínicamente. Alcanza con aprender a escucharla y a verla para asistir a la génesis de un niño-mártir.

Otra joven mujer, muy bonita, rubia de ojos verdes, luchaba contra su angustia a través de una intensa actividad social. Queda embarazada. La placenta se adhiere mal, sangra. Los médicos la llenan de hormonas y de cortisona. Debe quedarse en cama varios meses, inmovilizada con perfusiones. Las hormonas femeninas interfieren con ciertos neuromediadores que facilitan el humor depresivo. Y algunas cortisonas provocan importantes angustias. Esa mujer inmovilizada para no perder a su bebé ya no podía utilizar su defensa natural contra la angustia: la hiperactividad y el compromiso social.

En esas condiciones conductuales y biológicas, su bebé toma sentido para ella. Dice: «Sufría tantas angustias, estaba tan torturada por la dura imposición de esa inmovilidad con perfusión que duró varios meses, que cada día, cada instante, deseaba que mi bebé muriera, que su muerte me liberara».*

Culpabilizada por esas fantasías, se obligaba cada vez más a la inmovilidad para que el bebé no muriera. No sólo el bebé no murió, sino que se volvió hiperquinético en su vientre, como suelen ser los bebés de las madres estresadas. Ella sangró y sufrió cada vez que el bebé se sobresaltaba y se movía en el útero: «Lo odié desde que nació», dice la madre. La espiral de la interacción comenzaba muy mal.

Algunas observaciones etológicas realizadas en otros lugares permiten suponer que, con esas fantasías en la cabeza, la madre agotada, torturada de angustia, con odio, debió manipular violentamente a ese bebé, interpretar mal su llanto e irritarse cada vez que la demandaba. Es posible imaginar que lo arrojó brutalmente a la cuna para hacerlo dormir y le embuchó la tetina para alimentarlo. El bebé debió de sentirse arrojado lejos del cuerpo de la madre, en lugar de haber sido tranquilizado para dormirse. Debió de sentirse agredido en la boca cada vez que tenía hambre. Naturalmente se volvió insomne y anoréxico.

La madre interpretaba esos comportamientos y decía: «No me deja dormir y yo me levanto temprano para ir a trabajar por él… No quiere comer… Se va a morir… Se tendría que haber muerto antes…».

Ese niño tenía seis años cuando, por indicación de la asistente social, llegó a mi consultorio. Era un niño adorable con bucles rubios y ojos azules.

Durante la entrevista, David no sacaba los ojos de encima a su madre que hablaba de él, delante de él, de una manera exasperada. Contaba hasta qué punto ese niño la hacía sufrir día y noche y en la escuela, no le iba bien y las maestras se quejaban. Ese niño no dejaba de perseguirla, nunca, nunca.

De pronto, me puso como testigo y dijo: «Mire, vuelve a empezar», y pellizcó, rechinando los dientes, la pierna del niño que no dijo nada, inmóvil, mirándola amorosamente, mientras los ojos se le llenaban de lágrimas. «Vio, vio, no para, nunca para», decía la madre, excedida por la persecución inmóvil y silenciosa del niño.

Difícil mantener una actitud neutral y amable. Me equivoqué cuando, de la manera más suave posible, le dije que no había visto que el niño hiciera algo. La madre, escandalizada, tomó al niño de un brazo, lo sacó de la silla y se fue diciendo: «Usted también se pone del lado de él».

Dos años más tarde, volví a verlos: David se peleaba en la escuela y se quemaba con cerillas. Ponía agujas en las espaldas de sus compañeros y dibujaba en los cuadernos de clase terribles máquinas de sexo, con agujeros como vaginas, como trampas con dientes. También dibujaba penes en forma de cuchillos y «máquinas para masturbar».

La madre horrorizada, más cansada que nunca, me mostraba las pruebas del sadismo de su hijo que la miraba con amor. Le decía: «Habría preferido que te murieras, suicídate, suicídate, pero ¿por qué no te suicidas?». Lo sacudía gritándole. Esta vez no dije nada. La dejé sacudir al niño, lo que me permitió entrevistarlos más tarde por separado.

Ella decía: «Tengo ganas de estrangularlo». Y hacía el gesto del placer imaginado de su deseo.

Él decía: «En la escuela, tengo ganas de estrangular. Soy malo».

«Él tiene ganas de morir. Lo sé. Entonces que se suicide de una vez. ¡Que se muera! Lo tendría que haber hecho antes de nacer.»

«Me gustaría tanto agradar a mi madre. No puedo evitar ser malo.»

Ese odio al bebé, esas fantasías de muerte proyectadas en el niño habían invadido los pensamientos de la mujer cuando el bebé en su vientre la hacía sufrir tanto y la perseguía. La espiral tóxica se había instalado y el resto no era sino devenir, transformación, racionalización de esa trayectoria dolorosa.

Esa madre-verdugo-mártir de niño-mártir-verdugo había establecido con sus otros dos hijos una relación alegre y gentil. Incluso le parecía que era fácil y agradable criarlos.

Las ovejas y las mujeres tienen un programa común: el del útero. Pero existe una diferencia enorme entre ellas: la palabra. Y la intervención de la palabra modifica radicalmente el destino biológico de las interacciones entre la madre y el niño.

Si uno tapa las narinas de una oveja, corta las interacciones con la cría e impide el apego ¡definitivamente! La madre nunca más podrá apegarse a su cría. Al no poder olerla, la considerará como un extraño y la rechazará.

En cambio, la conciencia de una mujer le permitirá restablecer la espiral... si lo desea. Es suficiente con que sepa que ese bebé en la incubadora es su hijo para que pueda reparar el apego interrumpido por la separación. Los primeros gestos serán torpes: durante mucho tiempo tendrá al bebé entre el pulgar y el índice, en lugar de tomarlo con toda la palma de la mano para llevarlo contra su cuerpo, como hacen las madres que nunca fueron separadas de su bebé. Necesitará de tres a cuatro días para atreverse a hundir la nariz entre los brazos del bebé y reconocer su olor.[15] El reconocimiento de los llantos le llevará un poco más de tiempo. Pero muy rápidamente aprenderá la espontaneidad y la comunicación sensorial restablecida volverá a provocar las estimulaciones que tejen el vínculo de la familiaridad.

El hecho de no poseer conciencia explica, en el caso de las ovejas, el determinismo a largo plazo. Están sometidas a las informaciones biológicas y, cuando falta una estimulación, el vínculo ya no puede establecerse.

En el caso de las mujeres, el simple hecho de decir: «Éste es su bebé» les permite saberlo y, de ese modo, se restablecen las vías sensoriales. La palabra permite reparar los trastornos debidos a la separación... o agravarlos. El determinismo de los trastornos en los bebés prematuros es a corto plazo cuando intervienen el conocimiento y el deseo de restablecer el vínculo.

Pero no siempre ocurre eso. Algunas madres se sienten liberadas cuando su bebé está en la incubadora. Cuando vuelve, sienten una privación de libertad. Por lo general, esa separación agrava la angustia de las madres que, desposeídas de su maternidad, se sienten incompetentes. El menor problema provocará una nueva hospitalización del bebé, confiado a personas «más competentes», repitiendo de ese modo la separación precoz y los trastornos que había generado.

De modo que esa separación precoz puede revelar una vulnerabilidad materna que, no conscientemente, mantendrá los trastornos creados en el pequeño por... la separación precoz. Se instaura una espiral tóxica, que deja en el niño una marca de vulnerabilidad que podrá expresarse años después, en ocasión de, por ejemplo, una mudanza. Ya se sabía que, en la población de adultos depresivos, un número elevado de ellos sufrió una separación precoz. Se acaba de descubrir que esas depresiones de la mudanza, mucho más frecuentes de lo que se piensa, casi siempre revelan, en el adulto, una tara inscrita en su desarrollo por una separación precoz que ya había provocado, treinta o cuarenta años antes, una depresión anaclítica.[16]

En un primer momento, la espiral había sido reparada por el deseo materno, pero la inscripción siguió estando marcada. Sólo esperaba el acontecimiento significante para declararse.

Sin embargo, el determinismo no es tan imperativo. Hemos hablado de la corrección que produce el deseo materno cuando repara los trastornos del niño separado; ahora se debe agregar la corrección que produce la palabra. Apenas el niño hace de ésta una herramienta de comunicación, sus gestos cambian de forma. Puede inmovilizar el cuerpo y, articulando algunas sonoridades, discretamente asociadas a algunas mímicas faciales y movimientos de la mano, se vuelve capaz de sentir una emoción y de compartirla. La palabra posee esa función emotiva inaudita que nos permite llorar por un acontecimiento ocurrido hace veinte años o desear una situación que sólo se producirá dentro de diez años. Esa función de la palabra que permite amplificar la emoción, hacerla revivir y compartir a propósito de un objeto totalmente ausente es característica de la especie humana.

Las gaviotas no tienen esa capacidad de apropiarse del espacio y el tiempo, y de revivir una emoción por un objeto ausente. Están sometidas a su contexto. Para mostrar que están sometidas al espacio, alcanza con reproducir el grito de alarma registrado en un grabador. Las gaviotas responden huyendo y gritando, pero cuanto más se aleja el grabador para disminuir la intensidad, menos huyen las gaviotas gritando. Para mostrar que están sometidas al tiempo, alcanza con contar el número de gritos de triunfo emitidos por las gaviotas, lo que permite comprobar que la que acaba de cantar el triunfo tiende más fácilmente a emitir de nuevo su *staccato*. Ahora bien, cuanto más la aleja el tiempo de su triunfo, menos lo canta.[17]

El lenguaje de los animales es un lenguaje contextual, sometido a las emociones próximas, mientras que el poder inaudito de la palabra permite a los hombres sentir una emoción pasada o futura y adaptar a ella sus decisiones y comportamientos.

Esta capacidad de escapar de su contexto por la palabra le permite inventar su vida. Por ello los niños abandonados que conservan la marca de su carencia afectiva siempre tienen la posibilidad de escapar de esa marca a través de la palabra que les permite reubicar ese recuerdo e incluso, a veces, transformar la historia de su vida en obra de arte.

La etología transcultural, el estudio comparado de un mismo comportamiento a través de diferentes culturas, permite demostrar hasta qué punto el contexto humano es radicalmente distinto del contexto de las ovejas.

En algunos grupos de población en Uganda, los rituales de la cultura prescriben la separación precoz de los niños de su madre. Cuando la mirada social da a esa separación el valor de una regla cultural, los niños manifiestan una profunda pena en el momento, luego se agrupan, se reconfortan y se integran sin mayores dificultades en esa nueva red social privada de madre. Por el contrario, en los grupos en los que, por una decisión de orden político, los niños son separados de sus familiares, su historia de vida se organiza hacia una patología psicológica.

El hecho en sí es el mismo: separación respecto de la madre. Pero la mirada social le atribuye un sentido tan diferente que cuando esa separación es una norma cultural casi todos los niños evolucionan correctamente, mientras que en el caso en que la mirada social asigna a ese hecho la significación de un castigo injusto, casi todos los niños lo sufren.

La mirada social, en su calidad de representación colectiva, constituye una fuerza modelizadora muy importante que puede organizar la historia de una vida.

En Kenya, la cultura gusii[18] tolera dos formas de familia: familias nucleares como en Occidente y familias multimaternas donde la red familiar está constituida por la madre, el marido y sus otras mujeres.[19] La observación de los niños en esos dos tipos de familia durante quince años mostró que los niños de familias multimaternas tenían un contingente de trastornos psíquicos y demandas de atención psiquiátrica manifiestamente más importante que los niños de las familias nucleares.

Esta observación de etoetnología nos plantea un problema a los occidentales que consideramos a la familia como fuente de trastornos psíquicos, a nosotros que llamamos a esta familia «familia celular» y la consideramos como una prisión, que evolucionamos hacia una red familiar laberíntica donde el niño se desarrolla en un entorno constituido por dos viviendas, un padre, otro hombre, una madre, otra mujer y una gran cantidad de medio hermanos, de medio hermanas, sin contar, más allá, los innumerables primos parciales.

La etología de los niños gusii nos enseña que esa familia nuclear, lugar de seguridad y de conflictos, posibilitaría un mayor desarrollo que las familias extendidas, multimaternas o ¡poliasociadas!

El poder de expansión de las familias nucleares tal vez podría explicar la solidez del apego que se observa en ellas y su poder «tranquilizador-fortalecedor».

Para expresar esta noción, Spitz habló de *anaclitismo*, Freud de *apoyo* y Marie Ainsworth de *base de seguridad*. Estos tres psicoanalistas quisieron significar el poder tranquilizador-fortalecedor del apego materno. Por otra parte, se mostró que, en las familias multimaternas, «los niños son, invariablemente, más apegados a su madre biológica que a las otras personas que los atienden».[20]

La pérdida de seguridad fortalecedora crea un momento de vulnerabilidad que orienta la espiral biográfica hacia un desarrollo frágil. A partir de ese razonamiento etológico, los estudios retrospectivos comparan una población de adultos que en su infancia fueron separados precozmente y una población de adultos no separados que recibieron esa seguridad fortalecedora. En la población de los separados precozmente se registran diez veces más depresiones en los adultos que en la población de los apegados precozmente.

Así se confirma clínicamente la noción etológica de separación precoz, de rompimiento del apego en un período sensible del desarrollo del niño. Esa ruptura crea un factor de vulnerabilidad que se expresará tal vez 20 o 30 años más tarde, provocada por un acontecimiento trivial de la existencia.

Entonces, los testigos dicen: «Tienes todo para ser feliz, no tienes ningún motivo para estar deprimido». Ese razonamiento carece de sentido, pues lo que se ha instaurado desde los primeros años de vida es un rasgo permanente de la personalidad, un factor constitutivo de vulnerabilidad que explica la respuesta depresiva del organismo ante un acontecimiento trivial, pero significante.

Desde esa perspectiva, la depresión no es una tristeza patológica,[21] sino una respuesta patológica del organismo que se fractura según el rasgo de vulnerabilidad instaurado muy precozmente.

Pero vulnerabilidad no significa morbidez. La vulnerabilidad puede crear, incluso, un factor de equilibrio. Entonces, se oye decir: «No puedo vivir sin trabajar… Es así, no puedo hacer otra cosa… Nunca podría vivir en el campo», etc. Estas frases, confesiones de vulnerabilidad, constituyen una manera de vivir muy equilibrada (debería decir «en equilibrio»).

Inversamente, algunas apariencias de equilibrio realizan un verdadero destino de depresión. Esos niños muy tranquilos, esos adultos perfectos que organizan una manera de vivir muy amable, una historia personal patológicamente equilibrada están destinados a la depresión.

La mayor parte de los accidentes no son accidentales. Son el resultado de una manera de comportarse que un día debe producir una fractura. El accidente es entonces una realización probable, una consecuencia de ese comportamiento repetido.

Se puede razonar de la misma manera en relación con la depresión explicada por la etología: la depresión no es el resultado del azar, no es una consecuencia directa de un drama o de una mala noticia. Es una respuesta de la persona cuyo desarrollo, desde el comienzo de su vida, dibuja los grandes trazos de su carácter. Esta biología adquirida se activa en períodos sensibles en los que el organismo hiper receptor de toda presión del medio adquiere una aptitud conductual, creando así una tendencia a la repetición, ese anti-azar.

Algunos, como el profesor Tellenbach, psiquiatra austríaco, consideran la depresión como destino:[22] ese hombre nunca está deprimido, dice incluso que durante toda su vida ha sido alegre, organizado, trabajador, irreprochable. Insiste en esa palabra: «irreprochable». Cuando le preguntan cómo se puede vivir de manera irreprochable, explica la sensación de calma que experimenta cuando ordena su escritorio impecable, sus expedientes, meticulosamente ordenados, su ropa siempre limpia y bien planchada. A menudo, él mismo plancha sus camisas por la noche antes de ir a dormir o los domingos, cuando su familia va a la playa. El orden y la estabilidad lo atraen. Le gusta ordenar su biblioteca, planifica los días y los años por venir.

Buen padre, buen hijo, buen marido, amigo fiel, acude rápido a ayudar a sus seres queridos en dificultad. Los domingos, repara la terraza del vecino. Sin dinero, pide prestado para ayudar a su primo a llegar a fin de mes. En el trabajo, los jefes lo aprecian. Hacen un gesto admirativo cuando se habla de él: siempre a horario, siempre dispuesto, impecable. Ese hombre trabajador y alegre exige de él más de lo que los demás se atreverían a pedirle. Y el entorno termina por aprovecharse de ese hombre que aspira tanto a la felicidad de los otros.

Ese equilibrio es patológico. Un análisis de su mundo íntimo nos haría descubrir su dificultad para ser feliz. Para él, todo placer es culpable. No se atreve a gozar de la vida sino por medio de los demás. Ama a los otros, pues no se ama a sí mismo. Y cuando ama, da. Da su tiempo, sus esfuerzos y su dinero. Llena a los otros de regalos, pues hace de su objeto de apego un delegado del goce. Sus hijos, su familia o el mundo que sufre constituyen para él perfectos delegados del goce. Dice: «Sólo importa el placer de los demás. El mío no tiene valor. A menudo mi placer me angustia y me culpabiliza».

Esa devoción bíblica, esa generosidad en el sacrificio lo equilibran durante una larga parte de su vida, mientras se mantenga, mientras su organismo resista esa incesante exigencia de esfuerzos y de imposiciones.

Hasta el día en que un incidente anodino, un azar de la vida –la gripe de su madre, el fracaso escolar de un hijo o la muerte del gato– provoca una destrucción melancólica brutal. De golpe, como se aprieta un botón eléctrico, la angustia lo congela y lo pliega en dos. Su cuerpo ya no responde, tan intenso es el dolor moral. No puede comer, ni beber, ni dormir. En algunos días, su estado se agrava, aun para su familia, que sin embargo no sabe que una sola idea lo obsesiona como una urgencia: matarse. A veces incluso desea matar a los que ama, para liberarlos de la vida, aliviarlos y seguir ayudándolos con un último regalo.

Antes de la era de los medicamentos para afecciones psíquicas, esos melancólicos morían en circunstancias trágicas. Actualmente, su humor es fácil de curar, pero eso no soluciona su problema psicológico: a menudo se niegan a curarse porque no creen o porque piensan que no vale la pena hacerlo. Lo importante es el bienestar del vecino y no su sufrimiento íntimo, que no merece sino una muerte discreta, en un rincón de la habitación o en la casilla del perro, una muerte sin importancia.

Cuando se curan, la familia nos lo reprocha. Los medicamentos mejoran el humor en algunos días, pero la persona que se ha desarrollado desde la infancia, que ha tejido redes familiares y elaborado ideas sobre la vida, esa persona y su medio no podrán evolucionar en algunos días. La cura desestabiliza ese pequeño mundo. Entonces se oye decir: «Desde que se ha curado, se ocupa menos de la casa». O bien: «Anda mal desde que se entrevista con usted. Viene a la playa con nosotros en lugar de planchar la ropa. Antes estaba mejor».

Mal negocio para la familia. Entonces, el melancólico repite para su enfermedad el rasgo permanente del carácter que había organizado su vida: ¡se siente culpable de estar mejor! Se las arregla para sufrir una recaída, no acude a las entrevistas, interrumpe el tratamiento y rechaza la psicoterapia.

¿Qué lugar ocupa el azar en esta biografía? A menudo se encuentra en la historia de esos melancólicos una larga separación precoz o una depresión parental en las primeras interacciones.

La privación de vínculo genera el desarrollo de una personalidad en una dirección que lleva a la caída depresiva. Pero una fantasía puede organizar un patrón de comportamiento y obtener su fuerza modeladora en el vínculo afectivo.

Decidimos observar la situación más natural y más inevitable: la primera vez que una madre toma a su bebé en brazos, inmediatamente después del parto.[23] Arbitrariamente elegimos observar la primera higiene que la mamá hace del bebé que acaba de traer al mundo. El observador está sentado detrás de una mesa en la que ha colocado dos muñecos de cartón cuadriculado: un muñeco varón (frente y espalda) y un muñeco niña (frente y espalda). Traza una cruz cuando la madre toma al bebé entre el pulgar y el índice, dos cruces cuando lo toma con toda la mano, tres cruces cuando lo estrecha contra ella. Dibuja sobre el muñeco en cartón las cruces que corresponden a los lugares donde la madre realmente ha tocado al bebé.

Tras haber observado cierto número de tomas con toda la mano, ¡vimos aparecer en los cartones diferentes esquemas de cuadrículas según el sexo!

Todos los bebés, en razón de su peso y su forma, deben ser tomados por debajo de las axilas con dos dedos detrás de la nuca para sostenerla. Las nalgas y los muslos son mucho más tocados para sentar mejor al bebé.

Pero en el caso de los muñecos niñas, vimos aparecer muchas más cruces ¡en medio del cuerpo! El pecho, el vientre, la zona media de la espalda y las nalgas habían sido mucho más tocados en los bebés niñas que en los bebés varones. ¡Y desde los primeros gestos!

Esa diferencia de gestualidad en función del sexo del bebé no podía explicarse por el peso ni por la forma de los bebés, bastante comparables. Debíamos, pues, admitir que el primer gesto materno de tomar con la palma al bebé había sufrido presiones diferentes: la pragmática del gesto y la fantasmática del gesto. Las axilas, el occipucio y las nalgas representan los puntos de apoyo más prácticos para tomar y levantar al bebé. El sexo no tiene nada que ver con ese gesto.

En cambio, ¿por qué la zona media del cuerpo en el caso de las niñas? Ello no permite tomarlas mejor con la palma de la mano, ni levantarlas mejor. Se debe admitir que esas manipulaciones se basan en una fantasmática del gesto. Sabiendo que se trataba de una niña y representándose como «ella misma sosteniendo a su hija en la palma de la mano», la madre dispuso su propio cuerpo más de costado. La idea que la madre se hace de su propia relación con su hija la incita a ubicarse en el espacio de otra manera, distinta de la que adoptaría para tomar a un varón, que será menos tocado en la parte media del cuerpo. Las madres sexualizan la primera toma de sus bebés en la palma de la mano.

Los bebés percibirán así un mundo materno muy diferente según el sexo: los varones percibirán de frente el olor de su madre, sus colores, sus movimientos y sus vocalizaciones. En cambio, la niña percibirá que su madre, sus movimientos, su calor y sus sonoridades provienen desde el costado y que su cuerpo es tocado en muchos lugares incluyendo el pecho, el bajo vientre, la espalda y las nalgas.[24]

Esas informaciones sensoriales organizan una presión biológica basada en las fantasías de la madre.

Las puericultoras y los profesionales del nacimiento no sexualizaron esa primera toma en la palma de la mano. Para ellos, un bebé es un bebé. Esa representación privilegia la pragmática del gesto: varones y niñas son tomados en la palma de la mano de la misma manera. Mientras que la madre privilegia la representación sexual: es un bebé niño o un bebé niña. Esa acentuación de la percepción del sexo de su hijo organiza una sexualización muy diferente de sus gestos.

En los embarazos de riesgo, la mujer suele tener miedo de perder a su bebé. Esa madre expresa fantasías de muerte:[25] «Tengo miedo de que esté mal formado. Si muere, tendré otro y saldrá mejor». Después del nacimiento, la toma en la palma de la mano va a privilegiar la pragmática del gesto y, sobre todo, la toma con el extremo de los dedos. Sólo más tarde, cuando el apego esté bien establecido, la madre se atreverá a tomar a su bebé con toda la mano, luego a estrecharlo contra su cuerpo.

La palabra de los profesionales ha modificado en gran medida ese primer contacto. Suele suceder que después de un parto difícil las parteras o los médicos anuncien a la madre que «el bebé sufrió cerebralmente…». O bien: «Casi se asfixió». Esa revelación se basa en índices frágiles, sobre todo cuando se conoce la fabulosa plasticidad de un cerebro de niño. Pero esa manera de hablar del bebé inducirá una gestualidad materna mucho más pragmática que fantasmática: extremos de los dedos para levantar el bebé, mucho más que la parte media del cuerpo para jugar o acariciar. La palabra de los profesionales también posee un efecto organizador de los comportamientos de la madre.

Por lo general, la producción fantasmática de la madre tiene efectos benéficos en el desarrollo del niño. Cuando el niño es esperado (más que deseado), cuando la gravidez es valorizada por la mirada social, cuando el bebé es anunciado por las palabras orgullosas de la familia o los gestos enternecidos del marido, la joven parturienta, feliz y segura, establece las primeras interacciones con su bebé privilegiando la fantasmática de los gestos. Esos gestos, más bien basados en el juego y en el placer del contacto, crean para el bebé un mundo sensorial muy diferente del que crean los gestos estrictamente utilitarios.

Sin embargo, algo sorprende: la poca frecuencia del beso.[26] La observación de las «primicias del beso» permite mostrar cómo se instala un comportamiento significativo, cómo un reflejo biológico, utilitario al comienzo, se carga de un sentido afectuoso en el transcurso de una relación, y participa en el apego.[27]

Al comienzo, se trata de un reflejo de búsqueda que aparece dentro del útero mismo observado en las ecografías. En los segundos posteriores al nacimiento, el bebé sabe girar la cabeza, orientarla hacia las mamas, buscar el pezón y realizar esa serie increíble de reflejos coordinados: la mamada.

Hasta el sexto mes, es posible provocar ese reflejo presentando el pezón de la madre… o sus labios. Instantáneamente, el recién nacido gira la cabeza, abre la boca y estira la lengua. Pero hacia el séptimo mes, ese comportamiento se hace menos reflejo y comienza a expresar una intención. El bebé, con los ojos abiertos, mira su presa y abre la boca para morder el trozo más grande posible de la nariz o de la mejilla materna. Cuando la boca llega al contacto con el objeto fuente de placer, cierra los ojos y muerde sonriendo.

La interpretación materna va a dar sentido a ese comportamiento que se ha desarrollado a partir de un reflejo. La madre puede decir: «Ay, no muerdas, malo... hay que respetar a los adultos». También puede interpretar a través de la risa y tender su nariz o su mejilla para repetir el ejercicio. La emoción que se transmite, el mundo sensorial que se crea en torno de ese acto es radicalmente diferente según la interpretación que de él haga la madre.

El reflejo es, ante todo, biológico. La maduración neuropsicológica permite desde el séptimo mes la utilización de ese reflejo para manifestar un comportamiento de deseo. La interpretación de la madre significa para el niño que ese comportamiento de boca ahora va a participar en las manifestaciones de apego («qué bebé tan lindo») o, por el contrario, será reprimido porque es moralmente malo («¡no se muerde a la mamá, niño malo!»).

Así se inicia la espiral interaccional pues, desde el octavo mes, el bebé, contento, va a tender su mejilla para ser besado-mordido.

La ambivalencia de ese comportamiento de morder-besar, la ambivalencia de la interpretación materna van a necesitar aún una larga maduración en la que los deseos entrelazados de gestos y de palabras sólo llegarán a la forma definitiva del beso ¡después del vigésimo mes!

Así pues, se necesitan casi dos años de desarrollo para que los reflejos de búsqueda y de mamada maduren y hallen la interpretación de la madre. En ese momento nacerá el sentido de ese reflejo que día tras día, gesto tras gesto, tejerá una historia entre esas dos personas.

Se necesitan dos años de desarrollo neurológico y de interpretación materna para que ese reflejo se convierta en un acto significante, para que la historia permita que ese comportamiento de boca se transforme en un beso. Se necesitan dos años para que el bebé aprenda un comportamiento cultural que sólo apareció en el Renacimiento. ¡Los niños aprenden rápido!

Esta manera de observar ya había sido utilizada por Marie Ainsworth,[28] para cronometrar simplemente la duración de los llantos de los recién nacidos durante los primeros días. Había observado una gran desigualdad: algunos bebés lloran tres minutos por hora, mientras que otros superan ampliamente los veinte minutos. Al efectuar mediciones durante el primer año de vida, comprobó que todos los bebés, los llorones y los no llorones, hacían la misma evolución en su curva de llantos: abundantes en el primer trimestre, los llantos se calmaban en el segundo para recomenzar en el cuarto. Cualquiera que sea el entorno, cualquiera que sea el sexo, todos los bebés realizan esa curva de llantos. Eso prueba un comportamiento innato, «gen bajo campana» que escapa a las presiones del entorno, dijeron algunos defensores de la máquina. Pero alcanza con modificar la pregunta para obtener otra respuesta. La variable introducida en esa nueva observación fue el tiempo de socorro de la madre, el tiempo pasado entre el inicio del llanto del bebé y la toma en la palma de la mano de la madre: las curvas de llantos se volvieron a trazar. Se comprueba que la curva evolutiva de los llantos sigue siendo igual: calma en el segundo trimestre y recrudecimiento hacia el décimo mes. Pero las curvas muestran ahora que los bebés que rápidamente son tomados en la palma de la mano en el primer trimestre aumentan muy poco sus llantos en el cuarto trimestre, mientras que los bebés lentamente socorridos son los que más recomenzaron a llorar en el décimo mes.

Una interacción precoz, como socorrer al bebé que llora en los primeros meses, impregna en él una actitud conductual que sólo se expresa mucho tiempo después de ese acontecimiento.

La observación de gestos naturales, inevitables, como el beso, la toma en la mano o la respuesta a los llantos permitió mostrar hasta qué punto la historia y la biología se mezclan para dar sentido a los gestos.

Notas

1. A. Green, L'objet, *Revue française de Psychanalyse*, vol. XXXIV, núm. 5-6, 1970, pp. 885-1218.
2. N. Horassius, *Pouvoir et possession*, Coloquio Pierrefeu, 1988.
3. A. Robichez-Dispa, *Observation d'une relation médiatisée par l'objet chez l'enfant pré-verbalisant: le pointer du doigt*, Memoria del diploma universitario de psicopatología, Aix-Marsella II, 1988.
4. Ibíd.
5. Citado en J. Le Camus, *Les relations et les interactions du jeune enfant*, París, ESF, 1985.
6. Muchos psicoanalistas lacanianos consideran que es, sobre todo, un trabajo de deconstrucción.
7. P. Poindron, P. Leneindre, F. Levy y E. Kervenec, «Les mécanismes d'adoption chez les brebis», en *Lieux de l'enfance. L'adoption*, Privat, núms. 1 y 2, 1985.

8. E. Jeddi, *Le corps en psychiatrie*, París, Masson, 1982.
9. M. H. Klaus y J. H. Kennel, «Maternel attachment: importance of the first post-partum days», *New England J. Med.*, núm. 286, 1972, pp. 460-463.
10. I. Lezine, «Remarques sur la prise de conscience du corps chez le jeune enfant», *Bull. Pyscho.*, núm. 30, 1976-1977, pp. 253-263.
11. M. H. Klaus y J. H. Kennel, *op. cit.*
12. Ch. Cohen-Salmon, expositor en el seminario de Bobigny, dirigido por Serge Lebovici, 1984.
13. L. Kreisler y M. Soulé, en *Traité de psychiatrie de l'enfant et de l'adolescent*, 1987, t. II, p. 627.
14. A. Freud y S. Dann, «An experiment in group upbrinding», *Psycho. Anal. Study Child*, núm. 6, 1961, pp. 127-168, p. 165.
15. B. Schaal, *Ontogenèse des communications olfactives entre la mère et son nouveau-né. Approche par l'éthologue expérimentale*, tesis en neurociencias, Besançon, 1984.
16. J. Klausher, S. Jouve y D. Ginestet, «Déménagement et réaction dépressive», *Nervure*, núm. 7, octubre de 1988.
17. Experimento descrito en el capítulo «Nacimiento del sentido».
18. K. Klaus, R. Minde y H. Seggane, «Quelques aspects de la rupture du système d'attachement des jeunes enfants: perspectives transculturelles», en *Enfants dans la tourmente, parents de demain*, París, PUF, 1983.
19. M. Boussat, fundador de «Pyschiatrie sans frontières», «Les Familles polymaternelles», en *Les attachements nouveaux*, Relais Peiresc, Toulon, febrero de 1986.
20. K. Klaus, R. Minde y H. Seggane, *op. cit.*
21. D. Widlöcher, *Les logiques de la dépression*, París, Fayard, 1986.
22. H. Tellenbach, *La mélancolie*, PUF, 1979. [*La melancolía*. Madrid, Morata, 1976.]
23. J. Alessandri, *Différenciation sexuelle: préhension maternelle au cours de la première toilette*, tesis en medicina, Marsella, 1986.
24. J.-L. Millot y J.-C. Filiatre, «Les comportements tactiles de la mère à l'égard du nouveau-né», *Bulletin d'écologie et éthologie humaines*, noviembre de 1986.
25. F. Molenat, «Nouveau-né à risque en milieu hospitalier: les signaux d'appel au cours de l'interaction enfant/personnel soignant», en *Le développement dans la première année*, París, PUF, 1983.
26. M. Robin, «Les contacts tactiles dans les jours qui suivent la naissance», *Le développement dans la première année*, París, PUF, 1983.
27. J. de Ajuriaguerra e I. Casati, «Ontogenèse des comportements de tendresse», *Psychiatrie de l'enfant*, núm. 28, 2, 1985, p. 385.
28. M. D. S. Ainsworth, S. M. Bell y D. J. Stayton, «L'attachement de l'enfant à sa mère», en *La recherche en éthologie*, París, Seuil, 1979.

5

Cómo traer un padre al mundo

Cuando preparaba este texto sobre etología del padre, sucedió algo curioso: junté artículos, acumulé fichas clínicas, llamé y consulté a amigos zoólogos. En todos los casos se dio la misma situación: hacía una pregunta sobre el padre en medio natural y recibía una documentación o una ficha de trabajo sobre... los comportamientos parentales. Esa ausencia de padre en el discurso zoológico es un discurso: en el medio animal, no hay padres.[1]

Propongo, como idea para articular estas páginas, asistir al nacimiento del padre, en el filo natural de los animales, luego en la cabeza del niño.

En el mundo animal, el sexo no es demasiado costoso. Si la reproducción se efectúa de manera no sexuada, el costo biológico es moderado. La ameba sólo dedica a su reproducción una pequeña cantidad de energía: cuando se divide en dos toda la energía de la célula se utiliza en ese trabajo de división. Pero fuera de esa escisiparidad, la ameba lleva una vida biológica muy tranquila.

En el caso de los peces, los machos suelen ocuparse de los huevos y los alevines. Los cortejos nupciales del picón resultan conmovedores cuando son antropomorfizados: el macho «baila» delante de la hembra «para seducirla». Luego, la conduce hasta el nido que ha construido y le muestra la entrada. La hembra no puede entrar por completo en ese nido demasiado pequeño y debe dejar su parte posterior al exterior. Entonces, el macho aprovecha para frotarle el vientre hasta que ella emite un racimo de huevos que él cubre inmediatamente con su esperma. Luego, echa a la hembra, ventila los huevos con sus aletas y se ocupa de los alevines.[2]

Esa poesía paterna se desvaloriza un poco cuando sabemos que ese «cortejo», ese «baile» y esa «paternalidad» pueden reemplazarse perfectamente mediante señuelos químicos o visuales que garantizan con eficacia el encadenamiento de los comportamientos.[3]

En el caso de las aves las parejas duran mucho tiempo: los cuervos son campeones en noviazgos, y las gaviotas viven en pareja hasta la pubertad de la cría; pero el ejemplo que las feministas citan con mayor frecuencia es el de los pingüinos de Tierra Adelia. La hembra pone un solo huevo, empuja a su macho al nido, luego se va. El padre se acuclilla y cubre al huevo con el grueso anillo cutáneo de la parte inferior de su vientre. Los machos ayunan durante dos meses, esperando el retorno de las madres, y se agrupan para abrigarse y resistir mejor la ventisca.[4]

Los ejemplos de comportamientos paternos en medio animal abundan, pero dejemos el lado pintoresco de estas observaciones ingenuas para plantear dos problemas: filogenético y epistemológico.

Cuando se hace un sobrevuelo filogenético de las especies, surge una idea: en las especies herbívoras, los machos participan poco en la educación de las crías, mientras que en las especies carnívoras se observan machos más paternales.

En las especies herbívoras, la cría se apega a la madre por el mecanismo neurobiológico de la impronta.[5] Y, dado que el alimento crece en todos lados, le alcanza con seguir a su madre para alimentarse a su lado. A veces, cuando aparece un carnívoro, los grandes machos bisontes se interponen entre el grupo de las hembras acompañadas de sus crías y hacen frente al agresor. Por lo general, los machos forman un grupo, a distancia del grupo de las madres y las crías.

Así pues, cuando el equipamiento genético permite una alimentación difusa como en el caso de los herbívoros, la organización del grupo depende más de las presiones ecológicas que de las presiones parentales. Ello no sucede cuando el equipamiento genético necesita ir a buscar el alimento, como en el caso de los carnívoros que, para alimentar a las crías, requieren una coordinación parental.

Las gaviotas se turnan para ir a pescar el alimento y nunca se equivocan de menú: traen moluscos para los adultos y trozos de peces predigeridos que van a regurgitar para sus crías.

Esa coordinación parental no es obligatoria ya que las gatas saben hacer todo: criar a los pequeños, higienizarlos, cazar, enseñarles a cazar y protegerlos de los machos.

Los animales adaptan su programa genético a las presiones ecológicas y nosotros, observadores humanos, lo llamamos «comportamiento paternal», que no es sino el comportamiento de un adulto macho genitor que, en los casos de los peces y los pájaros, sólo se convierte en educador por los encadenamientos de estimulaciones químicas y sensoriales.

En el grupo de los monos, la función de macho educador aparece en individuos que muy probablemente no son los padres genitores. El hecho de que los comportamientos paternales hayan sido descritos tan tardíamente revela el prejuicio romántico de los observadores que no se atrevieron a lanzarse a la búsqueda del padre porque tenían en mente una representación en la que sólo la hembra debía ocuparse de las crías.

Alcanza con cambiar de prejuicio para observar que ciertos machos se ocupan de las crías. Pero los escenarios son diversos. Algunas especies son reticentes a esos comportamientos educadores del macho. Los adultos machos no se ocupan de la misma manera de las crías machos y de las crías hembras, repitiendo de ese modo la misma diferenciación sexual que las madres.

En general, cuando un mono macho se convierte en educador, en el origen de ese comportamiento se encuentra una insuficiencia materna: cuando una madre de demasiada edad no puede masticar el alimento para su cría, un macho la suplanta y practica esa trofolaxia.

Algunos machos adoptan pequeños huérfanos, pero para ello las crías deben escapar de la codicia de las hembras que se las disputan, a veces de manera muy violenta.[6]

Cuando las crías grandes se vuelven muy pesadas, muy desobedientes, y la madre, sobrepasada, las muerde para echarlas, con frecuencia se ve un gorila macho, macaco o gibón, que recoge a la cría desesperada, la higieniza y juega con ella.

Algunas especies son muy tolerantes, como los babuinos, que se dejan tiranizar por los pequeños. Otras tienen evoluciones de grupo muy diferentes: en los macacos japoneses, los machos nunca se ocupan de las crías. En el caso de los monos de Gibraltar (macaco de África del Norte), la cría se aferra a los pelos del vientre de la madre; luego, al crecer, se aferra a los pelos del dorso de un macho grande.

En realidad, lo que acabo de contar probablemente sea pertinente en el plano de las descripciones, pero totalmente falso en cuanto a la denominación. He llamado «comportamiento paternal» a lo que debería haber desigando como «comportamiento de macho adulto cuidador». En esos comportamientos de cuidados de la cría, la parentalidad es accesoria.

El padre biológico, el padre real, es el que ha secretado el esperma: ¿por qué se necesita un padre plantador?

En el mundo animal, la partenogénesis es un fenómeno frecuente: el ovocito, la célula sexual hembra, se divide sin que intervenga una célula sexual macho. Ella sola inicia el proceso que dará un recién nacido.

Pero en los mamíferos, el «mientras haya hombres» sigue siendo una condición inevitable.[7] No hay partenogénesis, no hay mamíferos que nazcan sólo de madre. Se ha tratado de desarrollar embriones en el útero de la rata únicamente con estimulaciones químicas, pero nunca pasó el estadio de las primeras organizaciones celulares. Desde el nivel celular, se necesita una diferencia para permitir que las células se organicen como embrión.

La partenogénesis, reproducción sin macho, no se fija en los úteros de los mamíferos; en cambio, es muy frecuente en otros grupos de animales.

En términos evolutivos, sería interesante comprender lo que caracteriza la condición de los mamíferos para descubrir el beneficio que aporta esa diferencia.

Se sabe que las bacterias se reproducen por escisiparidad. Cuando las condiciones del medio lo permiten, la bacteria se alarga, luego se divide en dos «bacterias iguales»; cuando las condiciones del medio son duras, no hay reproducción. La información genética del recién nacido es rigurosamente idéntica a la del nacido anteriormente. A veces se observa algún error en la copia del texto cromosómico, un gen olvidado o ubicado en otra parte. Pero, en general, la política de la existencia, en ese nivel del ser vivo, es la copia de lo mismo. No se puede hablar de macho ni de hembra, ya que siempre es lo mismo. Las imitaciones son infinitas (10^{50} por gen por organismo y por generación).[8] Al igual que la esperanza de vida de esa especie, que puede desaparecer de un día para otro ante la menor variación ecológica, la reproducción depende del entorno.

Con la complejización de los seres vivos, aparecen diferencias, hembras y machos. Pero los machos siguen siendo poco útiles. Algunas especies de lagartos continúan reproduciéndose por partenogénesis, a pesar de que los machos existen. Los encuentros sexuales sirven para desencadenar el desarrollo del huevo sin mezclar los patrimonios genéticos. De ese modo, se puede hablar de reproducción sexual: «reproducción», porque los recién nacidos se reproducen idénticos a la madre, y «sexual», porque se necesitó un macho para iniciar el desarrollo del huevo.

En el caso de las bacterias, se podría hablar de reproducción pero no de sexualidad ya que hay recién nacidos y nacidos previamente, pero no machos y hembras. En cuanto a los mamíferos, se puede hablar de sexualidad, porque hay iniciación sexual del desarrollo del huevo y mezcla de dos patrimonios genéticos. El término *reproducción* es inadecuado ya que justamente la mezcla sexual obliga a la innovación, la mezcla de los cromosomas inventa un individuo nuevo en cada fecundación sexual.[9]

Ahora es posible apreciar el beneficio de la sexualidad: cuando el ser vivo se perpetúa por la reproducción de lo mismo, la menor variación del medio puede eliminar a toda la especie. En la reproducción de lo mismo, cuando no hay sexualidad, las presiones ecológicas son todopoderosas. El equipamiento genético debe corresponder a ellas, si no, la especie completa desaparece.

Por el contrario, en la innovación sexual, toda variación del medio facilita el desarrollo de ciertos individuos. La existencia de la diferencia permite a la especie encontrar una respuesta individual para cualquier cambio. Lo que caracteriza a la vida no sexual es la repetición de lo mismo con su riesgo de eliminación de la especie. Lo que caracteriza a la vida sexual es la diferencia que permite la innovación y la adaptación.

Las ranas pueden ayudarnos a comprender la función respectiva de esas estrategias adaptativas. Algunas especies practican la reproducción partenogenética cuando las condiciones ecológicas son satisfactorias. Pero cuando empieza a faltar el agua, cuando la insolación se prolonga, cuando los alimentos escasean la sexualidad reaparece. Nacen entonces individuos diferentes que pueden adaptarse a ese nuevo entorno. Si, experimentalmente, se aleja a los machos, la partenogénesis se prolonga hasta que toda la especie, mal adaptada, desaparece.

El único sexo necesario para la reproducción es el sexo hembra. La aparición del macho, que aporta la diferencia, permite la innovación y la posibilidad de adaptación.

La idea general que se puede extraer de esta serie de observaciones es que, en buenas condiciones ecológicas, la estrategia de lo mismo es económica por su ausencia de sexualidad y su reproducción incesante de hembras. En condiciones difíciles, en cambio, la diferencia de sexos se vuelve necesaria para inventar, en cada encuentro sexual, a la cría que probablemente se adaptará mejor al nuevo entorno.

Pero el hombre está hecho de tal manera que cualquier entorno es difícil para él. Nace prematuramente, depende por mucho tiempo de adultos protectores, busca permanentemente prótesis térmicas, mecánicas, sociales y psicológicas: el hombre es tan vulnerable que sólo puede sobrevivir gracias a su sexo, que lo obliga a innovar.

Ahora bien, en tal caso, ¡el sexo es costoso! Nos pasamos la vida resolviendo problemas de orden sexual como el nacimiento, la identificación, la formación de la pareja y las imposiciones sociales que ello implica. Logramos adaptarnos, pero ¡a qué precio!

En términos de biología evolutiva, podría decirse: el hombre plantador de niños introduce la diferencia en un sexo femenino que podría arreglárselas muy bien sin él, si el entorno brindara toda seguridad.

Propongo observar cómo el padre va a aparecer, tomar forma, ser percibido, tratado sensorial y significativamente en los tres nichos ecológicos del niño en el transcurso de su desarrollo:

- El primer mundo ecológico de la cría del mamífero es el cuerpo de su madre (en su cuerpo y sobre su cuerpo);
- El segundo mundo ecológico, en el transcurso del desarrollo, es el entorno de la madre, su hábitat, su familia y su red de íntimos.
- A la distancia, el tercer mundo es el de los circuitos sociales, las instituciones y los roles asignados por la cultura.

Los embriólogos nos han enseñado que, para todos los mamíferos, la puesta en marcha de los canales sensoriales se desarrolla en el mismo orden: primero, el tacto que percibe mensajes cuando el útero se contrae; luego, el olfato y el gusto, cuando el bebé traga un poco de líquido amniótico y así prueba a su madre; después, la audición, cuando, hacia la vigesimoséptima semana el niño se familiarza con las informaciones lingüísticas emitidas por su madre; por último, la visión, aún elemental en el nacimiento. Se necesitarán varios meses para que las vías visuales maduren y pasen de la percepción elemental de un objeto brillante en movimiento, distante a unos 20 o 30 cm, a las percepciones combinadas de lo que caracteriza un rostro.

El primero que pudo establecer, en la década de 1980, una interacción directa padre-bebé en el útero fue Frans Veldman, inventor de la haptonomía.[10] Si se pide al padre que coloque las manos en el vientre de su mujer al final del embarazo y que presione muy suavemente, al cabo de unos minutos, el bebé cambia de postura. Esa influencia táctil ahora se utiliza para que el bebé se acomode mejor en la cavidad pélvica. Los ginecólogos rápidamente aprendieron a utilizar esa fuerza para modificar la posición intrauterina del bebé.

Pero ¿quién se ha comunicado a través de esa presión táctil: el padre, el ginecólogo o cualquier hombre de apego?

El canal de comunicación olfativo entre el padre y el bebé intrauterino no ha sido estudiado por razones de prejuicio matrocéntrico. Se sabe que el padre es portador de un olor de almizcle que lo caracteriza, que la madre inhala esas moléculas fragantes y que, al final del embarazo, se las encuentra en el líquido amniótico.[11] Como hemos podido ver a través de las ecografías, el bebé degusta ese líquido cuando es estimulado. Téoricamente, entonces, es concebible que se haya podido familiarizar con el olor del padre que pasó a través de la placenta. Pero ¿es el olor del padre o el olor del hombre que vive cerca de la madre?

La comunicación acústica entre el padre y el futuro bebé fue más estudiada. En general, los investigadores tienden a admitir que la voz del padre pasa fácilmente por la pared uterina y que el bebé se familiariza con ella. Es un hecho que, si se coloca un hidrófono en el útero, se registra claramente el ruido de las conversaciones que se desarrollan en torno de ese vientre y que, cuando se pide al padre que hable, su voz se registra nítidamente en el magnetófono que recoge las sonoridades intrauterinas.

Pero el bebé oye y percibe las presiones sonoras en el agua. Cuando la madre habla, el filtro de las frecuencias altas compuesto por su pecho, su diafragma, su útero, es enorme. Sólo las frecuencias bajas pueden pasar a través de ese grueso filtro. Y se oye una voz materna suave, lejana, cantante y grave. El ordenador que analiza esa sonoridad da una imagen sonora de la voz materna muy diferente del ruido de fondo del útero.

El padre, en cambio, sólo debe franquear una delgada pared de músculos y de agua antes de llegar al oído interno del bebé. Su voz de hombre, apenas filtrada, es manifiestamente más intensa y más aguda que la voz materna. El ordenador transforma la voz intrauterina del padre en una imagen sonora que se superpone precisamente al ruido de fondo del útero.[12] De modo que es posible imaginar que el bebé acuático confunde el ruido de las conversaciones y la voz de su padre con el ruido del fondo del útero, mientras que distingue muy claramente la voz de su madre. Pero deben seguir profundizándose estas observaciones opuestas. No hay una propuesta clara, sólidamente defendible. Supongamos que quienes afirman que la voz del padre estimula al futuro bebé tienen razón: ¿esa voz masculina es la del padre o la del hombre que vive y habla cerca de ese vientre femenino?

Una idea comienza a formarse a partir de esta serie de observaciones: es cierto que el padre penetra en el útero, pero es el observador el que llama a ese hombre «padre», porque alguien le dijo que era el padre. En realidad, se trata más bien del hombre de apego, designado por la madre. La madre lo llama «padre» y, al decirlo, permite la penetración de ese hombre privilegiado en su útero.

Cuando ese hombre de apego habla con la madre el bebé reacciona, acelera el corazón, succiona o cambia de postura. Pienso que, cuando ese hombre habla, su voz no estimula directamente al bebé. Pero al estimular a la madre, la voz de ese hombre estimula al bebé… por traductora interpósita. Si la madre no siente emoción cuando el padre biológico habla, entonces no reacciona, su corazón no se acelera, su útero no se contrae y el bebé es indiferente a las estimulaciones de ese hombre que nunca será su padre ya que la madre no lo habrá designado por sus reacciones emotivas.

En cambio, cuando la madre establece un vínculo de apego con un hombre, padre biológico o no, le da la posibilidad de interactuar con su bebé, traduciéndolo. Es la interpretación de la madre la que da a ese hombre el poder de estimular al bebé en el útero.

Algunos estudios posturales describieron el desarrollo de la motricidad del feto.[13] Las imágenes ecográficas revelan que el significante se instala antes del significado: en un primer momento, el bebé cambia de postura, se estira o gira la cabeza, sin relación aparente con el mundo. Pero después de la vigesimoquinta semana, esos cambios de postura intervienen como reacción a informaciones sensoriales provenientes del mundo externo. Un acontecimiento significante, una agresión contra la madre, se traduce en una agresión biológica para el feto.

El hombre de apego puede constituir un acontecimiento significante para la madre que va a traducirlo en informaciones biológicas para el bebé. Así se ha mostrado que cuando el padre está enfermo, el feto cambia de comportamiento.[14] La enfermedad de ese hombre, privilegiado por la madre, adquiere una significación estresante para ella que modifica las informaciones sensoriales que envía al feto. Cuando la madre se entera de que su marido está enfermo, el bebé se vuelve inestable e hiperactivo. Luego, a esa etapa de agitación sigue una larga pasmación. Esa secuencia evoca las reacciones de protesta, desesperación, indiferencia, que manifestará más tarde el recién nacido separado de su madre.

Pero fue posible describir cómo el feto reacciona ante la enfermedad de su padre porque todo el mundo dijo que ese hombre era el padre. Se puede imaginar la misma reacción fetal para cualquier hombre designado por el apego materno: el padre es cualquier hombre significante para la madre que ella traduce sensorialmente al feto.

Creo que esas observaciones produjeron un contrasentido cuando denominaron «función del padre» lo que deberían habar llamado «función del marido» o, más bien, «función del hombre de apego».

La madre interpreta al hombre significante para ella, y su traducción sensorial modifica la ecología del bebé en el vientre.

El niño acaba de nacer, y su llegada al mundo no es la cesura que marca el acta de nacimiento. Es una continuidad sensorial cuya aplicación, iniciada en el útero, se manifestará ahora en su segundo mundo ecológico: sobre el cuerpo de la madre. Pero «sobre el cuerpo de la madre» significa que el bebé va a percibir el entorno de ella, mientras que «en el cuerpo de la madre», el entorno estaba necesariamente mediatizado por ella.

El experimento metafórico de H. F. Harlow ilustra la función tranquilizadora del cuerpo de la madre: un pequeño mono es criado en contacto con dos señuelos maternos. Un señuelo de alambre que lleva un biberón y un señuelo de fieltro que nunca alimenta. El pequeño macaco sólo puede observar el mundo que lo rodea cuando está tranquilizado por el contacto del señuelo materno suave. Cuando se le quita al pequeño la «madre-fieltro», deja de estar tranquilo, corre hacia todos lados, deja de beber, de comer y de dormir, no puede percibir ni procesar las informaciones provenientes del mundo externo. Alcanza con reintroducir en la jaula el señuelo suave, familiar, tranquilizador, para que el pequeño vuelva a acurrucarse y sea capaz de percibir el entorno del cuerpo materno.[15]

Esta observación experimental es importante porque caracteriza la actitud etológica en la que una observación puede explicar otra observación. Así, la observación experimental de Harlow permite explicar la observación clínica que realizó R. Spitz en 1946 cuando describió cómo los recién nacidos separados de la madre protestan, se desesperan, luego se dejan morir porque el entorno, al privarlos del cuerpo de la madre, suprimió su base de seguridad, haciéndoles imposible la exploración del mundo circundante.

Es posible preguntarse si los pequeños perciben el sexo de los adultos educadores y organizan sus comportamientos en torno de esa sexualización.

En medio natural, después del nacimiento, siempre hay un largo período en que el recién nacido privilegia exclusivamente las informaciones provenientes de su madre. En el plano neurofisiológico, el bebé macaco percibe primero el contacto de la madre: en el acto mismo del alumbramiento, el pequeño, que aún no ha nacido completamente, se aferra a los pelos de la madre gracias al reflejo muy arcaico del *grasping*. Tira de esos pelos y ayuda a su propia salida. De ese modo la cría establece el primer contacto madre-hijo y se encuentra contra un objeto ya familiar, en el momento mismo en que está naciendo. Se aferra a un objeto vivo caliente, cuyo olor reconoce en el instante mismo del nacimiento.[16] Más tarde, las percepciones sensoriales se afinarán: el color, la forma, el tamaño y el movimiento agregarán otros elementos sensoriales a la constitución biológica de esa familiaridad.

El reconocimiento visual de la madre por el hijo comenzará a partir del trigésimo día.[17] Sólo en ese momento el pequeño reconoce la imagen de la madre y la distingue de los otros adultos del grupo. Apenas ve a esa hembra, se orienta hacia ella y se inhibe respecto de los otros.

De modo que en los macacos hay una ontogénesis del reconocimiento de la madre, una conformación progresiva de la imagen materna. Primero recibida como objeto parcial, bajo la forma de percepciones sensoriales elementales (contacto, calor, olor, sonoridades), se convertirá más tarde en la imagen visual materna, percibida de lejos y diferente de los demás.

Esa ontogénesis del sentimiento de familiaridad, descripta por H. Spitz, pionero en etopsicoanálisis, permite destacar que a partir del octavo mes el bebé manifiesta angustia cuando está en los brazos de una persona no familiar.

Hoy en día, el problema se plantea de manera más histórica; se observa cómo un bebé ya familiarizado, reacciona a las separaciones, a los cambios de persona o de lugar. Hasta la edad de seis meses, los bebés se orientan hacia cualquier objeto nuevo, lo observan, lo manipulan y lo toman con la boca, lo que para ellos constituye el modo de observación más rico en informaciones:[18] los bebés observan con la boca más que con los ojos.

Sólo hacia el sexto mes podrá constituirse la imagen visual de un rostro, que aparece bastante después de la imagen táctil, de la imagen olfativa y de la imagen sonora. En ese nivel de su desarrollo neurofisiológico, el niño logra percibir una diferencia entre una imagen visual muy familiar (la de su madre) y cualquier otra imagen. Entonces, sus comportamientos comienzan a cambiar. A partir del sexto mes, ante un objeto nuevo, mirará a su madre antes de intentar la exploración.

Apenas su sistema nervioso le permita percibir una diferencia entre una imagen familiar y una imagen no familiar, necesitará sentirse tranquilizado por esa imagen familiar a fin de intentar la exploración de la imagen no familiar. Hasta la edad de seis meses, los bebés aceptan a cualquier extraño como sustituto materno. No manifiestan esos signos de malestar que se pueden observar con las modificaciones posturales: estirarse, aumentar el arqueo, evitar la mirada, pedalear,[19] y sobre todo llorar agudamente.

Después del séptimo mes, cuando la maduración de las vías visuales que llevan al lóbulo occipital del cerebro permiten la organización de una imagen, la situación ya no es la misma. En ese momento, el pequeño debe mirar a su madre para mirar el objeto nuevo, debe acurrucarse contra ella para tender los brazos al extraño, debe haber tenido con su madre una historia tranquilizadora para sentirse excitado por la aventura de lo nuevo.

Los niños separados precozmente que no han tenido una historia tranquilizadora los seis primeros meses de vida, los niños enfermos o de madre enferma, forman el grupo de los que manifiestan temor ante los objetos nuevos. Los otros niños, con historia tranquilizadora, se divierten con los objetos nuevos y los humanos no familiares. Entonces nace el padre.

Para asistir a su nacimiento, habrá que conjugar el nivel de maduración biológica del niño (el acceso a la imagen visual), la historia de la relación entre esa madre y ese niño y entre esa mujer y su marido. Esa conjugación determinará los gestos fantasmáticos que orientarán al niño hacia el padre, ese extraño tan familiar.

La percepción del padre se sitúa, desde el inicio, en la imagen. Pero la anterioridad de las informaciones sensoriales provenientes de la madre prepara la emoción que el niño atribuirá a ese extraño familiarizado. El nacimiento del padre en ese espacio intermedio entre lo biológico y lo social, en esa historia sensorial de continuidad materna permite al niño explorar el mundo ecológico que rodea a su madre.

En resumen, las tres fuerzas que rigen el nacimiento del padre son: el desarrollo de las vías visuales del niño que le dan acceso a la imagen, la historia de las interacciones tempranas que dan a la madre su efecto tranquilizador, y la estructura del inconsciente materno que, por su fantasmática gestual, presentará a ese hombre que la rodea y le dará su condición de padre.

Existe entonces un período sensible para que nazca el padre. Antes del sexto mes, el padre es un sustituto materno, un hombre maternal. El niño no puede representárselo como padre porque, neurológicamente, aún no tiene acceso a la imagen familiar.[20]

Entre los animales sexuados, minoría de los seres vivos que nos concierne, la orientación de las crías hacia los adultos se realiza en función del sexo de los adultos: las hembras primero. En los lemúridos (pequeños monos que parecen zorros), la cría se orienta únicamente hacia la madre. Esa exclusividad puede durar de una a ocho semanas.[21] En el entella (mono de brazos largos), la cría se orienta primero hacia su madre y después, rápidamente, hacia cualquier madre del grupo, por último hacia cualquier hembra, madre o no. Durante mucho tiempo evitará a los machos. En el caso de los babuinos y los macacos, la interacción madre-cría es fusional durante el primer mes. El bebé apenas deja el cuerpo de la madre. Entre los macacos de Guayana, la madre sólo permite que el macho dominante toque a su cría. Pero cuando éste lo examina, ella espulga al macho sin cesar, pues «sabe» que la higiene y el masaje tienen un efecto calmante. Por otra parte, ante el menor gesto algo brusco, lo echa, sea dominante o no. Hacia el séptimo mes: cambio de programa, conflicto de generaciones. La madre, sobrepasada por su «cría grande», la lleva al medio del grupo de los machos y la inmoviliza, pisándole la cola. Lentamente ubica su cuerpo en retirada, después huye y deja al pequeño gritando en señal de protesta. Un macho grande se acerca al pequeño, lo acaricia y juega con él.

Son numerosas las observaciones, muy diferentes según la especie, pero surge una idea de este grabado naturalista: la orientación del pequeño hacia los adultos está gobernada por dos fuerzas, su propio estadio de desarrollo y el sexo de los adultos.

Ahora debemos precisar esa información natural gracias a una manipulación experimental.[22] Como suele ocurrir en etología, el dispositivo de observación dirigida es muy simple: una gran jaula central, flanqueda por dos pequeñas jaulas laterales. Un macho adulto está ubicado en una jaula lateral, una hembra adulta en la otra. En la gran jaula central, se introducen pequeños macacos y se observa simplemente hacia qué adulto se dirigen. Se observa que todos los pequeños, machos y hembras, de menos de cuatro meses, se orientan de manera muy regular hacia la hembra. Cerca de los treinta y ocho meses, los pequeños machos vacilan y comienzan a orientarse hacia el macho. La pubertad hace aparecer una orientación sexual manifiestamente cruzada, como podría preverse. En la edad adulta, los monos manifiestan una orientación compartida hacia los dos sexos. En ese momento de su desarrollo, el estado interno es el principal factor motivante. Cuando una hembra está motivada para la sexualidad, los machos se orientan vivazmente hacia ella. Si no, también se orientan hacia los dos sexos, pero la estructura de las interacciones es muy diferente: más competitiva y más jerarquizada entre machos, más juguetona y coqueta entre hembras.

Con ese mismo dispositivo, se puede ubicar a algunos pequeños en las jaulas laterales e introducir, en lugar de adultos, otros pequeños en la jaula central. Se observa que, hasta los nueves meses, se orientan indiferentemente sin tener en cuenta el sexo. Pero, hacia el decimosexto mes, eligen compañeros del mismo sexo. A partir del vigesimocuarto mes, las hembras se orientan hacia los machos y los machos hacia los machos. De modo que a partir del segundo año, los machos se convierten en el centro de las estructuras de atención del grupo. Ahora son el polo de atracción.

De esta serie de observaciones dirigidas puede extraerse una información: en los mamíferos, existe una orientación preferencial hacia un sexo y una edad. Los pequeños son atraídos, primero, por las hembras adultas, luego por los compañeros de la misma edad. Más tarde, percibirán una diferencia sexual y se orientarán progresivamente hacia los machos.

Ahora podemos describir al padre maternal. Nuestras observaciones sobre la primera toma en la palma de la mano de los recién nacidos nos permitieron proponer la idea de una fantasmática gestual, es decir, gestos basados en nuestras representaciones. Pero los padres también tienen símbolos en la mente y palabras en la boca.

La observación de las interacciones directas padre-hijo intentará mostrar cómo la idea que el padre se hace de su bebé organiza ciertos encuentros. Ese padre, ese padre maternal, es el que las feministas dieron a luz en la década de 1970.

Cuando se habló de gravidez masculina, los sondeos dijeron que el 36% de los hombres deseaban ¡llevar un niño en el vientre![23] Esa cifra me parece altísima, pero es muy baja en lo que respecta al deseo de los hombres de ocuparse de su bebé. El simple hecho de haber observado las interacciones directas entre padre y bebé sólo a partir de 1976 muestra únicamente hasta qué punto, en nuestra cultura, el término *recién nacido* estaba inevitablemente asociado al de *madre*. Muchos hombres fueron privados del placer de ser maternales con su bebé y, gracias a las feministas, hoy podemos observar a jóvenes padres contentos de llevar, alimentar, besar a su bebé y de ejercer ese arte durante mucho tiempo reservado a los abuelos.

En un contexto cultural desprovisto de conocimientos científicos sobre el padre, los primeros etólogos como John Bowlby y Marie Ainsworth describieron un universo de bebé sin padre.[24]

En 1974, cuando se interrogó a algunos padres sobre lo que sentían cuando nacía su hijo, el relato obtenido se parecía a un éxtasis: «Es extraordinario, un momento maravilloso…, es un bebé perfecto (se parece a mí)…, estoy emocionado, embriagado…, es tan extraordinario que no puedo decir nada», etcétera.[25]

Ese discurso evoca el de las personas histéricas cuando hablan de su sexualidad: «Es maravilloso, no hay nada más bello que el amor… el amor».* Pero esa expresión extática carece totalmente de emoción, está vacía, es indiferente y, además, revela la decepción de serlo: «Me gustaría tanto sentir lo que estoy diciendo».*

Los padres saben que el nacimiento de su bebé es una gran etapa de su vida. A partir de entonces van a aprender a vivir con un niño, cambiarán de relación con su mujer, darán una exigencia complementaria a su aventura social, mientras que su aventura afectiva va a cambiar de forma, se hará menos amorosa y más parental.

Esa situación constituye, para el padre, una verdadera experiencia de disonancia cognitiva: cuando la emoción no es adecuada a la representación, se debe inventar una racionalización para dar coherencia a esa disociación.[26]

El nacimiento del bebé adquiere, para el padre, una importancia enorme en su representación, ya que a partir de ese momento su vida nunca volverá a ser como era. Pero la experiencia sensorial es mediocre, tibia, casi irreal. La madre es la que tiene la experiencia sensorial más intensa, más amorosa, más dolorosa, más realmente vivida. El padre debería decir: «Sé que este nacimiento es capital para mí, pero no tengo esa experiencia real, iniciática, que mi mujer tuvo». Esa disonancia cognitiva provoca con mucha frecuencia un sentimiento de vacío, de desasosiego, en que el padre no sabe tomar su lugar, como puede verse en un alumbramiento donde lleva agua, acomoda la almohada y efectúa mil tareas de ese estilo. Las palabras «vacío» y «desasosiego» son pronunciadas con regularidad por esos hombres que se saben padres desde el alumbramiento de su mujer. Entonces, como en todas las disonancias cognitivas, llenan ese vacío con un relato extático que, lógicamente, debería corresponder a la emoción real, sentida por su mujer. Ese relato posee una función de bautismo: ¡se felicita al padre porque su mujer acaba de dar a luz!

La *couvade*, que los etnólogos describieron en relación con los aborígenes,[27] se practica a diario en Occidente cuando se felicita al padre después del alumbramiento de su mujer. La mujer acepta la felicitación a su marido, porque ese ritual de *couvade* social lo bautiza «padre». Ella no necesita ese reconocimiento social como madre: ¡sabe que lo es! Ella ha tenido una iniciación sensorial mucho más violenta. Pero el hombre debe pasar por esa *couvade* que lo asocia a su mujer para hacer de él un padre. Cuando nace su hijo, él será bautizado «padre» por la *couvade* social.

Ese acto de habla ya no prohíbe a los jóvenes padres manifestar con su bebé interacciones sensoriales directas, esos gestos paternos basados en sus fantasías.

A partir de 1976, los etólogos observaron situaciones de interacción entre los padres y sus recién nacidos.[28] En general, los padres asean menos al bebé y juegan menos con él. Dicen que sienten poco placer al darles el biberón. Sin embargo, la observación directa de sus actuaciones alimentarias muestran que son comparables a las de las madres, a veces incluso mejores.

La mayor diferencia de estilo se nota en los juegos: las madres tienden a balancear suavemente, acunar, mientras que los padres sacuden rítmicamente al niño, lo que, para un bebé, constituye una información de gran interés. Se observan algunos juegos con una marcada predominancia masculina, como pinzar los labios del bebé imitando con la boca el ruido de una mamada. Casi nunca se ha visto a una madre jugar ese juego. Los padres son más visuales (saludo), táctiles (tocar, pellizcar) y menos vocalizadores que las madres. Tienden a tomar los miembros inferiores de su bebé y hacerlo pedalear mucho más que las madres. Pero el juego más específicamente masculino es lanzar al bebé. Las madres toman al bebé vocalizando, mientras que los padres son grandes lanzadores de bebés: sostienen al pequeño por los extremos de los brazos y, sin soltarlo, lo hacen subir y bajar como en un ascensor, causando un gran placer al niño.

Las madres mediatizan sus interacciones de juegos con muñecas, juguetes, paños, mientras que los padres prefieren el cuerpo a cuerpo.[29]

Estas observaciones aún contradictorias describen en nuestra cultura un estilo paterno más físico (tocar, pellizcar, lanzar, pedalear), y un estilo materno más intelectual (vocalizaciones, presentaciones de objetos).

Podríamos preguntarnos en qué medida esas diferencias de estilo tienen consecuencias en el desarrollo del bebé. Los etólogos que observaron la primera mamada notaron que el bebé, el único entre todos los mamíferos, manifestaba desde el nacimiento un ritmo de succión. Los animales se detienen cuando están saciados o cansados: un ternero toma más leche de un balde que de la ubre porque toma a grandes tragos y se cansa menos. Los bebés maman por descargas, y esas descargas rítmicas parecen independientes del medio de presentación de la leche, seno o biberón. Ese ritmo que Marcel Rufo llamó «diálogo tónico con el biberón»,[30] sería el precursor biológico del turno de habla.

En efecto, lo más importante de los juegos es la sincronización de los compañeros de juego. Los animales sociales manifiestan una sincronización de las posturas, pero no un verdadero ritmo. En cambio, los hombres y las mujeres efectúan con el bebé «danzas interactivas» muy diferentes ante las cuales el bebé reacciona de manera diferente, como lo muestran los ciclos más amplios o más sincopados en los juegos con hombres.[31]

Esa percepción del padre maternal modifica el desarrollo del niño. «El bebé siente a su padre como más activo y agresivo, más brusco, más audaz y más distante que la madre y, de ese modo, el padre favorece la independencia y la agresividad del bebé... El padre... es el mediador de la separación y el catalizador de la sublimación de la agresividad por medio del juego.»[32]

El efecto separador de esa manipulación paterna fue observado en una población de bebés de cinco meses que habían sido cuidados maternalmente por su padre: vocalizaban más en presencia de un extraño, exploraban mejor los objetos y se dejaban tomar más fácilmente en brazos no familiares que recién nacidos de la misma edad que habían sido cuidados por la madre.[33] Parece que la interacción directa de esos padres maternales da a sus bebés una mayor facilidad para explorar lo desconocido.

En situación natural para el hombre (es decir, hoy en nuestra cultura), ese padre maternal se coordina con la madre para criar al pequeño. Esas interacciones directas son sólo un elemento del medio modelizador. La mayor parte de las veces la interacción paterna es mediatizada por la madre, en una relación de a tres.

Se ha observado la cantidad de estimulaciones táctiles y sonoras que la madre dirige al bebé cuando termina una secuencia de juego. Alcanza con pedir al padre que asista a esa interacción para notar un cambio muy claro en los comportamientos maternos. La mayor parte de las madres fueron menos estimulantes, por el simple hecho de la presencia pasiva del padre. Cuando se pide al padre que se ocupe del bebé, se comprueba que algunos comportamientos son manifiestamente modificados por la simple presencia de la madre.[34] Los padres asean y alimentan mucho mejor cuando la madre está presente. Pero parlotean, vocalizan y lanzan menos al bebé, bajo la mirada materna.

El vínculo afectivo entre los padres hace que cada uno sea sumamente sensible a la menor información verbal o gestual proveniente del otro. Cada uno adapta los gestos y las palabras que dirige al bebé, ante la presencia del cónyuge.

En general, el efecto de pareja hace que las interacciones con el bebé sean más calmas.[35] Un padre solo, más que una madre sola, es más excitante para el bebé.

Esta es una ilustración particularmente elegante de ese efecto de pareja que modifica la interacción madre-hijo.[36] Una joven madre psicótica decía antes del parto que nunca podría amamantar a su hijo. Más tarde, el bebé se volvió anoréxico, lo que agravó las angustias de la madre. Al filmar y analizar la mamada en cámara lenta, se observó un ajuste tónico-postural, una rigidez del cuerpo tan marcada, que el bebé no podía mamar, por razones simplemente espaciales. La madre, desesperada, buscaba algo con la mirada a su alrededor, y al poner rígido el cuerpo, no ubicaba al bebé en la posición de mamar.

La psicoterapeuta que antes había establecido con esa mujer un vínculo de transferencia se sentó cerca de la mujer. Sin decir palabra, colocó su mano en el hombro de la joven que, tranquilizada por la simple presencia de esa persona familiar, se distendió, sonrió y pudo concentrar su atención en el bebé. Buscó al pequeño con la mirada, le sonrió, acomodó su antebrazo y en un segundo… ¡el bebé comenzó a mamar!

La fuerza que circuló entre esas tres personas es una fuerza afectiva, cargada de una significación que se tejió durante la historia de la interacción entre las adultas. La anorexia del bebé no era sino un síntoma de la interacción de los inconscientes de las adultas.

Ese método de observación hace comprensible y visible la cadena de las interacciones que, arraigadas en el inconsciente parental, constituyeron un verdadero campo de fuerzas que regirá el desarrollo de algunos comportamientos del bebé.

Ese momento del padre, durante los seis primeros meses de vida del niño, lo he llamado «padre maternal», porque su modo de interacción con el bebé es estatutariamente el mismo que el de la madre. El padre entra en el psiquismo del niño, directamente por los canales de comunicación sensorial, del mismo modo que la madre: responde a las mismas leyes biológicas.

Hacia el sexto mes, la maduración de las vías visuales del niño crea un período sensible. Su desarrollo neurológico le permite ya no percibir informaciones sensoriales parciales, sino combinar conjuntos y formas. Hasta entonces, el rostro era percibido bajo la forma de elementos parciales. La forma nariz-cejas-movimiento alcanzaba para desencadenar el júbilo del bebé.[37] A partir del sexto mes, el reconocimiento de un rostro sólo podrá desencadenar gestos de júbilo si conlleva un sentimiento de familiaridad. De otro modo, el bebé percibirá un rostro extraño y se refugiará en los brazos de la madre en lugar de sonreírle y patalear de alegría. Ese cambio de comportamiento que R. Spitz denominó «angustia del extraño» no se observa de manera tan regular como dicen los psicoanalistas. Pero la «angustia del octavo mes» tiene un gran valor de referencia: en el transcurso de ese período, el bebé logra diferenciar un rostro familiar de un rostro extraño.

Entonces el padre cambia de estatuto.

La política sueca organizó un experimento natural.[38] Muchas mujeres trabajan mientras sus maridos se quedan en la casa, hacen la limpieza, cocinan y se ocupan de los niños. Las madres no hacen ninguna de esas tareas.

Hasta los seis meses no hay problema, pues los bebés se apegan a ambos padres a pesar de la diferencia de estilo. Cualquiera que sea la repartición de los roles sociales, las madres sonríen más, vocalizan más y acarician más a su bebé que los padres. Los padres maternales se ocupan bien del bebé, menos aseado pero más excitado y más lanzado que por las madres. El desarrollo es excelente. El bebé manifiesta comportamientos de apego: se acerca, toca, vocaliza y tiende los brazos. Se mueve y sonríe al padre tanto como a la madre.

Pero hacia el séptimo mes, cambio de estrategia afectiva: el bebé orienta sus comportamientos de seguridad claramente hacia la madre, a pesar de sus frecuentes ausencias, como si el cuerpo de las mujeres fuera más tranquilizador. Las madres conservan su efecto tranquilizador, aun cuando llevan una vida social exterior.

Se observa algo similar en los niños que pasan muchas horas en la guardería infantil que conservan, pese a ello, la fuerza de organizar su desarrollo en su apego familiar. La fuerza modelizadora es la alianza de los inconscientes parentales, más que las horas de interacciones reales.

La fantasía materna posee una potencia organizadora particular ya que, debido a su cuerpo tranquilizador, la madre sirve como base de seguridad para las conquistas exploratorias del pequeño.

Aun cuando la madre trabaja socialmente, su cuerpo gobierna etológicamente las percepciones del niño. Aun cuando el padre se haya ocupado de su bebé, debería, hacia el sexto mes, ser presentado por la madre. La madre tranquilizadora posee entonces el poder de familiarizar a su hijo con ese rostro. Puede bautizar a ese hombre «papá», y con esa palabra y esa fantasmática gestual, familiarizar al niño con él.

Así nace el padre.

La madre ha marcado sus primeras improntas sensoriales en el psiquismo del niño a partir del sexto mes en el útero. Pero el padre biológico sólo podrá convertirse en padre presentado hacia el sexto mes después del nacimiento…, nueve meses de retraso respecto de la madre. Incluso esa presentación es sensorial, pero por primera vez la palabra «papá» pronunciada en ese momento, se refiere a una imagen perimaternal.

Antes del sexto mes, cuando no hay distinción de los rostros, un nombre vale lo mismo que otro, pues no remite a figuras diferentes. Pero en ese estadio de la distinción neurológica, cuando la madre orienta el busto y las rodillas hacia ese otro rostro, cuando inclina la cabeza sonriendo y pronunciando la palabra «papá», establece sensorialmente el primer significante. Su cuerpo tranquiliza al bebé, lo orienta hacia ese rostro familiar, lo designa y lo nombra.

El hecho de que ese hombre se haya ocupado maternalmente de su bebé modificó el desarrollo del niño, lo hizo más despierto, más agresivo y menos apacible. Ese padre maternal pudo realizar su deseo y participar en la cohesión de la pareja. No obstante, deberá convertirse en padre hacia el período sensible del sexto mes, cuando la madre lo designe y lo nombre… si así lo desea.

Ese acceso a la referencia, a la representación, al símbolo, da a la ausencia del padre una condición particular. El retorno del padre al hogar después de un alejamiento constituye un momento de observación etológica particularmente «elocuente». Los comportamientos emocionales de los niños ofrecen entonces una excelente referencia sobre la circulación de las significaciones intrafamiliares; es revelador de la manera en que la madre inconscientemente ha presentado al padre: «Cuando oigo que su padre llega por la escalera, digo "llega papá", y me angustio. Mi hija [tres años] deja de hablar, se inmoviliza, como sin vida… Mi marido me angustia, siento que me suben las lágrimas cuando oigo sus pasos en la escalera».*

El texto de esa joven madre ha dado una información: «llega papá». Pero el cotexto de esa frase transmitió una rigidez súbita, un sobresalto respiratorio, una fijación de la mirada. Para el niño aún envuelto en su medio materno, esa comunicación constituye una información sensorial enorme. El padre entra y dice «hola» a una mujer que retiene sus lágrimas y a una pequeña inmovilizada por la angustia materna.

Esa instantánea naturalista no nos dice cómo esa familia llegó a tal situación. La observación directa muestra cómo circula la emoción intrafamiliar y cómo se instala el proceso que va a atribuir un sentido al padre. Se debería efectuar una serie de observaciones longitudinales en el transcurso de su vida o incluso a través de las generaciones de sus padres para ver cómo la madre aprendió a dar ese sentido a su marido.

Una recopilación de informaciones nos permitió saber posteriormente cómo, en su infancia, esa joven mujer había sufrido el hecho de que su madre fuera dejada a un lado. Le aterrorizaba la idea de repetir la pareja de sus padres y dejarse dominar, como su madre. El simple ruido de los pasos de su marido despertaba esa angustia.

En cuanto al padre, se pudo observar que cuando llegaba y decía «hola», su mujer le respondía apenas susurrando. Entonces él hacía preguntas a la niña, que se daba vuelta y se estrechaba contra la madre. Después de unos meses de esos comportamientos, el padre, desalentado, no dijo nada más al llegar a su casa.

Más tarde, en entrevistas con la niña, ella dijo: «Mi padre me angustiaba cuando volvía. No decía una palabra». ¡Y era verdad! Pero la niña establecía una relación de causalidad entre su padre y su angustia: «Me angustiaba apenas él volvía», cuando su angustia se había originado en la infancia de su madre.

Otra observación clínica del «retorno del padre»: la niña deja de comer y mira a su madre, que dice: «Vé a saludarlo, al fin y al cabo…

¡es tu padre!». Esa formulación es una manera de significar: «No es más que tu padre» y la necesidad de someterse a una obligación afectiva.

Ejemplo de una madre, muy alegre y vivaz. Ríe de manera cómplice con sus cuatro hijas. El padre llega. Nadie lo mira. La madre dice: «Tienen que ser amables con papá». Sólo la niña más pequeña se levanta y da un beso a su papá. Unos minutos más tarde, esa pareja saca a pasear a los perros: la madre lleva de la correa a un dogo alemán de 60 kilos, puro músculos, y el padre, un minúsculo caniche blanco, de pelo enrulado. Esa condescendencia que las palabras y los gestos de la madre habían articulado en el momento del retorno del padre se expresaba también en el paseo de los perros significantes.

En entrevista, esa mujer dice: «Mi familia es una dinastía de mujeres. El hombre sólo tiene que plantar su semillita. Debe ser amable y transparente. Mis hijas seguirán la dinastía».

También se observan otros casos. Puede ser que la madre diga: «Dejen a papá tranquilo, está cansado», cuando los niños tienen ganas de saltarle al cuello y ¡el padre afirma que está en forma para jugar con ellos! La madre no ha hecho más que expresar su deseo inconsciente de establecer relaciones de exclusividad afectiva con sus hijos.

En esas observaciones naturales que podríamos llamar «el retorno del padre», puede verse que el cotexto participa del mismo modo que el texto en la atribución del sentido atribuido al padre.

A fin de develar la función de la ausencia del padre, es particularmente fácil repetir una observación experimental con los hijos de marineros, que son numerosos en Toulon.[39] El padre está realmente ausente, pero la madre lo hace presente por medio de fotografías que lo muestran, de objetos que lo significan y de palabras que lo narran.

El protocolo de observación consiste en mostrar una pila de fotos a dos poblaciones diferentes de niños: niño cuyo padre marinero está realmente ausente, niños testigos cuyo padre está más presente. Entre esas fotografías, se desliza la del padre. Se trata de observar el momento en que el niño designa a su padre en la imagen señalándolo con el índice, mirándolo y pronunciando la palabra «papá». Cuando el padre está ausente, el 25% de los niños designan y nombran a su padre a partir de los quince meses de edad. Cuando el padre está presente, se debe esperar hasta los dieciocho meses para obtener esa actuación verbo-conductual.[40]

Esa observación permite ver cómo el padre nace en la representación. En cuanto al retorno real del padre ausente, pueden retomarse las observaciones precedentes: algunos maridos son recibidos con una gestualidad festiva, mientras que otros, a pesar de que son bien nombrados ante la foto, son recibidos con expresiones tristes. El cotexto materno, al presentar al «padre-foto», transmite una emoción que atribuye un sentido al padre real.

Lo que se infiere de esta serie de observaciones es que la percepción del padre no tiene la misma función que la representación del padre.

La percepción del padre, cerca de la madre, hace surgir el sentimiento de diferencia, es decir, la identidad sexual. Uno debe percibir, procesar sensorialmente una diferencia entre dos rostros, dos personas, dos funciones, para plantearse la cuestión de saber a qué categoría uno pertenece. El procesamiento de una diferencia permite el acceso a los procesos cognitivos. Uno debe percibir la diferencia entre dos sensaciones para hacer surgir una noción abstracta: en un universo donde todo es azul, el concepto de azul no podría aparecer. Para concebir el color azul, se debe percibir otra longitud de onda, distinta de la que provoca la sensación que llamamos «azul».[41]

En neurofisiología, una sola estimulación repetida, sin diferencias, termina por no estimular. Una información repetida deja de informar. Se necesita una diferencia de información para que aparezcan la toma de conciencia, el pensamiento abstracto, la representación.

En un universo poblado exclusivamente por mujeres, sería difícil el surgimiento de cualquier representación. Habría que percibir las diferencias entre mujeres, lo que es menos evidente que una diferencia entre hombres y mujeres. En cambio, cuando las madres designan al padre y lo hacen vivir en la representación, permiten al niño acceder a la abstracción y al símbolo, acentuando la percepción de la diferencia y desarrollando la aptitud para referirse a un objeto ausente.

La patología del padre representado en el psiquismo del hijo produce una suerte de contraexperimento natural: los psicóticos, prisioneros de un vínculo fusional, no perciben esa diferencia. La confusión entre el «yo» y el «tú», los lapsus masculinos-femeninos tan frecuentes cuando hablan de ellos mismos, la falta de reconocimiento de sí mismos en el espejo, muestran clínicamente que «el psicótico no ha podido desprenderse de la fascinación narcisística, desprendimiento que se apoya en la percepción de la asimetría, de la diferencia, ya sea de la distinción de rostros extraños o del reconocimiento de la propia imagen en el espejo».[42]

En esa indiferencia perceptual, ese universo donde todo es azul, el padre no puede siquiera estar ausente. Para ello, se necesita una designación referente (objeto detrás de la puerta), se necesita alguien para decir la ausencia del padre (no está allí, «va a volver y va a mirar su cuaderno de clase»). En los padres de psicóticos hay una ausencia de ausencia. En cambio, el padre marinero es un ausente hablado (papá no está) o significado por objetos (fotografías, ropa, muebles). Con frecuencia, el padre de un psicótico es narrado de manera extraña: «Durante mucho tiempo me pregunté quién era ese señor que venía tan a menudo a casa de mi madre».*

La patología paterna puede formarse en cada una de las etapas de la ontogénesis de la imagen paterna: en el útero, el padre aun traducido por la madre puede modificar la ecología del bebé en su hábitat uterino. Si la relación de pareja es agradable, si la fantasía de la madre dice «me siento bien con este hombre que me hizo un hijo», traducirá al padre en contracciones uterinas suaves que harán nacer al bebé. Cuando el padre habla, el universo uterino se modifica por las contracciones haptonómicas. Y el masaje se transforma en mensaje.

Cuando la relación es mala, el padre es traducido en espasmos y aceleraciones de ruidos de la placenta, pues las agresiones maternas de orígenes físicos, emocionales o significantes aumentan la probabilidad de sufrimiento del feto.[43]

Esa comunicación significante puede revelar una tara en la personalidad. Un análisis reciente sobre los «acontecimientos de vida» acaba de revelar que los padres a menudo se deprimen después del alumbramiento de su mujer.[44] Para ilustrar esta idea, recuerdo el caso de una mujer que me explicaba: «Tengo una hipertensión de embarazo. El médico me ha puesto a dieta. El otro día, mi marido comió muy salado y desde entonces se angustia porque teme que el bebé sufra a causa de eso».

La *couvade* a veces revela un trastorno de la identidad, como en ese marido que jugaba a disfrazarse de mujer encinta y se ponía almohadones debajo de la ropa. Ese hombre muy amable, muy vivaz, muy trabajador, se casó con una mujer psicótica, la embarazó y la llenó de atenciones. Después del parto, él no podía caminar de tanto dolor que sentía en el bajo vientre. Luego la felicidad lo estimuló. En la casa hacía todo: aseaba al bebé, lo alimentaba, hablaba siempre de él con mucha euforia. La madre se sentó: «Yo hago todo. No te preocupes por nada. Descansa y cuídate mucho», le decía ese hombre lleno de ternura. La madre se aisló y comenzó a alucinar: «Pero te digo que te cuides... No tienes que hacer más que eso... No puedes...».* La madre se acostó y se inmovilizó, con la mirada perdida: «Los medicamentos te enferman... Deja de consumir esas porquerías».*

Quince días más tarde, la madre, incoherente, confusa y delirante, fue internada por los bomberos. Desde entonces, vive en un hospital psiquiátrico. El padre volvió a casa de su madre... con el bebé.

La gentileza y la alegría que ese hombre manifiesta hoy hacia su propia madre y su hijo contrastan con la crueldad que muestra hacia su mujer apenas ella se siente mejor y tiene posibilidad de salir del hospital psiquiátrico.

No se había atrevido a hacer un hijo a su madre. Entonces encontró una madre portadora que le permitió realizar su deseo desviado.

Los psicoanalistas siempre evocan la función separadora del padre, pero tal vez sea el simple hecho de la situación triangular lo que determina esa función abriendo la pareja madre-hijo, defusionándola.

Cuando el padre designa a la madre, como ocurre en las familias de transacciones incestuosas, la historia familiar crea una situación que se expresará en la adolescencia. El triángulo diferenciador, identificador, separador, no se instala. La madre, sorprendentemente transparente, deja todo el lugar al padre: «Estoy muy enamorada de mi padre. Sabe hacer todo. Dirige una agencia de publicidad. A la tarde, cuando vuelve, hace las compras. Y la vida empieza. Pone música y relata su día mientras hace la comida... Un día, en el baño, yo tenía diecisiete años, vi que mi padre me deseaba. Me volví loca de felicidad. Desde entonces, regularmente tenemos relaciones sexuales».*

Esa joven, socióloga de 24 años, apenas le habla a su madre: «Siempre ha sido gris, rodete gris, blusa gris, sentada y silenciosa. No la conozco. Oía los ruidos del amor con mi padre. Nunca dijo nada».

Por lo general, la anterioridad psicobiológica de la madre le da más facilidades para designar al padre. También puede darle un poder demasiado separador: «Mi madre sólo se sentía bien con mi padre. Se lo guardaba para ella. Siempre decía: "Atención, papá está volviendo". Le contaba todo lo que hacíamos, entonces él nos pegaba. Pobre. Volvía cansado y tenía que pegarnos. ¡Mi madre era muy mala al obligarlo a eso!».*

Durante la adolescencia se produce una reacomodación psicológica en las antípodas de los años edípicos: «Mi madre siempre se interponía entre mi padre y yo. Se ponía detrás de él y hacía gestos de fastidio o me murmuraba cosas mientras él hablaba. Con todos esos gestos, quería sacarle la palabra. Desde que soy madre, he descubierto a mi padre. Es muy diferente de lo que me decía mi madre. Desde que le hablo, mi madre ha entrado en una depresión».*

Cuando el padre está ausente, la madre goza de una relación afectiva intensa que, en la adolescencia, se transformará en prisión afectiva.

Una madre dice: «Necesito que me necesiten. Cuando mi marido rechazaba a mis hijas, estaba contenta. Me sentía tierna y cómplice con ellas».* Pero más tarde, en la adolescencia, esa misma mujer explica: «Me siento invadida, sometida a mis hijas, que se disputan mi casa, mi jubilación. Yo les saqué a su padre y ahora viven en mi casa, me fagocitan y se niegan a irse».

El padre puede no nacer, o quedar a la sombra de las madres. Para llegar al hijo, sólo dispone de un período sensible, del sexto al octavo mes. Si por un accidente se pierde ese momento biológico de la relación de objeto, el padre no nace.

Lo hemos podido comprobar a través de varios casos de la última guerra, cuando la madre había hablado del padre hecho prisionero. La ausencia del padre había impedido entablar el vínculo real del apego. Cuando el prisionero volvía a casa, los hijos, a pesar de que conocían la imagen de su personaje, rechazaban a ese hombre real. Seguían llamándolo «padre» al verlo en la fotografía, pero rechazaban todo contacto con ese extraño en la casa y lloraban cuando el padre besaba a la madre.

La imagen del padre, su condición representativa, es necesaria para el desarrollo del niño por su efecto de triangulación. Pero el padre real, al marcar su impronta en el niño con sus gestos, sus palabras y su comunicación sensorial, es necesario para tejer el vínculo del apego padre-hijo. Sin embargo, ese padre real, sensorial, que actúa, es el padre maternal.

El padre está en desventaja con respecto a la madre ya que tiene nueve meses de retraso. Está en desventaja por nuestra cultura aún napoleónica que le da un estatus viril, hipertrofiado en la ley y prohibido en las caricias. Porque ese padre, representado por la palabra materna, también es representativo del Estado en la familia. A ese padre, cruce de palabras maternales y sociales, le estaba vedada la sensorialidad: asear a un niño, alimentarlo, tenerlo en brazos significaba intercambiar el placer de la caricia, ¡lo que no es muy viril!

Napoleón, al tomar el poder en el contexto de la naciente revolución industrial, puso a los hombres en la producción y a las mujeres en la reproducción. Ahora bien, para la reproducción, la caricia es estimulante, es un asunto de mujeres, mientras que, para la producción, no se necesita acariciar una máquina, es un asunto de hombres. En nuestro contexto postindustrial en el que Napoleón comienza a «ponerse viejo», la máquina se desvaloriza y la caricia se cotiza mejor. Por lo tanto, los padres pueden volverse maternales. Se observa entonces clínicamente la aparición de nuevos problemas debidos a esa evolución de los roles parentales...

Como todos los niños criados en instituciones de la asistencia pública, Adrien tenía en la cabeza una familia imaginaria, ideal. Hacia los 20 años, durante una caminata en la montaña, ve cómo un padre prodiga atenciones a su hijo de cuatro o cinco años. Ese padre era muy musculoso, fuerte y tenía en el rostro muy bellas cicatrices. Se ocupaba de su hijo, caminaba delante de él, arreglaba con ternura su bufanda y se preocupaba por si tenía sed o estaba cansado. Adrien estaba fascinado. Le complacía esa escena muy significante para él y, treinta años más tarde, aún me hablaba de ella con emoción.

Se casó con una mujer activa, muy comprometida con su trabajo, que lo hizo padre de dos niños. Un día, propuso a su mujer, que se sentía desbordada, ocuparse de los niños y de la casa, mientras ella iba a trabajar. Trato hecho.

Ese hombre pasó veinte años extraordinarios de plenitud afectiva. Aseó a los bebés, hizo la limpieza de la casa, cocinó. La familia funcionó muy bien, con mucho apego y una triangulación perfecta que permitió el buen desarrollo de los niños. Hasta este punto: los niños llamaban a la madre «mamá» y al padre «mamamá». Entre los dieciocho y los veinte años, los dos hijos dejaron el hogar y rápidamente el padre entró en una depresión. El estrés de la partida de los hijos, patología antes reservada a las mujeres, comienza a afectar a los padres maternales.

En otro caso, el padre termina sus estudios de medicina y se ocupa de su hija mientras la madre, secretaria médica, gana el pan para el hogar. La niña tiene cuatro años cuando el padre instala un consultorio y la madre decide volver a la casa. En unas semanas, la niña se vuelve insomne y rechaza la comida. Deja de hablar, de jugar y se queda pegada a la puerta esperando el regreso del padre, al que agrede apenas llega.

Esos cambios de roles parentales modifican los circuitos del apego. A pesar del efecto más tranquilizador del cuerpo de las mujeres, los hombres maternales pueden establecer un vínculo de apego muy eficaz y adquirir una importante función tranquilizadora. Pero el cambio de rol social durante al desarrollo del niño nos lleva al caso anterior, en que las mujeres salen del hogar para ir a trabajar. Los estudios de población muestran que el trabajo de las mujeres no tiene ninguna incidencia en el desarrollo de los hijos. Esa información estadística es inaceptable para un terapeuta, que por lo general observa que todos los niños cambian de comportamientos cuando la madre va a trabajar.

Comprendí esa divergencia de información el día en que pude observar la partida de una madre de cuatro niños. Dos de los niños se relajaron desde la semana posterior. Se volvieron alegres, activos, responsables y emprendedores. Los otros dos se volvieron inestables, ansiosos y malos alumnos al mes siguiente del cambio de rol social de la madre. Dos niños mejorados contra dos agravados: empate. Si se plantea la cuestión estadísticamente, los niños no cambian cuando las madres trabajan. Pero si se la plantea clínicamente, todos los niños cambian.

En realidad, no es el trabajo de la madre lo que los hace cambiar, sino el cambio de los circuitos de apego bajo el efecto de un nuevo rol social. Al cambiar los circuitos fisiobiológicos del apego, el nuevo rol social modifica la distribución de las fuerzas afectivas en la triangulación familiar. De modo que se podría imaginar un triángulo en que el padre maternal se ocuparía sensorialmente de los niños, mientras la madre, hablada por el padre, viviría en la representación.

La enorme plasticidad de los niños y la evolución incesante de las reglas culturales autorizan esa hipótesis. Nuestras observaciones experimentales y clínicas permiten sostener que ese triángulo funcionaría de manera enriquecedora. Pero cabe hacer tres restricciones:

- La anterioridad sensorial de la madre necesita, cuando se instala el nuevo triángulo, un cambio que, si bien conmocionará a los niños, éstos podrán reparar.
- Se debería conocer por medio de la investigación psicoanalítica la significación fantasmática de esa inversión del triángulo.
- Por último, más que la inversión, se necesita la diferenciación de los roles sexuales para que se produzca el efecto identificatorio en el desarrollo psíquico del niño.

Se comprende así que la representación del padre es importante por su efecto triangulador, que permite el acceso al pensamiento abstracto. La percepción de la presencia del padre da acceso a la socialización por su efecto separador y, sobre todo, por la etapa intermedia que ofrece entre la seguridad del cuerpo materno y la angustia deseada de la conquista social.

Cuando los roles parentales se confunden, cuando no hay un tercero diferenciador, el niño percibe dos «iguales»: iguales roles sociales, iguales presiones psicológicas, iguales estimulaciones sensoriales. Supongamos que esa similitud sea posible hasta la equivalencia: el concepto de azul, de sexo, de diferencia no puede formarse en la mente del niño. Cuando hay confusión de roles, el niño pierde el enlace perimaterno, la etapa intermedia que facilita la socialización y el aprendizaje de la separación. Así, esa madre que llevaba a su hijo de ocho años a mi consultorio me explicaba hasta qué punto la pareja parental había funcionado bien. Al padre, carnicero, le gustaba mucho ocuparse de los bebés. Los aseaba, los alimentaba y jugaba con ellos. Se apresuraba para volver a casa, suplantar a su mujer que, en esa época, trabajaba. Ella estaba feliz compartiendo las tareas domésticas y maternales con su marido.

Hasta los cuatro años, el pequeño Roger se desarrolló bien y la pareja de los padres tuvo algunos años de felicidad tranquila. La madre dice: «A mi marido sólo le gustan los bebés. Se ocupó mucho de nuestros cuatro hijos hasta que tuvieron tres o cuatro años... Después, ni siquiera les habla».*

Al nacer, la segunda hija sufría un reflujo gastroesofágico que hubo que operar. La madre debió ocuparse mucho de ese frágil bebé. En ese momento, el padre se desinteresó de Roger, que ya era demasiado grande. Tenía muy buenas razones para ocuparse del recién nacido enfermo. De modo que Roger, muy rodeado por dos adultos maternales durante cuatro años, se encontró bruscamente en un desierto afectivo y se volvió encoprético: no quería ir al baño y se hacía encima sus necesidades. Durante los dos años siguientes al nacimiento de su hermanita, hubo que operarlo dos veces de suboclusión intestinal.

En el plano de las relaciones, ese pequeño alegre, dulce, pleno se volvió muy agresivo con su madre, a la que sin embargo no podía dejar. La vigilaba sin cesar, se negaba a ir a la escuela, abandonaba a sus amigos del barrio y se oponía violentamente a todo lo que la madre le proponía: palabras, contactos, comida o juegos. Hacia los ocho años, comenzó a manifestar comportamientos sádicos: torturó animales domésticos, arrojó al gato por la ventana y observó cómo agonizaba. Le reventó un ojo a un vecinito y prometió a su madre que le reventaría el otro cuando volviera del hospital.

Ese niño brutalmente arrojado del paraíso afectivo de sus primeros años no se atrevió a lanzarse a la aventura social de su edad, la escuela y los compañeros, porque le faltaba la etapa de apego intermedia entre su madre y lo social, el espacio perimaternal donde normalmente se encuentra el padre.

El niño fue confiado a la abuela y en unas semanas desaparecieron la encopresia y los comportamientos sádicos. Más tarde, cuando se pidió al padre que lo llevara a jugar al fútbol y lo acompañara a la escuela, dejó de manifestar fobia escolar.

La confusión de roles había impedido la ontogénesis de ese niño, que no había podido pasar de la seguridad del cuerpo materno al placer de la extraña familiaridad del padre. Se había suprimido una etapa socializadora. La fragilidad biológica de la hermanita reveló la fragilidad estructural de la familia.

La ontogénesis ecológica desarrolla al niño dentro del cuerpo de la madre, luego sobre el cuerpo de la madre, desde donde percibe el entorno de la madre, en el que nace el padre. Si un hombre interviene en esa ecología antes del sexto mes, cuando el niño aún no es capaz de percibir el entorno materno, adoptará una función maternal agradable, estimulante y, a veces, necesaria. Si ese hombre interviene después del octavo mes, adoptará una función de adulto educador, de gran hermano o de «parapadre». Será difícil para él obtener la condición de padre. El niño debe percibirlo en ese período sensible de su maduración neurosensorial y la madre debe presentarlo inconscientemente por la fantasmática de sus gestos. Si un hombre desea convertirse en padre, debería aprovechar ese momento privilegiado de fuerzas conjugadas para hacerse nombrar por la madre y adoptar por el niño. Entonces, ocupará su lugar en el triángulo.

¿Qué sucede en el psiquismo de los niños sin padre? Clínicamente se observa un modelo en vías de desarrollo: la familia monógama, madre-hijo.

Tras la fusión extática de la luna de miel, uno comienza a pensar que la miel es demasiado pegajosa: «Cuando uno no tiene padre, no tiene miedos», decía una adolescente adorable. «Cuando mi padre no está, lleno a mi madre de besos, la muerdo, enseguida exijo de ella todo lo que me debe... Cuando mi padre viene a visitarla, me paralizo, tengo ganas de irme de casa».*

Un muchacho de 18 años me explicaba: «No puedo mirar la televisión cuando estoy solo con mi madre. Hay demasiado sexo en la tele. Me siento incómodo. Cuando mi padre mira la tele con nosotros, las mismas escenas me incomodan menos». En esta observación, sentimos surgir la función de prohibición del padre. Mientras está allí, la sexualidad intrafamiliar es imposible, y esa prohibición alivia, calma la angustia de las pulsiones. El joven está obligado a ir a cortejar a otro lado, lo que socialmente está permitido. Esa reflexión plantea el problema de la erotización intrafamiliar por la televisión. Es una intrusión antirreglamentaria, por ende perversa, que, lejos de banalizar el sexo, lo vuelve angustiante, ya que en la familia todo sexo debe prohibirse. Esa represión del deseo intrafamiliar necesita la presencia de un tercero que prohíba, y funda la primera norma cultural: la necesidad de ir a cortejar afuera a una mujer socialmente aceptable.

La ausencia de padre (y no la ausencia del padre) vuelve difícil ese desplazamiento del deseo. Cuando los psicóticos realizan el incesto verdadero, ese incesto madre-hijo está desprovisto de angustia, pues los psicóticos desprovistos de padre no se lanzan a la aventura social.

La primera mujer disponible para un proyecto sexual es la madre. Los niños dicen: «Nos vamos a casar cuando sea mayor». Pero cuando el adolescente siente un deseo por esa mujer dominante, su deseo se carga de angustia, pues esa mujer está prohibida. La simple copresencia silenciosa del padre, que prohíbe todo deseo, tranquiliza al que desea. El joven deberá socializar y dejar la casa de los padres para lanzarse a la aventura social.

A veces, la muerte de la madre libera la representación del padre: «Desde la muerte de mi madre, veo a mi padre de otra manera. Es muy diferente de lo que decía mi madre. Es alegre… Ella lo llamaba el aguafiestas. Es sociable, trabajador. Estoy muy sorprendido de descubrir a este hombre».*

Cuando la niña se convierte en madre, cuando su cambio de condición sociosexual hace que la palabra materna sea menos dogmática, asistimos al descubrimiento del hombre en el padre, de la persona masculina en esa imagen hasta entonces presentada por la madre: «Desde que tengo un hijo, no tengo miedo de mi padre… es mi madre la que tiene miedo de él».*

El tercer mundo ecológico del niño es el del padre social. Por lo general, le viene a la cabeza cuando se habla del padre. Mundo social, simbólico, jurídico (nombre del padre), ese padre no existe entre los animales, se nos decía.

Y sin embargo, Flo,[45] un chimpancé hembra dominante, crió magníficamente a sus cuatro primeros hijos que se habían vuelto dominantes, como ella. Hacia su sexto año, al comienzo de la adolescencia, Flo hizo entrar a sus crías en el grupo de los machos grandes de lomo plateado. Los jóvenes, muy intimidados, primero se dejaron dominar. Manifestaron incesantes comportamientos de sumisión y, bajo la presión de los machos, se dejaron llevar a la periferia del grupo. Poco a poco, alternando las competencias sociales y los bruscos refugios contra el cuerpo materno, que aplastaban con todo su peso cuando se acurrucaban junto a él, adquirieron un lugar de dominantes en el grupo.

Todos salvo Flint, el que había nacido último. Cuando Flo lo tuvo, era más vieja, menos dominante, menos atractiva. Lo estimuló menos. Lo trató como a una pequeña hembra, podría decirse. Manifestó menos atención, lo aseó menos durante los primeros meses. Hacia el séptimo mes, no alejó a su pequeño macho como debería haber hecho. Por el contrario, lo alentó a la proximidad, las sonrisas, las ofrendas alimentarias, las sesiones de despiojado, como si fuera una pequeña hembra. El vínculo madre-hijo adquirió una forma muy diferente de la que Flo había manifestado con sus otros hijos. Los dos animales no se separaban. El hijo se ocupaba de la madre en lugar de jugar a pelearse con los otros machos y de seguir a las hembras. En la adolescencia, Flo no lo alejó ni lo presentó al grupo de los machos amenazantes y jugadores. La madre y el hijo permanecieron juntos, muy cercanos el uno al otro. Flint no se integró a la banda de traviesos que por lo general hacen alboroto en la periferia del grupo.

Cuando la vieja Flo, enferma, se cayó en un pequeño arroyo, no tuvo fuerza para levantarse y se ahogó. Su hijo, desorientado, dio vueltas alrededor del cuerpo de la madre durante varios días. Lloraba, se alejaba, volvía, bebía un poco, no comía, apenas dormía. Como nunca había aprendido las técnicas para alimentarse ni los rituales sociales para presentarse, no pudo integrarse a un grupo. Después de algunos días de desesperación, se acostó cerca del cuerpo descompuesto de la madre y se dejó morir.

Esta observación natural suscitó numerosas cuestiones que, por otro lado, fueron tratadas experimentalmente. La madre, vulnerable, estableció con el hijo un vínculo de apego comparable al que una madre chimpancé normalmente entabla con una cría hembra. Los jóvenes machos subadultos son puestos en la periferia antes de la adolescencia, por la madre, que los aleja. Los machos grandes vienen a jugar con ellos y aprovechan para dominarlos.

Flint, criado como una pequeña hembra, no fue alejado por la madre y tampoco fue atraído por los machos. Los procesos de desapego nunca pudieron funcionar. Su único mundo era el de su madre. Cuando ésta murió, no pudo vivir sin ella.

Ese «tercero separador» efectuado por fuerzas conductuales y biológicas tal vez da una imagen natural del protopadre.

La observación del asesinato de los recién nacidos nos ofrece otro misterio naturalista. Los zoólogos, interesados por la noción de inversión parental, observaron que en ocasiones los leones matan a las crías.[46] La explicación sociobiológica consistía en decir que ese infanticidio permitía volver a poner los contadores genéticos a cero. Las hembras debían hacer hijos con esos machos infanticidas, que entonces «tenían la certeza» de que los recién nacidos eran sus hijos biológicos, garantizando de ese modo la supervivencia de sus propios genes.

Hasta que se realizó otra observación del asesinato de recién nacidos en la India, en el caso de los langures, esos grandes monos sagrados.[47] Los animales observados vivían en una zona donde se había iniciado una deforestación. En unas semanas, varios grupos de langures en sobrepoblación se vieron privados de espacio y de alimentos. De pronto, un macho atacó a un grupo vecino y mató a casi todas las crías. Ese macho había vivido en ese grupo dieciocho meses antes y, durante la matanza, perdonó la vida a sus hijos biológicos: ¡sólo asesinó a los hijos de otros machos!

Es difícil admitir que ese macho reconoció a sus propios hijos y planificó su descendencia genética.[48] En cambio, es posible admitir que haya percibido un sentimiento de familiaridad por la hembra con la que había vivido por un largo tiempo, y que esa familiaridad haya inhibido sus agresiones contra las crías acurrucadas contra ella.

Esta explicación más perceptual y menos acabada parece plausible. Y nos remite a la etología humana. Ese sentimiento de familiaridad en los monos langures constituiría la base biológica de un prototriángulo.

Los apegos madre-hijo son inevitables debido al útero y las mamas. Pero el apego de la pareja parental que se instaura en los cortejos sexuales constituye las primicias de un vínculo de familiaridad de a tres. De ese modo podría nacer perceptualmente el protopadre presentado por la sensorialidad de la madre, de la cual depende la iniciación del triángulo.

Así pues, aparece en los mamíferos el lugar del padre, que se sitúa en ese espacio intermedio entre la familiaridad tranquilizadora del cuerpo de la madre y la excitación angustiante de la aventura social. El padre, en el espacio perimaterno, ofrece un relevo sensorial hacia la conquista social.

El cliché de la horda primitiva parece obsoleto, pero adquiere sentido en el contexto cultural del siglo XIX, cuando el hombre primitivo, protector y musculoso, mantiene alejadas a las bestias salvajes de la débil mujer y del bebé que tiene en brazos. Con esta hipótesis, Freud no escapaba a su época. Nuestros conocimientos zoológicos actuales aportan informaciones diferentes. Las sociedades animales son más organizadas de lo que Freud imaginaba. En el caso de los chimpancés, los machos dominantes no prohíben la sexualidad de los jóvenes. En cambio, entre los babuinos y los ciervos, la simple presencia del dominante disminuye las secreciones hormonales de los jóvenes machos, que no pueden participar en los cortejos sexuales sino cuando desaparece el dominante.[49]

De modo que los chimpancés no son en absoluto freudianos, mientras que los babuinos realizan una verdadera castración psicobiológica en presencia del dominante. ¡Pero el dominante no es el padre!, puesto que acabamos de ver que el padre aparece en los animales cuando la madre establece un lazo entre un macho y su bebé.

Hemos hablado de la función biológica innovadora, de la función psicosensorial diferenciadora y, después, de la función del padre socializador; ahora debemos hablar del rol paterno.

El rol es el marco de las conductas asignadas por las normas culturales, es la trama social donde se tejen los comportamientos. De ahí en más, los comportamientos ya no se organizan a partir de lo biológico o lo psicológico, sino de la norma social que impone una conducta, que induce una psicología e incluso puede modificar un metabolismo.[50]

Ese lazo de unión sociobiológico puede ilustrarse mediante dos observaciones. En los babuinos, la pubertad biológica comienza hacia los cinco años. La madurez psíquica se manifiesta hacia los ocho años. Pero la autonomía social sólo se adquiere hacia los 10 u 11 años.[51] El joven babuino siente y manifiesta comportamientos sexuales a partir de los cinco o seis años, pero las hembras lo rechazan. Sólo podrá aparearse después de su pubertad social, cuando haya aprendido los rituales de interacción que caracterizan la cultura animal de su grupo. En la historia de su desarrollo, la pubertad biológica será anterior a la integración social. Esa disociación biocultural provoca, en los babuinos, cinco años de impedimento sexual.

La función represiva-separadora del macho dominante se ha integrado en un conjunto de fuerzas conjugadas: las fuerzas hormonales que inducen los comportamientos de cortejo sexual y el apego que inhibe el deseo orientado hacia la madre.[52] El efecto castrador, psicobiológico, de la simple presencia del macho dominante impulsa al joven babuino a orientarse hacia las hembras de otros grupos ya que, en su grupo de origen, sufrirá la doble inhibición del apego materno y del macho dominante.

Por último, la secuencia de las interacciones sexuales sólo podrá desarrollarse hasta la penetración si los dos participantes tuvieron un desarrollo familiar satisfactorio y aprendieron los rituales sociales que caracterizan a su grupo de babuinos.

Esa observación en medio natural permite analizar la articulación entre lo biológico y la norma cultural.

Los humanos no escapan a esa articulación. Salustio sostenía que era moral casarse con una joven al año siguiente a la aparición de su regla, ¡hacia los 17 o 18 años!

Actualmente, la edad de la primera regla disminuye en cada generación gracias al efecto hormonal de una buena higiene en la infancia. En cambio, esa misma cultura que baja la edad de la pubertad biológica (10-11 años) retrasa la edad de la pubertad social, bajo el efecto de dificultades económicas y de aprendizajes prolongados. Esa disociación biosocial crea un muy largo período de impedimento sexual. A pesar de la enorme publicidad dada a su liberación, el comportamiento psicosexual que se instaura no es tan liberado: se observa una primera relación sexual, «para ver», hacia los diecisiete o dieciocho años, seguida, mucho tiempo después, de una relación amorosa, hacia los veinte o veintiún años.

Nuestras estructuras sociales constituyen una fuerza muy modelizadora de nuestros comportamientos sexuales, pero esas presiones están disociadas de las fuerzas biológicas modelizadoras. Los roles que las sociedades humanas han asignado a los padres son muy variables. Ese rol paterno es el ámbito de estudio de algunos historiadores.

«El padre solamente está seguro cuando la madre es virgen.»[53] La virginidad constituye para los hombres la firma anatómica que les da la seguridad del linaje. Pero también se debe atribuir un valor al linaje. Entre los romanos, la matrona dejaba al bebé en el suelo y el padre sólo se convertía en padre si aceptaba levantarlo. Si no, se exponía al bebé, que casi siempre moría. Al levantar al bebé, el padre le daba su designación social. Guardián del patrimonio, le daba nombre, pero únicamente al educarlo entablaba con él un vínculo de apego.[54]

El inmenso poder del padre, no negociable, explicaba la importancia cultural del parricidio entre los romanos. Catilina habría decidido matar a su padre porque no podía pensar otras soluciones. A partir del siglo IV, la imagen de Dios representa al padre. Y cuando el catolicismo impregna la cultura, el padre representa a Dios en la familia.

El matrimonio, a comienzos del cristianismo, no tenía una función gloriosa. San Pablo lo condenó: «Más vale casarse que arder en la hoguera». Y recién se convirtió en un sacramento en ocasión del concilio de Trento, en el siglo XVI.[55]

El rol educador de los padres era considerable, pero monosexuado. Los padres educaban a los hijos; las madres, a las hijas. Los soldados llevaban a sus hijos a los campos de batalla. La lectura en voz alta, que ocupaba varias horas por día, constituía un elemento importante de la cultura familiar. Las pinturas romanas, como los cuadros del siglo XVIII (en particular, Greuze), ponen en escena a padres que leen grandes libros delante de un grupo atento de oyentes: «Leo con mi hijo mayor el tratado de las leyes de Cicerón y, con el segundo, el de Salustio».[56] En las tabernas, los pregoneros leían algunas páginas a los parroquianos que los rodeaban.

La instrucción de las niñas se hacía en pequeños grupos femeninos mucho menos dirigidos: escucha el que quiere, parlotea el que quiere.

El rojo y el negro simbolizaban los dos valores que organizaban el destino de un hombre: el rojo de la sangre de la espada y el negro del hábito del clérigo. Se ignoraba la paternidad biológica. El padre solamente era padre espiritual o jefe de clan. Enseñaba las técnicas de combate y de caza y las artesanales. Esa enseñanza sensorial, por el contacto, se basaba en la imitación más que en la palabra, en el contagio emotivo más que en el aislamiento libresco.

El caso de los esquimales de Ammassalik ilustra esa función educativa por la sensorialidad.[57] Cuando, tras la última guerra, los daneses comprendieron que, asistiéndolos, habían destruido su cultura, decidieron destinar el dinero de las pensiones a enseñar a los hijos a cazar como sus abuelos. Los profesores llegaron con esquemas, cálculos y gráficos complicados: casi ningún niño pudo aprender a construir un kayak. Entonces, algunos abuelos relataron el mito del kayak y la historia del nacimiento celeste de las focas. Por el simple contacto, por la simple imitación, es decir gracias a la percepción sensorial y a la reproducción motriz, los niños aprendieron a sentir la curva de una madera para hacer la varenga de un casco y la intensidad del fuego para teñir las pieles. Hoy en día, casi todos saben construir un kayak.

El padrino, padre que nombra, padre espiritual que da la palabra, se asoció al padre de familia para asumir esa función paterna.

En el siglo XVI, cuando la guerra perdió su valor educativo, los estudios pasaron a organizar la vida de los niños, y se construyeron los primeros colegios. Las niñas eran educadas en el hogar, mientras que los niños eran enviados a pensionados. La historia de la diferenciación de los roles sociales sexuales orientaba a los varones hacia la función de herramienta y a las niñas hacia la función de ornamento.[58] Cuando, en el siglo XVII, apareció la máquina, los varones estaban escolarizados y preparados para utilizarla.

La inteligencia, que era un valor solamente secundario, un valor de mujer en el siglo XIII,[59] se convirtió en un valor masculino en el siglo XIX porque daba acceso al poder social. La escuela pasó a ser la organizadora de las nuevas clases sociales. Así, a comienzos del siglo XX, cuando inmigrantes judías rusas se inscribían en la facultad de medicina en Montpellier, podían participar en la competencia social sólo porque eran extranjeras. Eran alentadas por la cultura judía que había conservado sus «universidades familiares». La inteligencia seguía siendo un valor de mujer judía, mientras que las mujeres cristianas aún vivían para el ornamento y el mantenimiento de la casa. Contrariamente a lo que suele decirse, esas jóvenes extranjeras eran muy bien recibidas por los estudiantes franceses.[60] Pero ¿habrían recibido tan fácilmente a sus hermanas de la misma cultura? Una judía rusa que se «viriliza» es divertido, mientras que una católica francesa habría violado su norma cultural.

El título profesional se ha transformado hoy en el principal vector de promoción social. Pero también permite escapar a la ley del padre y a su educación sensorial. Ya no se sabe cómo trabaja un padre, ya no se ven sus gestos. La educación sentimental aún está reservada a las niñas, como puede leerse en la abundante prensa femenina en la que el corazón sigue ocupando un buen número de páginas.[61]

La televisión contribuye a ese rol igualador, permitiendo a los niños escapar al destino que les asigna el padre.[62] En lugar de ir a trabajar a su cuarto, como le ordena el padre, el hijo se somete a la hipnosis telecultural. La relación padre-hijo reducida a algunos balones de fútbol, algunos partidos de tenis y algunos descensos en esquí, en los que el hijo, desde los 12 años, domina a su viejo padre de 35, ha perdido su función de educación sensorial.

El rol paterno se vuelve transparente ante el vigor femenino que refuerza el Estado providencia.

Los sociólogos nos explican que, cuanto más protector es el entorno social, más secundario se vuelve el rol paterno.[63] En el sentido teatral del término, el rol paterno deja su protagonismo y se vuelve secundario. Se puede observar esa evolución en la manera de nombrar a los padres: «Domine», el todopoderoso, en el hogar romano; «Señor, Mi Señor», el representante del Estado en la familia del siglo XVIII; «papá», apelación familiar que solo aparece a fines del siglo XIX, análogo fonético de «mamá»; el «Pp» de papá da simplemente una sensación de mayor alejamiento que el «Mm» de mamá, más incorporador.

Desde la década de 1970, los psicosociólogos subrayan «el alejamiento del padre en las sociedades sobreorganizadas».[64]

La evolución técnica transformó la ecología social, el mundo sensorial donde se desarrolla el niño. El consumo está totalmente separado de la producción. Ya no se ve al padre construir la piragua o herrar el caballo. Ya no se ve a la madre confeccionar los trajes o tejer los escarpines. Llega a la sociedad de consumo un producto sin historia. Es un objeto privado de sentido, sin valor semántico, un objeto terminado que ya no quiere decir nada.

Un incidente me hizo prestar mayor atención a esa desaparición del padre. Ayudando en la realización de un breve film[65] para la televisión sueca, hice notar al director que nunca hacía la pregunta sobre el oficio del padre a los jóvenes artistas entrevistados. Gran sorpresa para los suecos que, gustosos, aceptan hacer la pregunta y… no obtienen respuesta alguna. La mayor parte de los jóvenes talentos, de entre 20 y 25 años, ignoraban el oficio del padre.

En el momento de hacer el montaje, los técnicos se reúnen y confiesan que nunca habrían pensado en hacer esa pregunta. De pronto, una joven asistente, rubia por supuesto, se pone a llorar. En ese medio se abrazan fácilmente. La joven llora y dice, limpiándose la nariz: «Mi madre siempre me decía: "Tu padre no es más que un cheque con patas"».

Entonces decido prestar mayor atención a ese asunto y pido a los psicólogos que organicen una pequeña encuesta. El resultado revela la sorprendente frecuencia con que los jóvenes franceses ignoran el oficio de su padre o no llegan a imaginarlo:

«–Mi padre duerme en la misma cama que mi madre y siempre es ella la que hace la cama.

–¿Su padre trabaja?

–Sí, ... ooh, pff.»*

Esta joven acaba de terminar el bachillerato, tiene un automóvil y vive en la casa de su madre, con jardín y piscina.

«–¿Cuál es la ocupación de su padre?

–Mmm, siempre está afuera. Pasea. Mi madre trabaja.

–¿Cuál es su oficio?

–Trabaja en una empresa.

–¿Pasea en una empresa?

–No sé, lo único que sé es que limpia la piscina por la noche, cuando vuelve, y protesta porque no está limpia.»*

Ese padre trabajaba desde las 5 de la mañana hasta las 9 de la noche en la pequeña empresa que dirigía. La parte visible del padre intervenía en la familia sólo por la noche, cuando todos podían ver, con los propios ojos, que no hacía más que sentarse a la mesa y protestar porque la piscina estaba sucia.

Cuando se compara ese padre invisible con el padre de las novelas de Zola, se descubre que en el siglo XIX el minero no estaba muy presente en cantidad de horas reales. Pero la palabra materna que valoraba ese trabajo de hombre y la organización social que necesitaba ese trabajo terrible daban al rol paterno un lugar protagónico. Todos los niños conocían el nombre de los pozos, de los capataces y los dramas de la mina. De la manera más gloriosa del mundo, ese padre ausente real, pero muy presente en la familia, descendía a las minas recalentadas para morir de silicosis, rodeado de la más tierna admiración de los suyos.

Nuestros padres actuales, desposeídos, separados del espacio intermedio entre la madre y lo social, no pueden existir sensorialmente en su familia porque nuestra organización social los borra. Ya no pueden transmitir el sentido de los objetos, ni hacer ver, oír, sentir las reglas de acción en la existencia. El padre esquimal, al mostrar la experiencia sensible de la construcción de una piragua, da sentido al objeto: «Mi padre hacía así. Calentaba el hueso para doblarlo y estiraba el cuero de esta manera».

Los objetos sin padre no tienen valor semántico. Se convierten en objetos sin sentido, desechos de consumo. Del mismo modo, los ritos sin padre pierden su función y se transforman en gestos vacíos que no tienen nada para significar.

La escuela alemana de sociopsicoanálisis explica la crisis de la adolescencia con los mismos argumentos que los etnólogos: «La crisis de identidad que normalmente se produce en el paso de la infancia a la edad adulta parece acompañarse de una desestabilización de la personalidad mucho más importante que en una sociedad articulada sobre estructuras tradicionales».[66]

Esa escuela alemana está en condiciones de describir una sociedad sin padre, como el Estado nazi. Sociedad sin padre no significa sociedad sin hombres, pues en esas sociedades lo viril está hipertrofiado hasta lo caricaturesco. Sólo es bello el miembro viril. El sexo femenino es vomitivo: «¡Tetina siniestra, no eres más que una niñita insana, puerca!... Las mujeres se deshacen como la cera, se arruinan, se derriten, se derraman, se tuercen, chorrean debajo de uno».[67]

La mujer, mamífero ignorante, debe defecar a sus hijos. Lo que se glorifica es la madre con el hijo, esa pareja unida por las mamas. El hombre tiene cosas más importantes para hacer que fregar. Las mujeres son glorificadas como «defecadoras de hijos»... Se puede rastrear ese odio de la diferencia a través de los textos nazis: «Como la yegua de los criadores... la mujer debe tener un pedigrí... como ejemplar, podría ser expuesta en un zoológico femenino».[68]

La única manera de ser humano, el único amor glorificable es el amor de lo mismo, alto, rubio, dolicocéfalo. Esa homosexualidad sádica fue analizada por un gran socioanalista[69]: cuando no hay un «padre psíquico», el niño no puede escapar a la omnipotencia de la madre devoradora. Para encontrar un equilibrio de liberación, busca un padre extrafamiliar, un sustituto paterno. Entonces encuentra un jefe de banda, un miembro político, un padre carismático, un fundador de secta. La falta de padre lo ha vuelto apto a someterse... ¡para escapar de su madre! El ideal del yo quimérico de los niños sin padre, sin modelo de identificación afectiva, lleva al amor de lo «mismo» que se expresa hasta lo caricaturesco en la «psicología de masas».[70]

Nuestra práctica psicoterapéutica nos pone en contacto a diario con las angustias provocadas por la incertidumbre sexual. No saber de qué sexo es uno es no saber quién es uno. Esta idea es muy fácil de comprender cuando se escucha a los psicóticos que no saben decir quiénes son, cuál es su nombre, a qué remite, cuál es su sexo, cómo se debe hacer cuando uno es de tal sexo.

No existe una cultura sin roles sociales sexuados.

En las culturas «primitivas», el primer problema a resolver ante un objeto nuevo consiste en determinar su sexo. Nuestros militares se divertían mucho al observar a los salvajes que buscaban el sexo del avión o de la cámara. Esta caracterización de los roles sociales sexuales facilita el proceso de identificación. Pero toda identificación es una amputación, una renuncia a convertirse en otro, a realizar otra posibilidad de sí.

Los niños mal identificados no conocen esas amputaciones estimulantes: ser hombre o mujer es lo mismo, dicen, rico o pobre, aquí o allí, muerto o vivo… ¿Por qué aprender eso antes que otra cosa? ¿Por qué luchar para obtener un resultado si el fracaso no tiene importancia?

No hay proyecto, ni cuentas que saldar, ni neurosis dolorosa para dar sentido a nuestros sufrimientos. Nada. El equilibrio en la nada. Esas no musculaciones del yo organizan destinos empalagosos, biografías de páginas blancas. ¿Hablar o callar? Nada que decir, nada que hacer.

Al comparar las culturas, descubrimos una infinita variedad de roles sexuales. Esa diferencia de roles es necesaria, aunque arbitraria. Es tan útil a los procesos de identidad que las parejas de homosexuales terminan por adquirir comportamientos diferentes, que son beneficiosos para los niños que adoptan, como ocurre en Estados Unidos o en Canadá.

Mediante métodos diferentes, en países diferentes, observadores de formaciones diferentes llegaron a conclusiones similares: el efecto diferenciador de la pareja es necesario para la identificación del niño[71] y sus rendimientos físicos y sociales.[72]

Para ilustrar esta cuestión con una imagen, puede decirse que la ontogénesis de la madre en el psiquismo del niño es continua. Su permanencia evoluciona de lo biológico a lo psicosocial, pasando por el significante.

En el psiquismo del niño, se desarrolla una sola madre, mientras que tiene tres padres. Si se consideran los lugares de su desarrollo, se podría describir un padre intramaterno, un padre perimaterno y un padre social.

Podría describirse a la madre como un objeto continuo. Incluso cuando está ausente, es reemplazada por el objeto transicional que garantiza su permanencia sensorial y simbólica. Por el contrario, la ontogénesis del padre tiene etapas más marcadas: el padre percibido (hasta los seis meses), el papá (quince o veinte meses), el padre social (dos o tres años).

El padre intramaterno es el plantador de niños. Desde ese nivel puramente biológico, real, no consciente, ese macho genitor, al plantar su semillita, impide la partenogénesis tan frecuente en otras especies y provoca un efecto innovador. Desde ese nivel biológico, la diferencia de sexos permite la invención de un nuevo ser vivo. Y ese nuevo patrimonio genético lo hace capaz de evolucionar y de adaptarse a una infinidad de entornos diferentes.

Luego, el padre intramaterno se vuelve sensorial, traducido por la madre. Su olor, su voz, sus caricias, su simple presencia y la significación que la madre le atribuye modifican las comunicaciones sensoriales de la madre con su hijo.

Después del nacimiento, el padre persiste en esa traducción materna. Pero también puede interactuar directamente con el bebé. Ese hombre puede realizar actuaciones maternas de muy buen nivel, a veces superiores a las de la madre, como en el estímulo y la alimentación del bebé. Esa función, apreciable para el bebé, es muy valorada por algunas madres. Sin embargo, es una función de marido que participa en la cohesión de la pareja; todavía no es el padre.

El padre-rostro llega al mundo a partir del octavo mes, cuando la maduración neurológica del niño le permite diferenciar la percepción entre dos rostros. En ese momento, nace el padre percibido como rostro extraño. Ese período sensible del nacimiento del padre crea un momento de vulnerabilidad en el que la madre puede muy bien no significar al padre. Puede no presentarlo por la fantasmática de sus gestos, puede no traducirlo en signo no expresando las sonrisas, las miradas, las posturas y las vocalizaciones que familiarizan al niño con esa percepción perimaterna.

Ese padre perimaterno, ese padre perceptual, esa base sensorial del imaginario, ese extraño familiarizado por la madre es un padre hablado por todos los lenguajes. En ese nivel psicológico, el padre, por el simple hecho de su presencia hablada, permite la triangulación, es decir, la conciencia de la diferencia de sexos que da acceso a la representación y a la identificación.

El padre conocido acaba de nacer. El «papá» deberá esperar algunos meses para ser pronunciado por el niño, cuando la aptitud a referirse esté bien desarrollada en él, cuando la relación entre los participantes del triángulo facilite la expresión de esa referencia, cuando el niño, de entre quince y veinte meses, sea capaz de percibir un objeto presente que signifique el padre ausente y pueda designarlo a su madre mediante un conjunto verboconductual que consiste en señalar con el índice el objeto, mirar a la madre y articular «papá».

Los términos «papá, mamá» no son nombres; designan funciones diferenciadas sólo alrededor de los tres años:[73] ya no es el «papá-nombre», es «mi papá». El padre acaba de aparecer en el lenguaje. En ese momento, el padre deja de ser biológico y se convierte en semántico.

Más tarde, lejos de la madre, en lo social, aparecerá el *paterfamilias*, el *domine* romano, el «mi Señor» de la edad clásica, el «cheque con patas» de la era moderna. A partir de allí, el padre se sitúa en el rol social o teatral, en el acta jurídica, la lista de contribuyentes, el comediante que va a hacer la representación de lo social en su familia.

Allí todo es posible, todos los roles fueron inventados y aún quedan otros por inventar: de la estatua del comendador, al tirano o al actor secundario. Una mujer puede adquirir esa función del padre, esa representación social, como puede verse hoy con las madres socializadas que cumplen roles pertinentes, y a veces de muy buena manera.

Ese padre, representante del discurso social en la familia, se inventa en función de las normas culturales, que cambian cada diez años y cada diez kilómetros.

Los padres son muy mencionados por las madres, que los traducen, y por el discurso social, que les asigna un rol. El niño percibe su mundo a través de las traducciones parentales, las cuales exigen talento… y ¡generan contrasentidos!

Notas

1. D. Désor y B. Krafft, «Les comportements parentaux», París, *CNRS*, núm. 6, 1986.
2. N. Tinbergen, 1951.
3. I. Eibl-Eibesfeldt, *Éthologie. Biologie du comportement*, Éditions Scientifiques, 1972, reeditado en 1988, p. 166. [*Biología del comportamiento humano. Manual de etología humana*. Madrid, Alianza, 1993.]
4. Hoy se sabe que la hembra «no empuja a su macho al nido». La elección de estas palabras es una interpretación del observador. En realidad, la hembra y el macho se coordinan en torno de la incubación.

5. Véase el capítulo «De la impronta amorosa al tranquilo apego».

6. B. Thierry y J. R. Anderson, «Mécanisme de l'adoption chez les primates: rôles de l'adopteur et de l'adopté», París, *CNRS Comportements*, 1986, pp. 165-171.

7. J. Barra y J.-P. Renard, «Superflu, le spermatozoïde?», *La Recherche*, núm. 174, febrero de 1986.

8. S. Ohno, «La différenciation sexuelle», *Nature*, vol. 244, 1973, pp. 259-262.

9. A. Langaney, *Le sexe et l'innovation*, París, Seuil, 1979. [*Sexo e innovación*. Madrid, Granica, 1985.]

10. Ciencia del tacto y del sentir, en la dimensión íntima y afectiva. F. Veldman, *L'haptonomie, science de l'affectivité*, París, Payot, 1989.

11. M. Barbier, *Les phéromones*, París, Masson, 1982.

12. B. Cyrulnik y J. Petit, *Ontogenèse des cris de bébé*, coloquio CNRS, Marsella, febrero de 1986, Boletín S.F.E.C.A., 1987.

13. M. A. Comparetti citado en M. Vincent, «La relation de la mère avec son fœtus et la relation fœto-maternelle», en *Traité de psychiatrie de l'enfant et de l'adolescent*, París, PUF, 1985, t. II, p. 613.

14. T. B. Brazelton, *La dynamique du nourrisson*, París, ESF, 1982.

15. H. F. Harlow, «Love created, love destroyed, love regained», en *Modèles animaux du comportement humain*, París, CNRS, 1972.

16. E. eddi, «Importance de la chaleur dans l'orientation des nouveaux-nés», *Corps et cultures*, París, Masson, 1982.

17. M. Goustard, *Le psychisme des primates*, París, Masson, 1975. [*Los monos antropoides*. Madrid, Oikos Tau, 1971.]

18. H. R. Schaeffer, «Objective observations on personnality development in early infancy», *Brit. J. Med. Psych.*, núm. 31, 1971, pp. 174-183.

19. Ch. Widmer y R. Tisot, *Les modes de communication du bébé*, Delachaux y Niestlé, 1981.

20. Las fechas del sexto o del octavo mes son aproximaciones muy amplias: H. Spitz habla de «la segunda mitad del primer año». En realidad, el desarrollo del niño no es lineal. Se realiza por etapas: un niño puede estar retrasado a los siete meses y adelantado a los siete meses y medio. Incluso hay regresiones que son normales.

21. Klopfer, 1970.

22. G. P. Sacket, «Unlearned responses differential rearing experiences and the development of social attachments by rhesus monkeys», *Primate Behavior*, Nueva York, Academic Press, 1970.

23. M. Bydlowsky, Comentario de su intervención en el Congreso Internacional de Psiquiatría del Niño y del Adolescente, París, 1986.

24. Al escribir estas páginas, pienso mucho en la profesora Yvonne Knibiehler. A menudo me ha reprochado no defender a los padres que asean a sus bebés. Estas páginas le demostrarán que está equivocada, lo que la pondrá muy contenta. Y. Knibiehler, *Les pères aussi ont une histoire*, París, Hachette, 1987.

25. M. Greenberg y N. Morriss, «The newborn impact upon the father», *American Journal of Orthopsychiatry*, núm. 44, 1974.
26. L. Festinger y J. M. Carlsmith, «Cognitive consequences of forced compliance», *Journal of Abnormal and Social Psychology*, núm. 68, 1959.
27. A. Métraux, *Les indiens de l'Amérique du Sud*, Métailié, 1982.
28. M. Lemay, *L'eclosion psychique de l'être humain*, París, Fleurus, 1983, pp. 586-590.
29. B. Cyrulnik, J. Roure y J. Petit, *La poupée dans le triangle*, vídeo, 1986.
30. M. Rufo, *Le dialogue tonique avec le biberon*, vídeo, coloquio de Embiez, 1985.
31. T. B. Brazelton, *Behavioral Competence of the Newborn Infant*, Seminarios de perinatología, 1979.
32. E. Kestemberg citado en S. Lebovici, *L'interaction père nourrisson, op. cit.*, pp. 199-211.
33. F. A. Pedersen, J. Rubinstein y L. J. Yarrow, «Infant development in father absent families», *Journal of Genetic Psychology*, 1979, p. 135.
34. A. Corboz, Le Rôle du père dans le post-partum, *Psychologie médicale*, vol. 17, núm. I, 1985, pp. 75-85.
35. R. D. Parke, T. G. Power, R. R. Tinsley y S. Hymel, *Parent-Infant Relationships*, Nueva York, Paul Taylor, 1980.
36. E. Fivz, Analyse sistémique d'une famille à haut risque, *Thérapie familiale*, núm. 2, 1980, pp. 165-180, Ginebra.
37. R. Spitz, *La première année de la vie*, París, PUF, 1953. [*El primer año de la vida del niño*. Madrid, Aguilar, 1993.]
38. M. E. Lamb et al., «Mother and father infant interaction involving play and holding in traditional and non traditional swedish families», *Developemental Psychology*, núm. 18, 1982, pp. 215-221.
39. Lewis y Brooks citados en M. Lemay, *op. cit.*, pp. 586-591.
40. Observación confirmada por R. Atkins, Nueva York, *Développement de la représentation du père*, XI Congreso Internacional de Psiquiatría del Niño, París, ESF, 1986.
41. P. Watzlawick, J. Weakland y R. Fisch, *Changements, paradoxes et psychothérapie*, París, Seuil, 1975.
42. G. Rosolato, «L'Axe narcissique des dépressions», *NRP*, núm. II, 1975, pp. 15-16.
43. J. Cullen y J. A. Connolly, «Bébés soumis à des stress, adultes de demain», en *L'enfant dans sa famille*, París, PUF, 1985.
44. M. Ferreri, J. Vacher y J. M. Alby, «Evénements de vie et dépression», *Journal de psychiatrie biologique et thérapeutique*, 1987.
45. J. Goodall, *La mort de Flo*, película TF1, 1986.
46. B. Bertram, The social function of intellect, en P. P. G. Bateson y R. A. Hinde (comps.), *Growing points in ethology*, Cambridge, Cambridge University Press, 1976.
47. R. Curtin y P. Dolhinon, *Am. Scient.*, núm. 66, 1978, p. 468.
48. P. O. Hopkins, «Le meurtre des nourrissons», *La Recherche*, núm. 96, enero de 1979.

49. W. Wickler, *Les lois naturelles du mariage*, París, Flammarion, 1971.

50. *Approche culturelle et sociale de l'évolution biologique de l'homme*, XIX Coloquio del Laboratorio de Ecología Humana, Aix-en-Provence, mayo de 1989.

51. I. Devore y S. Eimerl, *Les primates*, Time-Life, 1996.

52. Véase el capítulo «De la impronta amorosa al tranquilo apego».

53. Y. Knibiehler, *La naissance des pères*, Conferencia, Peiresc, Toulon, febrero de 1987. Y *Les pères aussi ont une histoire*, París, Hachette, 1987.

54. P. Veyne, «La Maisonnée et ses affranchis», en *Histoire de la vie privée*, París, Seuil, 1985, tomo I.

55. E. Sullerot, *Pour le meilleur et sans le pire*, París, Fayard, 1984, pp. 99-104.

56. Dugos le Lyonnais, 1718, en *Histoire de la vie privée, op. cit.*, tomo III.

57. R. Gessain, *Ammassalik*, París, Flammarion, 1970.

58. Y. Knibehler, *op. cit.*

59. J. Lafitte-Houssat, *Troubadours et cours d'amour*, París, PUF, 1971, p. 22.

60. L. Gilis, *Étudiant en médecine à Montpellier en 1908*, carta personal, mayo de 1987.

61. Th. Raffin, «L'amour romanesque: mythe et réalité d'un mode féminin d'engagement matrimonial», *Dialogue*, núm. 2, 1987.

62. M. Soulé, conversación durante las jornadas de psiquiatría infantil, Marsella, septiembre de 1987.

63. E. Sullerot, *op. cit.*

64. A. Mitscherlich, *Vers la société sans père*, París, Gallimard, 1969.

65. E. Nilson, *L'avenir des jeunes talents*, telefilm, Suecia, 1982.

66. A. Mitscherlich, «Le Père invisible», en *Vers la societé sans père, op. cit.*, 1969, p. 171.

67. L.-F. Céline, *Féerie pour une autre fois*, París, Gallimard, 1952. [*Fantasía para otra ocasión*, Barcelona, Lumen, 1997.]

68. Citado en M.-A. Macchiochi, *Les femmes et la traversée du fascisme*, 10/18, 1976, tomo I, p. 239.

69. G. Mendel, *La révolte contre le père*, París, Payot, 1968, p. 399. [*La rebelión contra el padre*. Barcelona, Edicions 62, 1975.]

70. S. Moscovici, 1981, *L'age des foules*, París, Fayard.

71. I. y J. Bielicki, *Syndrome de carence paternelle et faiblesse du moi*, XI Congreso Internacional de Psiquiatría del Niño, París, ESF, 1986.

72. D. Skuze et al., *Parentage et défaut de croissance*, XI Congreso Internacional de Psiquiatría del Niño, París, ESF, 1986.

73. A. Duval-Uzam y F. Duval, *Les rapports de certains échecs scolaires avec la non-acquisition du schéma des structures élémentaires de la parenté*, XI Congreso Internacional de Psiquiatría del Niño, París, ESF, 1986.

Segunda parte

La pareja

6

Cuando aparece el sexo

El sexo tiene que ser masculino o femenino.

Cuando dos personas se encuentran, primero presentan su sexo. Pero como no se atreven a presentar su sexo anatómico, sólo presentan las palabras que lo designan: «Señor o Señora»... A veces, incluso, presentan el estado de funcionamiento de ese sexo: «Señorita».

En un encuentro, es fundamental conocer el sexo del otro pues se corre el riesgo de cometer una torpeza relacional. Los rituales de las interacciones difieren mucho en función del sexo. El cuerpo se expresa de manera radicalmente diferente. ¿Por qué no decimos «buen día» a una mujer de la misma manera que a un hombre? Los etnólogos observaron que esa diferenciación se halla en todas las culturas, pero que cada cultura expresa a su manera ese ritual de presentación.[1] En Occidente, los hombres se inclinan, las mujeres flexionan las rodillas. Los hombres de Schom-Pen saludan levantando la mano, mientras que las mujeres hacen un gesto muy marcado con el brazo.

Esos saludos permiten inscribir rápidamente la historia y el contexto del discurso por venir. Cuando dos hombres se encuentran, los signos amistosos se multiplican. Deben extender ambos brazos, abrir todo lo que se puede abrir: la palma de las manos, los dedos, los brazos, la boca, los ojos, significando así una disposición al recibimiento.

Pero una mujer que recibiera de esa manera a un visitante en la intimidad de su alcoba significaría, con los mismos gestos, un discurso muy diferente. Debe apretar las rodillas, cerrar su corsé, sonreír siempre y tender vigorosamente la mano para significar: «Estoy muy contenta de recibirlo… en el marco de nuestras relaciones profesionales». En una situación más íntima, gira las rodillas hacia el hombre, orienta su busto bien hacia adelante, sonríe menos, baja los ojos y propone una mano más lánguida, significando así más suavidad.

«Reaccionamos ante los gestos con una sensibilidad extrema y, casi se podría decir, de conformidad con un código secreto muy complejo que no está escrito en ninguna parte y que nadie conoce pero que todos comprendemos.»[2]

Una de las funciones de la pancarta de la vestimenta consiste justamente en señalar ese sexo para orientar las interacciones gestuales. El sexo posee una función polisémica, está repleto de significaciones; invade nuestros gestos, nuestra vestimenta y nuestras interacciones, de modo tal que permite la coordinación relacional. Las observaciones etológicas explican cómo esa función significante se instala en el mundo vivo.

Durante mucho tiempo consideramos que la actividad sexual constituía el fundamento del lazo social en torno del cual se organizaban las sociedades de monos. Este postulado teórico inducía las observaciones de los primatólogos y contribuía a confundir los fenómenos sexuales con los fenómenos sociales. Después de 1970, algunos primatólogos comenzaron a estudiar la pulsión sexual.

Es difícil observar lo innato de un comportamiento pues el entorno tiene una importante influencia en la expresión de ese programa genético. Sin embargo, cada especie posee un programa bastante preciso de realización de sus pulsiones sexuales. El cercopiteco de cola roja rara vez se aparea, mientras que el vervet copula con mucha frecuencia. Los babuinos (que parecen perros) y los lémures (que parecen koalas) son muy sexuados, mientras que los monos de Gibraltar (de largos brazos) y los gorilas copulan con poca frecuencia.[3]

El gorila se aparea 10 veces por año en medio zoológico y sólo una o dos veces por año en medio natural. Sus copulaciones son poco frecuentes y largas. La fatiga lo obliga a recomenzar tres veces en una hora antes de eyacular. Contar los movimientos de la pelvis brinda informaciones interesantes: para eyacular, los gorilas deben efectuar entre 300 y 500 movimientos pélvicos; los babuinos, entre 15 y 20, y los macacos, rápidos, sólo entre 3 y 5. Estas cifras son interesantes porque permiten ilustrar la idea de que el rendimiento sexual está, en parte, programado genéticamente.

Los chimpancés se acoplan en todas las estaciones. Los machos dominantes no prohíben el encuentro entre una hembra y un dominado. En esa gran democracia sexual, las hembras motivadas se sientan sobre cualquier macho candidato, a condición de que éste haya pasado la pubertad biológica y social. Los babuinos, por su parte, confirman la teoría de la horda primitiva en la cual el gran macho prohibidor impide la expresión sexual de los dominados.

En el caso de los ciervos, la simple presencia del dominante inhibe el metabolismo de la testosterona de los machos dominados, que conservan su morfología y sus comportamientos de jóvenes mientras el dominante está presente.[4] Es suficiente con alejar a éste para modificar el metabolismo de las hormonas macho de los otros ciervos, cambiar su aspecto físico, aumentar su peso, su musculación, sus comportamientos de conquistadores y provocar la necrosis vascular del vello que cubría su cornamenta de animales prepúberes.

¿Cómo saber si las hembras llegan al orgasmo? Como de costumbre, el misterio de la sexualidad femenina puede esclarecerse gracias a un indicio: al final de acoplamiento, la hembra macaco se da vuelta, empuña el antebrazo del macho y lo besa con una sonoridad rítmica que sólo puede registrarse en ese momento.

Esas observaciones hechas en medio natural muestran que, a pesar de su sumisión a las leyes biológicas, las pulsiones sexuales de los animales ya están influenciadas por las presiones del medio. Para un mismo programa genético, una misma especie se acopla con mayor frecuencia en la sabana que en el bosque, es más estimulada por los días soleados que por la época de lluvias y prefiere los pequeños grupos a la sobrepoblación. Pero lo que modifica de manera más manifiesta la expresión de esa pulsión sexual es el tiempo de vida compartida, el recorrido biográfico común.

Los chimpancés en medio natural se acoplan dorsoventralmente. Cuando una hembra está motivada por la sexualidad, atrae a casi todos los machos del grupo. Éstos la cortejan irguiéndose sobre las patas posteriores, tamborileándose el pecho, arrojando hojas y realizando proezas gimnásticas, todo lo que, según un macho, puede seducir a una hembra. Algunas, de temperamento intimista, atraen a un macho lejos del grupo y desaparecen con él.[5] Pero la mayoría comparte ese momento: corren hacia atrás para sentarse sobre un macho en erección, que efectúa algunos movimientos pélvicos, luego huyen y se sientan sobre otro macho.

Si están cautivos, los animales deben compartir el espacio y el tiempo. Vivir en una jaula los obliga a familiarizarse, a apegarse unos a otros. Sus comportamientos sexuales cambian. Los machos son menos intimidados por las hembras. Por ello, parecen menos tironeados por la doble pulsión que los incita a acercarse a esa hembra y al mismo tiempo los atemoriza. Familiarizados y, por ende, tranquilizados por ese comienzo de apego, efectúan cortejos sexuales menos intensos, como las viejas parejas cuya comunicación es tan buena que un pequeño gesto les alcanza para pasar a la emoción.

El acoplamiento se realiza entonces cara a cara.[6] Seguirán intercambios de sonrisas, ofrendas alimentarias, aseo mutuo e, incluso, contacto de las manos.

Si bien el entorno ecológico modifica la pulsión sexual, lo que provoca un cambio importante de la expresión del mismo programa genético sexual es la historia compartida. La historia y el medio definen un comportamiento que apenas emerge de lo biológico.

En medio natural, se observa que algunos chimpancés se acoplan fácilmente, mientras que otros, separados del grupo, manifiestan una gran inhibición sexual. A veces un macho se dirige hacia una hembra en celo y, cuando la hembra lo solicita, huye gritando. Ese macho puede morderla o morderse a sí mismo. Cuando deja que se le acerque, sincroniza mal sus movimientos con los de su compañera y no logra la penetración.

En Toulouse, un equipo de etólogos observó de qué manera la historia de los individuos podía modificar sus rendimientos sexuales.[7] Estudiaron el éxito sexual promedio de insectos normalmente socializados. Toda población de grillos criados en grupos mixtos tiene éxito en un 80% en el momento de su motivación sexual. Esa población constituye un testimonio de desarrollo y prueba que el 80% de los individuos criados armoniosamente tendrán un encuentro sexual armonioso.

Entonces se puede manipular experimentalmente la historia de los animales. Alcanza con aislar a algunos machos durante la infancia, luego volverlos a poner en grupo para comprobar que los animales aislados realizan un cortejo sexual mucho más largo. Cuanto más prolongado haya sido el alejamiento, mayor es el porcentaje de fracasos. El simple hecho de perturbar la socialización de un pequeño macho durante su infancia aumenta la probabilidad de fracaso sexual cuando alcance la adultez.

La historia de las hembras también puede modificar el rendimiento sexual de los machos. Cuando se aísla a una hembra durante la infancia, también se perturba su socialización. Alcanza con poner un macho bien desarrollado en contacto con una hembra mal socializada para que los cortejos sexuales, mal sincronizados, provoquen el fracaso del macho. Éste fracasa porque la hembra fue mal socializada en su infancia.

Es evidente que, cuando los dos compañeros estuvieron aislados, la probabilidad de fracaso aumenta aun más. La cuestión que se plantea es la siguiente: un aislamiento precoz en la infancia del pequeño macho provoca trastornos que se manifiestan mucho tiempo después de su pubertad. Un aislamiento precoz de la pequeña hembra provoca trastornos que se manifiestan también en el macho.

Al hacer intervenir la historia en la adquisición de comportamientos sexuales también se puede observar cómo las carencias provocadas en la infancia de la madre van a perturbar la futura sexualidad de la cría. Una cría de macaco hembra aislada durante su infancia, que por ello tuvo trastornos de socialización, es reubicada en su grupo de origen.[8] Los observadores creyeron que la socialización estaba reparada, pues no sabían observar los juegos entre compañeros de los dos sexos. Los animales, por su parte, no se equivocaron: se negaron a jugar con esa hembra.

A partir de la pubertad, ésta mordía a los machos que solicitaba. Hubo que hacerle una inseminación artificial para preñarla y hacer nacer una cría macho. Las interacciones madre-hijo enseguida fueron malas: la madre robaba el alimento de la cría, le pisaba la cabeza y lo empujaba cuando la solicitaba. La infancia de ese pequeño macho fue dedicada a satisfacer el hiperapego ansioso a su mala madre. Ese exceso de apego le impedía jugar, socializar y aprender los rituales de su grupo. Llegado a la pubertad, no supo cortejar a una hembra. Se equivocaba de lado, no se atrevía a acercarse para montarla y penetrarla. Terminaba huyendo o mordiéndola.

El proceso natural del apego de esa cría había sido perturbado porque la infancia de su madre había sido perturbada. Esa falta de apego no permitió la aparición de comportamientos de juego y de socialización y provocó sus fracasos sexuales.

En el hombre, la historicidad, el sentimiento de tener una historia personal y de narrarla, modifica aun más sus desarrollos.

Los niños abandonados manifiestan los mismos trastornos tónico-posturales y modifican las mismas secreciones neurohormonales que los bebés prematuros. Pero en el caso de estos últimos, el entorno estable y afectuoso repara esos trastornos en unos meses, mientras que los niños abandonados guardan en ellos la conciencia de una identificación retrospectiva: «Soy el que fue abandonado».[9] Esos niños con carencias afectivas se hacen notar en la escuela porque son hiperquinéticos: no se quedan en el lugar, hacen una travesura tras otra o, por el contrario, se aíslan totalmente y manifiestan una obediencia excesiva que da una apariencia falsa a su anestesia afectiva.

Parece que la motivación sexual es más intensa si hubo carencia afectiva. Pero como la socialización no se realiza correctamente, la inhibición es tan fuerte como el deseo. Se observan entonces niños incapaces de expresar su intenso deseo. Atrapados entre dos pulsiones contrarias, alternan los accesos ansiosos con la explosión autoagresiva. Agreden a los que aman y luego se sienten desesperados por ese comportamiento paradójico.

Entonces inventan estrategias de adaptación. La fantasía de este tipo de niñas puede tomar la forma siguiente: cómo lograr que un niño se enamore de un cubo de basura. Se maquillan excesivamente, se ponen ropas demasiado sexualizadas que prometen al varón lo que no quieren dar. El niño, por la atracción, comienza a cortejar. La niña lo agrede, lo echa o huye. Luego se desespera por su propio comportamiento, el cual provocó la huida del varón, ya que ella deseaba un lento acercamiento afectivo.

Ese contrasentido conductual se basa en la representación de la niña. Pero la producción fantasmática (cómo hacer deseable un cubo de basura) está a su vez basada en la historia de esa niña.

En un niño, la estrategia del cubo de basura se basará, más bien, en el éxito escolar, que adquirirá el valor de moneda afectiva: yo, niño-basura, sólo podría permitirme cortejar a una niña cuando me haya revalorizado y mi éxito escolar me haya vuelto deseable para una mujer.

Gracias al perfeccionamiento de nuestros métodos de observación, hemos podido descubrir en los recién nacidos una sexualización muy temprana de sus gestos. Hasta el octavo mes, las diferencias parecen basarse, sobre todo, en lo biológico: diferencias de maduración ósea y peso relativo de la grasa. Al parecer, los varones duermen menos, lloran más y son más «motores» que las niñas, y estas sonríen, vocalizan más y se apropian menos del espacio. En realidad, las diferencias entre individuos pueden ser son más nítidas que las diferencias entre sexos.

Esos trabajos revelan que los varones prefieren las estimulaciones visuales, mientras que las niñas son más sensibles a las informaciones sonoras. Ello explica por qué, en la adolescencia, los varones estarían mejor capacitados para las manipulaciones visuales y espaciales, como el lanzamiento de objetos o la matemática, y las niñas, más dotadas para la comunicación y la palabra. Tal vez se esté dando allí un salto interpretativo bastante peligroso.

Del octavo al vigesimocuarto mes, hay menos dudas. Se pudo establecer un catálogo de diferencias:[10] las niñas manifiestan etapas de comunicación más largas que los varones, lo que tal vez anuncia la duración de las charlas por venir. A partir del decimoctavo mes, una de cada dos niñas sabe establecer una interacción social mediante gestos, la palabra o la sonrisa, mientras que en los varones, hasta el vigesimocuarto mes, la comunicación sólo puede expresarse si está mediatizada por un balón, una cuerda o cualquier otro objeto.

Cuando se cuentan las miradas dirigidas hacia los adultos, se observa que las niñas los miran sonriendo, mientras que los varones manifiestan, más bien, miradas asociadas a comportamientos de temor. Las niñas sonríen cada vez más a medida que crecen, en tanto que los varones manifiestan cada vez más comportamientos de amenaza: abren la boca grande, muestran los dientes, adelantan el busto, vocalizan y levantan el brazo.

A partir del decimoctavo mes, los contactos cutáneos son más frecuentes en las niñas que en los varones, mientras que los golpes y los empujones aumentan entre estos últimos.

De manera general, se tiene la impresión de que las niñas desarrollan sobre todo redes de filiación, compuestas por dos o tres niñas. Se tocan, se sonríen, se hablan y manifiestan un gran talento de imitadoras en sus gestos, sus juegos y el ornamento de su cuerpo.

El estilo de socialización de los varones es muy diferente. Del décimo al vigésimo mes, se tocan poco, se organizan en grandes grupos de 9 a 12 niños, jerarquizados por los comportamientos de competencia y de agresividad.[11]

Para encontrar una hipótesis explicativa, vamos a partir de una observación experimental: desde el noveno mes, los comportamientos autocentrados aumentan entre los niños y disminuyen entre las niñas. Ahora bien, todas las manipulaciones experimentales, animales y humanas, permiten dar a esas actividades autocentradas la significación de un índice de ansiedad: los aislamientos, las carencias afectivas, las separaciones de la madre hacen que aumenten esas actividades dirigidas a sí mismo. El pequeño que sufrió un abandono precoz se toma de la cabeza, se aprieta la barriga, se balancea, da vueltas y se masturba sin placer.

Las tres cuartas partes de una población de bebés varones de dieciocho meses reaccionan a un estrés mediante una actividad autocentrada, mientras que sólo un tercio de una población de bebés niñas de la misma edad se centran en sí mismas en caso de agresión.[12]

A partir de esa edad aparecen en las niñas comportamientos de aseo, como recogerse el cabello, acomodarse la ropa y limpiarse las manos.

La apropiación espacial es una de las grandes diferencias. Desde muy temprano los varones se alejan para realizar exploraciones perimaternas mucho más largas que los bebés niñas, que se alejan poco del entorno de la madre. Esa apropiación espacial se manifiesta en los comportamientos de lanzamiento en que los varones, desde muy temprana edad, arrojan objetos, mientras que las niñas se interesan poco por esa actividad.

En las clases escolares, se observa que el espacio es prácticamente monopolizado por las bandas de varones.[13] Las niñas juegan y charlan en pequeños grupos en los rincones. Pero alcanza con alejar a los varones para que las niñas cambien de juegos, se vuelvan más físicas y se apropien del mismo espacio que los varones.[14]

Los adultos no están ajenos a esas sexualizaciones. Ya en 1974 el neuropsicólogo I. Luria comprobó que los padres percibían a sus bebés en función del estereotipo de su cultura. Describían a los bebés niñas como más pequeñas, más suaves, más delicadas, menos atentas que sus bebés varones. Las mediciones y las observaciones directas no confirmaron en absoluto esa «evidencia» percibida por los padres.

Filmamos los gestos que hacían algunos adultos cuando daban una muñeca a un bebé de unos días.[15] Cuando se trataba de un bebé niña, los adultos sostenían la muñeca con un gesto muy particular: las mujeres sexualizaban sus gestos mucho más que los hombres. Acercaban el rostro al del bebé, sonreían, vocalizaban, agitaban la muñeca hasta tocar el rostro o el vientre de la niña. Pensamos que esa gestualidad permitía al bebé percibir un objeto cargado de una sensorialidad muy fuerte, compuesta por informaciones visuales, olfativas, sonoras y táctiles. La madre daba a la muñeca una sensorialidad cálida.

La misma muñeca utilizada con un bebé varón provocaba una gestualidad muy diferente: se la tendía en silencio, tomándola del brazo y desviando la mirada. A veces, incluso, la muñeca se caía de la cuna porque estaba mal aferrada. Ese objeto era neutro para el varón. La madre no le daba una sensorialidad particular, porque no tenía sentido en la idea que se hacía de su relación con un niño.

Lo que desencadena un comportamiento parental tan diferente no es, pues, el sexo en sí, sino la representación que el adulto se hace de la condición de los sexos. Para provocar una gestualidad cálida, basta con tomar un bebé varón y vestirlo con los atributos femeninos: cintas, puntillas y ropa rosa. Por lo general, un cartón de color rosa o azul colocado en la cuna de un bebé anónimo alcanza para inducir un comportamiento parental adaptado a la condición sexual simbolizada por el color del cartón.

Esa representación induce interacciones sensoriales muy diferentes según la idea que los adultos se hacen de la condición sexual del bebé. En un breve film proyectado a estudiantes, se mostraba a un bebé de nueve meses llorando.[16] «¿Por qué llora ese niño?», preguntó el observador. Los estudiantes respondieron: «¡Porque está enojado!».

Otro grupo al que se preguntó: «¿Por qué llora esa niña?», respondió: «Porque tiene miedo». La misma imagen condujo a una interpretación muy diferente según la representación del estereotipo sexual, inducida por la pregunta.

Esta idea provocaba reacciones conductuales muy diferentes: los adultos decían, dirigiéndose a los bebés varones: «Cálmate un poco, qué mal carácter tienes. Ay, estos niños… quieren ser atendidos inmediatamente», mientras que a las niñas decían: «Cálmate, mi niña, no es nada, no tengas miedo…».

La comunicación sensorial era muy diferente según la fantasía del adulto. Esa acción fantasmática podría explicar por qué los bebés varones desarrollan más actividades autocentradas y agresivas que los bebés niñas: ¡la acción fantasmática de los adultos no los tranquiliza!

La cultura, es decir, los maestros, los vecinos, los medios de información, por ejemplo, participa en el modelado del comportamiento sexuado. Los instructores de deportes, hombres o mujeres, hablan mirando mucho más a los varones que a las niñas. De manera general, los adultos se dirigen más a los niños en grupo… y a las niñas en la intimidad.[17] Se podría decir que los adultos repiten con los niños el comportamiento sexuado que los bebés manifiestan a partir de los primeros meses, cuando los pequeños se jerarquizan en grupos competitivos, mientras que las niñas se reúnen en pequeñas redes de filiación.

A partir de Jean-Jacques Rousseau, se ha considerado a la naturaleza en oposición a la cultura; más tarde, Freud y Lévi-Strauss harán suya esa consideración. Sin embargo, la acumulación de este tipo de observaciones permite preguntarse si la cultura no constituiría más bien un organismo que diferencia y refuerza las tendencias naturales mal desarrolladas, todavía potenciales.

De este conjunto de trabajos, propongo extraer una idea y una pregunta. La idea es que la sexualización de los comportamientos es muy temprana. Fue posible hacer visibles diferencias sexuadas desde los primeros meses: los niños participan en el mundo de una manera más visual, más espacial, más ansiosa, más colectiva y más competitiva. Las niñas participan en la vida de una manera más sonora, más verbal, más tranquila, más íntima y tienden más a formar redes de filiación.

En cuanto a los padres, sexualizan sus gestos y los objetos aun más temprano, desde la cuna. La pregunta que podemos plantear es: ¿Qué significa una sexualización tan temprana?

Cuando se comprueba el costo fantástico de la diferenciación sexual, de la energía biológica, de la adquisición de los roles psicológicos, de las organizaciones socioculturales dedicadas durante vidas enteras a esa sexualización de los roles, es posible preguntarse qué beneficio puede resultar de tantos esfuerzos. Sobre todo porque en la naturaleza la diferenciación sexual no es obligatoria. Con las hembras alcanza. ¡No se necesitan machos! El sexo del macho es el sexo del lujo, el que aporta un cromosoma diferente para innovar, para crear biológicamente una gran variedad de individuos y para concebir psicológicamente una infinidad de reglas.

El sexo inventa la diferencia. Permite la supervivencia biológica y engendra la vida psicológica. Pero para ello los individuos deben encontrarse y lanzarse a la increíble aventura de la pareja.

Notas

1. P. Ekman, *Cross-Cultural Studies of Facial Expressions*, Academic Press, 1972.
2. E. Sapir, 1927, en S. Frey, *Décrypter le langage corporel*, París, Maison des Sciences de l'Homme, 1984.
3. M. Goustard, *Le psychisme des primates*, París, Masson, 1975. [*Los monos antropoides.* Madrid, Oikos Tau, 1971.]
4. W. Wickler, *Les lois naturelles du mariage*, París, Flammarion, 1971.
5. H. E. Fisher, *La stratégie du sexe*, París, Calmann-Lévy, 1983.
6. Ilustrado en la película de J.-J. Annaud, *La guerre du feu*. Asesor técnico: D. Morris y Frans B. M. de Wall, «La réconciliation chez les primates», *La recherche*, núm. 210, mayo de 1989.
7. A. Antoniou, J.-C. Sanz y G. Vaysse, «Isolement et performances sexuelles», *Bulletin S.F.E.C.A.*, t. II, núm. 1, 1985.
8. G. P. Sackett, «Isolation rearing in monkeys: diffuses and specific effects on later behavior», *Modèles animaux du comportement humain*, coloquio internacional, París, CNRS, núm. 198, 1972.
9. Idea desarrollada en el capítulo «Hijos de la basura, hijos de príncipes».
10. B. Rogé, «Les marqueurs comportementaux du rôle sexuel: approche ontogénique», *Psychiatries*, vol. 6, núm. 64, 1984.
11. P. M. Baudonnière (comp.), *Étudier l'enfant de la naissance à 3 ans*, París, CNRS, 1986.
12. B. Rogé, *op. cit.*
13. C. Crepavet, *Protoféminité et développement sexuel*, Quebec, Presses Universitaires de Québec, 1986.
14. B. Cyrulnik, École normale de Draguignan, *Sexualisation des cours d'école*, mayo de 1989.

15. B. Cyrulnik, J. Roure y J. Petit, *La poupée dans le triangle*, vídeo, 1986.
16. P. Ekman, W. V. Friesen, M. O'Sullivan y K. Scherer, «Relative importance of face body and speech in judgements of personality and affects», *Journ. of Pers. and Soc. Psychol.*, vol. 38, núm. 2, 1980, pp. 270-277.
17. C. Crepavet, *op. cit.*

7

De la impronta amorosa
al tranquilo apego

Los enamorados se acuestan para morir. Así terminan las historias de amor.

¿Por qué el amor debe morir y sólo sabe vivir en el estado naciente? ¿Por qué el amor, apenas transformado en objeto científico, se convierte en objeto triste?

Tuve mucha dificultad en descubrir la historia de la palabra *amor*. La de la persona enamorada es fácil de encontrar: ha sido escrita por los novelistas, los poetas y los psicoanalistas. La historia ideológica del amor ha estimulado en gran medida a los religiosos, historiadores y sociólogos. Pero la palabra *amour* ¡no es francesa! «No obedece a las leyes fonéticas del francés.»[1] Derivada del latín, *amor (-oris)*, lógicamente debería transformarse en *ameur*, como *dolor* se transformó en *douleur*. Estalla entonces el escándalo, pues «la palabra *ameur* existe en algunos dialectos del francés en los que remite al celo de los animales»… Fue la institución religiosa occitana la que transgredió las leyes de la fonética para introducir el lánguido «our» de *amour*, y de ese modo añadir un componente erótico al celo, pues la historia de la palabra plantea el problema del «deseo» animal y del arte erótico.

Los primeros etólogos no se equivocaron al emplear la palabra *amour* (amor) en referencia a los monos. Pero en el experimento de H. F. Harlow,[2] en que el pequeño macaco se acurruca contra el señuelo materno de fieltro y deja de lado el señuelo de alambre que, sin embargo, da leche, la palabra *amor* se emplea en el sentido de amor materno. Se aleja del celo para acercarse al efecto tranquilizador de lo familiar, un contacto o una caricia amorosa. Hablamos de un sentimiento del que el amor es sólo un capítulo.

El amor designaría esa fuerza afectiva que nos impulsa hacia un objeto: la madre del amor materno, el desencadenante sexual del celo, la atracción apasionada por la montaña, por las ideas o por sí mismo.

Supongamos, para simplificar, que el amor sólo sea un impulso apasionado, un acontecimiento interno delicado que nos induce a la búsqueda del objeto correspondiente. Entonces el sexo, el amor y el apego constituirían «sistemas de afectividad» de naturalezas diferentes.[3]

El celo animal, el *ameur*, tendría sus raíces biológicas en la explosión hormonal que desencadena los comportamientos de búsqueda sexual. Cuando se encuentra el objeto adecuado, éste, por su parte, desencadena el comportamiento sexual, permite la unión sensorial de los participantes, instaura la espiral interaccional en la que cada uno provoca la secuencia gestual del otro y facilita la sincronización de los deseos... hasta su extinción.

El hombre no escapa a esa dimensión. Después de la explosión amorosa de los primeros años del niño, se produce la hibernación de los deseos. Lo que no significa la hibernación de los comportamientos, como la exploración de algunos lugares del cuerpo que permite descubrir los placeres localizados, como los juegos sexuales del tipo «juego del doctor» en los que el niño otorga a otro el derecho de tocar esos lugares por lo general prohibidos. No hay amor en ese período glacial, sino juegos sexuales, cuya función de aprendizaje es capital.[4]

La explosión hormonal de la pubertad quemará la memoria biológica del primer amor materno y de los primeros aprendizajes sexuales. Los hombres no escapan al celo.

El amor es algo distinto, una reacción que permite transfigurar la ley biológica del celo, la ley fonética del «ameur» y transmutar la hormona en representación. La Iglesia tiene mucho interés en ello, puesto que su desafío es separar el alma y el cuerpo. Los espíritus religiosos que se dicen metafísicos organizan su teoría del mundo para luchar contra la angustia física, la angustia de lo biológico, para hacernos olvidar nuestros restos mortales, nuestra carroña, nuestros espíritus animales, con todo lo que esa representación conlleva de bestiario demoníaco. Lo que afecta a lo biológico es angustiante, como la vida, la muerte, el nacimiento, la degradación, la enfermedad, el sufrimiento y, por supuesto, la sexualidad con sus consecuencias naturales de emisión de semen, detención de la menstruación y desarrollo de una vida dentro de un vientre que funda el aspecto metafísico del sexo.

Algunos hombres no sienten esta angustia biológica: «Después de la muerte, nos pudrimos en la tierra, pero no estamos allí para verlo». Aceptan sin mucha emoción la muerte o el aborto, una masa de células más o menos organizadas, un producto biológico que vuelve a la tierra, una materia que se reconvierte en materia. Esa concepción del mundo a menudo va acompañada de angustias sociales,[5] ante la injusticia de los circuitos sociales, las trabas de ciertas existencias, la «falta de ser» de algunas psicologías.

Las religiones sagradas se ocupan de la vida después de la muerte, mientras que las religiones profanas se preocupan por la vida antes de la muerte. Para un espíritu religioso, la indignación social parece irrisoria cuando se piensa en la muerte infinita. La economía del dinero no tiene mayor sentido cuando uno va a morir, las actividades sociales no significan gran cosa frente a la eternidad.

Esta manera de pensar incita a los religiosos sagrados a controlar la sexualidad, ya que tienen fobia a lo biológico. Codifican las vías de acceso al sexo, las maneras de amar, y reglamentan las familias. En cambio, los religiosos sociales, poco preocupados por lo biológico, toleran sexualidades diferentes, formas familiares variadas y maneras de amar infinitas. Para ellos, la organización humana no está coordinada por la metafísica, sino por la red social.

Esta distinción permite comprender por qué la historia de amor es universal, mientras que la historia del amor cambia de manera sorprendente según la cultura.

La historia de amor universal siempre narra el mismo suceso: el nacimiento del sentimiento amoroso. Esa deliciosa emoción que impulsa a salirse de sí, a arrancarse del propio mundo para partir en busca del objeto perfecto, por ende ideal. Esa emoción nos lleva a lanzarnos a la aventura: «Casualmente, ella estaba allí esa noche, dispuesta para el encuentro apenas nos miramos». Entonces se desarrolla la historia de amor, siempre la misma, la que organiza las secuencias de la trama: el encuentro, la emoción por la mirada, la danza interaccional de las primeras palabras y de los primeros gestos. El juego del acercamiento y de la seducción, de la sincronización de los deseos y de la sugestión de los compromisos. La excitación impregna de sensorialidad hasta el menor gesto, la menor palabra, el menor movimiento de una ropa o del cabello, el ínfimo temblor de la voz o el guiño de los ojos. Transfiguración de lo banal: la menor estimulación se vuelve sensual.

Una vez que los cuerpos están presentes, hay que presentar a las almas: cada uno cuenta su historia, lo que permite decir cómo cada uno ama, teme, y sugerir cómo habrá que coordinarse en función de esa manera de vivir. La interpenetración sensorial, el éxtasis cruzado de los enamorados produce otro modo de conocimiento: ya no es posible percibir al compañero como en una observación a distancia. Ahora la percepción fusional del otro en uno nos revela.

La historia de amor tiene que terminar mal: en la muerte o ¡en el matrimonio! La muerte permite a los protagonistas de historias de amor dejar de hablar de éste, y el matrimonio reubica la historia de amor en su contexto social, pues, antes, la fusión amorosa había creado un mundo cerrado, una escapada en territorio privado. El efecto subversivo de la historia de amor coloca a los enamorados fuera de la ley, pero no en oposición a la ley. Su marginalidad discreta suscita la envidia de la gente normal, siempre fascinada por los marginales y los perversos.

El flash amoroso se apaga. Cada uno guarda dentro de sí el recuerdo del éxtasis, la nostalgia del bello objeto perdido que sólo duró unos meses.[6] El apaciguamiento sensorial nos permite entonces abrir los ojos a lo real y a lo social que, poco a poco, concretan su venganza y nos imponen sus restricciones. Apenas la pareja enamorada pacta con lo real, la historia de amor termina en el ritual: «Se casaron y tuvieron muchos hijos». Habría que agregar: «Se inscribieron en las asignaciones familiares y pidieron un préstamo a un tipo de interés muy bajo». Lo real ha vuelto a tomar la palabra: la historia de amor ha terminado.

Lo real ha retraído el éxtasis. El amor pasión debe flamear en lo ideal, en la emoción caída del cielo, en la huella dejada por el otro. El amor pasión debe ser pasivo, pues toda acción introduciría el trabajo y lo real desencantador. Entonces, los enamorados se pasean, suspiran, esperan, miran, están bien así, inmóviles, juntos, fusionados, pues en el amor pasión «el único objeto posible es el yo mismo».[7]

El momento amoroso transfigura lo banal, pero todo apaciguamiento del éxtasis deja surgir una realidad sin alma: la familia y sus imposiciones, la sociedad y sus reglas. Lo real y sus leyes se vuelven perseguidores, impiden el éxtasis. Si uno quiere seguir embriagado, guardar en sí el sentimiento maravilloso de elación desencarnada, debe acostarse, concentrarse en la llama vacilante del placer amoroso y esperar la muerte.

Los enamorados nos encantan, como nos encantan nuestras evasiones, nuestras hermosas locuras, como nos fascinan los que se atreven a transgredir las leyes.

La trama amorosa pone en escena el deseo de todo hombre de encontrar al otro, ese otro que le corresponderá y que, al desposar la totalidad de su ser, provocará el sentimiento de completitud, de plenitud, de totalidad fusional y extática.

Si esta historia universal, profusamente escrita en Occidente, hubiera sido inventada por los árabes en el siglo XI se encontraría escrita hoy en día, palabra por palabra, de la misma manera, en Asia y en India.[8]

Esta historia tiene que terminar mal. Los enamorados vuelven al rebaño del mundo de aquí abajo, y se dejan morir como muere el amor. Por eso los enamorados lloran y narran siempre la misma historia de amor.

La historia del amor, por su parte, es muy particular, varía mucho según las culturas. Ese sentimiento está impregnado de lo social, aunque crea que es íntimo.

Nuestros sentimientos sufren las presiones del pensamiento colectivo: para los griegos, el amor sólo es pensable entre un hombre y un adolescente.[9] Entre un hombre y una mujer, lo que tiene sentido es la reproducción, no el amor. La civilización hebraica promueve la desconfianza hacia ese sentimiento que nos posee hasta la hipnosis, y el cristianismo lo considera una vocación inferior al amor a Dios.[10] La cultura occitana, al transformar la palabra, reveló la impronta que transformaba la cosa. Si hubiésemos seguido la cultura latina, haríamos el *ameur*, no el *amour* (amor). Cuando Ovidio aconsejaba al hombre tener los hombros flojos y la pelvis vigorosa, hablaba de una producción de placer, no de amor. En cambio, cuando las damas de las cortes de amor provenzales daban su echarpe al hombre que deseaba convertirse en su amante, ponían en escena una bella historia de amor, en la que el enamorado cortés debía partir si deseaba ganarse el corazón de la dama.

Suele decirse que el amor occidental nació en el siglo XII. En la región de Var, Pierrefeu, Hyères, Signes y Porquerolles, las primeras cortes de amor provenzales emitieron sus sentencias y promulgaron el código de las buenas costumbres y del bello amor.[11]

¿Se debe desposar a un hombre lisiado? (sentencia 8): es conveniente desposar a un hombre lisiado, pues ha resultado herido en el trabajo o en combate. Si no se lo desposa en ese estado, se corre el riesgo de desalentarlo a trabajar.

¿Se debe amar al marido? (sentencia 12). Respuesta unánime de las damas: Se debe amar al amante. El marido significa la seguridad, el bien y el linaje, pero no el amor.

La mitología de Tristán y el culto de la Virgen narran el amor sublime. El amante ideal se va. Por lo general el amor sublime se desarrolla en el amor religioso, la «sacralidad sexual», para retomar una expresión de Mircea Eliade.

Es la época en que el «yo» se expresa en la literatura. Hacia el siglo XIII, la interioridad aparece en las canciones, los poemas en que los trovadores dicen el dolor de amar.

Hasta entonces, la palabra se refería al grupo, a las leyes generales. Se comía con los dedos en una marmita común (no había tenedores ni cubiertos). Se dormía en la misma cama, se compartía la morada. La primera persona que utilizó un tenedor fue excomulgada porque ese instrumento significaba que se desolidarizaba del grupo.[12]

Vivir en grupo implica beneficiarse con el efecto tranquilizador de lo social: en una morada, en un grupo de parientes, en una residencia, en un burdel, siempre hay una mesa común, un rinconcito al lado del fuego, un juego para compartir.

En el grupo, la palabra es abstracta o retórica. Cuando aparece la interioridad en la cultura, cuando el «yo» se expresa en la literatura, señala la aparición del primer fenómeno de desolidarización. El cuerpo social comienza a fragmentarse. Ese proceso debilita el efecto tranquilizador del grupo, sus certezas teóricas y sus creencias apaciguadoras. El «yo» aumenta la referencia a una autenticidad de lo íntimo, pero es detestable para quienes desean el efecto tranquilizador del «nosotros».

Los adoradores del «yo» aceptan pagar su precio: «Fragmentación del grupo, duda, crítica sistemática de los valores, sumersión interior, con el consecuente misterio de los sueños, los sentimientos, los valores privados, los fantasmas y la intimidad. El *Roman de la Rose*, la búsqueda del Graal y la interpretación de los sueños fueron sus preludios».[13]

Los adoradores del «nosotros» prefieren la sumisión a las leyes del grupo, una elección sexual mal personalizada, ilustrada por las estampas medievales que representan juergas municipales, cuando los sacerdotes organizaban las fiestas sexuales y cuando los padres decidían los matrimonios sin siquiera pensar en los deseos de los desposados.

El Renacimiento inventa el amor cínico, naturalista, opuesto al amor sublime de los trovadores occitanos. El siglo XVII plantea el problema del amor egoísta que conduce a la brutalidad amorosa del Gran Siglo, con su libertinaje y su desprecio de los grandes sentimientos. Cuando Jean-Jacques Rousseau y Restif de la Bretonne proponen que las madres alimenten a los niños de sus pechos para respetar las leyes del amamantamiento natural, crean las estructuras de apego que se instituirán en la Revolución francesa, pero que no cambian en nada la interioridad de la experiencia amorosa.

La Revolución inventa el casamiento civil y el divorcio, de modo que el amor baja de las esferas místicas para descender a la tierra de los hombres. Y cuando Napoleón idea al padre representante del Estado en la familia, crea la estructura familiar que caracterizará a Occidente hasta la década de 1970 feminista, pero de ningún modo cambió las aventuras amorosas.

Es difícil sobrevolar la historia del amor sin citar a Stendhal y la pasión, a Balzac y el matrimonio puesto a prueba, el impudor romántico, el amor loco de André Breton, antes de llegar al amor objeto científico inaugurado por Freud, desarrollado por los psicoanalistas y hoy analizado en las probetas por los neurobiólogos.[14]

Cuando los jóvenes actuales comienzan a «convivir» (el 30% de las parejas),[15] modifican sus estructuras de apego. Esas parejas discuten más que las parejas casadas,[16] tal vez porque los integrantes negocian permanentemente su contrato, mientras que las parejas casadas, «indisolubles», se resignan.

El desarrollo actual de las familias monoparentales materializa, en el espacio del apartamento, en las interacciones cotidianas, un vínculo de exclusividad madre-hijo.

Hoy en día, un joven de 30 años, bien desarrollado, profesional, comerciante, conductor de ambulancia o dentista, sigue viviendo en su habitación de niño. Establece con su madre un vínculo de dependencia hostil, como al comienzo de su adolescencia.[17]

El sentimiento amoroso es una emoción universal, fuera del tiempo e independiente de la cultura, en tanto que la historia del amor canaliza esa emoción para integrarla en sus vías de comunicación sociales. Esa historia adquiere la forma que le da su cultura y que el individuo digiere para hacer de ella su propio valor. El apego, por su parte, se teje en función de las presiones externas. Ese vínculo soporta la fuerza de las estructuras sociales, de la organización de las familias, de la arquitectura de la casa y de la urbanización de los barrios. Se organiza en función de las presiones ecológicas y fantasmáticas, donde las interacciones, por su duración y su repetición refuerzan lo banal.

El amor es una sorpresa que nos arranca de lo insípido, el apego es un vínculo que se teje día a día.

Que el amor sea una sorpresa no significa que todo hombre sea sorprendente. Uno no se enamora de cualquiera en cualquier lugar. Se necesita contar con las leyes del tiempo: los jóvenes se enamoran más que las personas mayores. En las leyes del encuentro amoroso, el azar sólo tiene una pequeña participación. La historia del individuo organiza la manera como aprende a amar en el transcurso del desarrollo de su afectividad. Para decirlo claramente, existe una ontogénesis del amor.

Todos hemos nacido de un deseo.

Supongamos, para ser poéticos, que hemos nacido del sentimiento amoroso de nuestros padres: es cierto, para el 75% de los primeros hijos; es cierto sólo para el 30% de los cuartos hijos. Pero los hijos mayores, demasiado responsables, se vuelven más tristes y más ansiosos, mientras que los últimos, al escapar de la dedicación parental, se desarrollan más tranquilamente.

Esa noción epidemiológica[18] se opone al lugar común que dice que el amor poseería una virtud educativa.

Tal vez convenga proponer la idea más general y más biológica de que toda vida nace de la unión: unión de dos elementos como el hidrógeno y el oxígeno, unión de dos células sexuales, como la del macho y la hembra, pero también unión de dos personas, como el hombre y la mujer, la madre y el hijo.

A veces, el objeto de amor es un ser humano; otras veces, es una montaña y, en tal caso, uno se hace alpinista; otras, un instrumento musical... ; ese impulso que nos lleva hacia el otro es fuente de vida. La vida sin el otro no puede vivirse.

Esta noción, sumamente imprecisa, se aclara cuando se describe la ontogénesis del sentimiento amoroso. Cuando nuestros padres fusionaron sus gametos en el acto sexual, el huevo fecundado se plantó en la pared uterina y comenzó a desarrollarse. A partir de cierto nivel de organización biológica, ese ser vivo se volvió capaz de percibir y de procesar ciertas informaciones procedentes del mundo externo, es decir, de su madre y de su entorno.[19] Después del cataclismo ecológico que permite pasar del mundo acuático del útero al mundo aéreo de los brazos maternos, es posible observar un comportamiento curioso: ¡el recién nacido llora! Fue arrojado del paraíso uterino[20] por las contracciones del alumbramiento. Durmió durante el trabajo de expulsión, cuando su cabeza dio contra los huesos de la pelvis y su cuerpo torcido se deslizó por el desfiladero pelviano. Por último se despertó completamente desnudo, mojado y congelado en un mundo aéreo donde, por primera vez, debió arreglárselas solo, respirar solo, aferrarse y deglutir.

Imagine que usted cae en la luna. Desnudo, bajo un sol de hielo. Siente mucho miedo, pues no sabe cómo vivir en ese universo. Un temblor de la luna lo sacude violentamente. No reconoce esos ruidos inquietantes. Son mucho más intensos y mucho más agudos que los del mundo de donde usted viene. Ese nuevo universo helado, sonoro y luminoso hasta el dolor, lo sacude como nunca había sido sacudido en su mundo anterior, donde una suspensión hidráulica lo balanceaba suavemente.

El despertar es terrible. La angustia lo hace llorar. El aire frío penetra en sus pulmones que se despliegan y le hacen mal. En ese caos de luz blanca, de hielo, de llantos intensos y sobreagudos, de choques violentos... de pronto aparece una voz familiar y dice su nombre en voz baja. Éste suena más fuerte y más agudo que antes, pero usted logra reconocer el tono y la música de esa voz que oyó en la época en que estaba tranquilo. Loca esperanza de los desesperados, usted gira la cabeza y los ojos en dirección de la fuente sonora. Inmediatamente las otras informaciones se desvanecen, pues usted sólo quiere oír esa secuencia deliciosa de palabra que lo hipnotiza. Ávido de esa cosa sonora, tiende hacia ella, agitándose. Entonces, alguien lo toma: como en una hamaca, unos brazos lo envuelven y lo colocan en una suerte de nido, muy cálido. A su rostro llega un olor conocido, una suavidad intensa que palpa con las manos y explora con la lengua. Entonces, después del sufrimiento, de la búsqueda desesperada de otro para amar, siente en la boca a ese ser que fluye en usted y lo cubre de calor. Usted se siente pleno: todos los huecos están colmados. El frío se transforma en calor, la sonoridad se convierte en una estimulación como una música fuerte y vivaz. Ya no lo sacuden, lo balancean, como antes. Pero usted todavía no sabe que es otro el que lo satisface. Cree haber encontrado el paraíso porque reconoce sus conocimientos anteriores, más intensos, más vivos que antes, pero algo diferentes: más localizados en la espalda, en las manos y, sobre todo, en el rostro, por donde se introduce la madre que usted oye, siente, degusta aun más que antes.

¡Acaba de tener su primera experiencia amorosa! Ese conocimiento lo penetra y viene del fondo de usted mismo, de la fusión de su madre en usted, como todo conocimiento amoroso y místico.

Esta novela del nacimiento es, por cierto, real, ya que cada una de las frases escritas se basa en una observación de etología clínica.[21] Y me ha permitido describir en términos cotidianos las bases biológicas del proceso amoroso. En primer lugar, se necesita haber tenido una experiencia sensorial para conservar sus huellas. Luego, se necesita haber perdido ese universo de sentido para querer volver a encontrarlo y buscar lo amado.[22] La implosión amorosa sobreviene en los encuentros en que la familiaridad de los sentidos reconocidos nos apacigua y nos colma.

El amor no es un vínculo, es una revelación.

Ese encuentro debe poco al azar, pues necesita, por parte del sujeto amoroso, un estado de búsqueda. Para buscar, es necesario aspirar; para desear, es necesario que haya una carencia. La satisfacción conlleva el apaciguamiento de los sentidos, como cuando uno se siente saciado después de una buena comida, como cuando uno se vuelve refractario después del acto sexual y como los niños colmados de amor se vuelven insensibles.

Para que la implosión amorosa se produzca, es preciso que el objeto de amor sea portador de los rasgos fundamentales a los que aspira el que busca. El bebé que acaba de nacer no podría sentir amor por una placa de acero frío o por un ramo de zarzas. Necesita piel, calor, suavidad, olor y palabras para despertar en él las huellas de su recuerdo de una felicidad perfecta, de una plenitud sensorial pasada. Por ello, el objeto de amor no es una persona. Es un revelador narcisístico, un objeto que debe llevar las huellas sensoriales capaces de despertar en nosotros el recuerdo de la felicidad.

El primer amor es una alianza que permite encontrar en el mundo externo esa familiaridad fusional sentida en el útero. Freud hablaba de «alucinaciones de deseos», pero un etólogo hablaría de evocación de las primeras huellas dejadas en nosotros. La voluptuosidad sensorial de los recién nacidos expresa la aptitud para el amor del que busca el objeto revelador de sí.

Los bebés abandonados, niños privados del amor materno, repiten, sorprendentemente, un mismo comportamiento: después de la búsqueda exasperada, manifiestan desesperanza, luego indiferencia afectiva. Los niños sin amor no poseen la base de seguridad que les permite partir a la conquista del mundo. Esos niños anaclíticos no pueden respaldarse en nadie. Son demasiado pequeños para arreglárselas solos, entonces se repliegan en sí mismos, aumentan las actividades autocentradas, se balancean, se masturban, se succionan el pulgar o se arrancan el cabello antes de acurrucarse boca abajo, con las nalgas al aire.

Si sobreviven, guardarán la impronta de esa privación que organizará un verdadero destino de carencia afectiva. En la escuela desarrollarán una estrategia afectiva fantasmática: «Voy a ganarme el afecto de los otros sacrificándome, ya que no pueden amarme por mí mismo».* Ese deseo de sacrificio los eleva por encima de los niños amados normalmente. «Es tan excepcional el sacrificio que hago que me van a amar excepcionalmente.»

Más tarde, encontrarán un compañero que busque una buena contención afectiva: «Hará todo lo que quiero, me ama tanto y la siento tan débil».* Para hacerla feliz y hacerse amar, ese joven de 20 años se sacrificará. Conducirá la vida de su mujer y sufrirá intensamente una angustia de despersonalización... ¡a los 40 años!

Cuando el amor inicial se transforma en jaula afectiva, el niño no logra conquistar mejor su mundo. La fusión amorosa monopoliza sus sentidos. Percibe a su madre, pero no a su entorno. Su mundo se reduce a la plétora amorosa. Es una luna de miel… hasta el hartazgo, hasta el día en que, furioso por no poder vivir en otra parte, comenzará a odiar a la que ama y a reprocharle el no haberle dado la fuerza para dejarla: «No me enseñaste a luchar para vivir… me guardaste para ti… te odio y no puedo vivir sin ti…».*

Se necesita amor para que el niño se interese en el mundo, luego se necesita que el amor muera para que el niño se convierta en una persona, para educarlo, es decir llevarlo fuera de sí. Sin amor, las cosas no adquieren sentido. Pero cuando el amor no se apaga, la fusión crea un mundo siamés.

Por suerte, a partir del sexto mes, comienza el drama del objeto. La maduración del sistema nervioso permite al niño ver a su madre en lugar de percibirla. El placer ya no es provocado por la fusión de los dos cuerpos, ni por la articulación de las estimulaciones sensoriales que alimentan el sentimiento oceánico del amor. Ahora el asombro se vuelve estimulante, mientras que antes lo que provocaba el éxtasis era la fusión. La madre ya no se diluye dentro del bebé, se convierte en objeto de intriga y de exploración. Conviene morderla y chuparla para degustarla, observarla mejor por la boca o devorarla con los ojos. Es mejor detallar sus formas, sus colores y explorar sus orificios metiéndole los dedos en la boca, la nariz, las orejas o los ojos.

Tras el sentimiento oceánico de los primeros meses, comienza el placer de explorar, trepar, abrazar y morder. Hay que descubrir el objeto materno que progresivamente se aleja y se separa. Ese individuo tan cercano es diferente de sí. Ahora hay que descubrir sus reacciones y aprender a coordinarse con ellas.

La emoción ya no es fusional, el apego ha comenzado. El vínculo toma distancia, se teje entre dos individuos cercanos, pero diferentes. Es la época de los conflictos, los odios de amor en que el niño muerde y golpea a la que ama. Sufre por la potencia de ese gigante femenino que le impone sus deseos, a él, su majestad el bebé.

Sólo se puede experimentar ese sentimiento cuando la personalidad está mal concebida, porque aún se es niño, o porque la conmoción de la adolescencia ha desestabilizado las referencias de uno o porque uno se ha construido mal en el transcurso de la propia historia.

Por suerte, todos atravesamos esa dificultad, ese momento débil de nuestra persona en que nos volvemos aptos para el amor, cuando nuestra receptividad hacia el otro le permite penetrar en nosotros, por una tara de nuestro ser.

¿Cuál es la función del momento amoroso? ¿Para qué puede servir esa curiosa época, por lo general patológica?

Ya hemos descrito el primer amor del bebé abierto a todos los mundos, «cuna de las recepciones»,[23] período en que está más apto para la fusión amorosa. Posteriormente, cuando el yo se forma, el amor se apacigua. El niño grande observa y estudia su mundo familiar. Cuando llega a la adolescencia, la explosión hormonal y la angustia de la anticipación –«el shock del futuro»–[24] desestabilizan al joven, que siente una emoción en busca de objeto.

Los neurobiólogos identificaron una sustancia, el V.I.P. (polipéptido vasointestinal) que producen las actividades bucales, como el beso o la alimentación, y que segrega el intestino. Actúa sobre el cerebro y provoca la erección. El conjunto funcional es curioso, pero revela hasta qué punto el estado amoroso abre nuestro interior al mundo. Esta actividad se produce en un estadio particular del desarrollo de nuestro cuerpo. La explosión hormonal de la pubertad provoca una alerta cerebral que despierta en nosotros esa «cuna de recepciones» adormecida por la infancia.

El organismo está conmocionado por ese momento sensible en que las hormonas, los neuromediadores e incluso el sueño paradójico intervienen a fin de volvernos más aptos para incorporar el objeto de amor. Se sabe que el aumento del sueño paradójico facilita los procesos de aprendizaje.[25] El estado amoroso aumenta el sueño rápido y profundo. Reactiva esa aptitud del recién nacido que, al segregar mucho sueño paradójico, poseía una aptitud para el aprendizaje rápido, la incorporación de su mundo materno.

Cuando el amor se apaga, tras haber anudado el primer hilo que va a tejer el vínculo de apego, «la domesticación de la vida amorosa por la civilización provoca una disminución general de los objetos sexuales»: Freud ya descubrió cómo la muerte del amor da nacimiento al vínculo.

El objeto de amor no es una persona, es un objeto parcial, sensorial, intenso, que resulta del encuentro entre una receptividad extrema y ese objeto que va a impregnarse de ésta.

El objeto de apego «rebaja» esa incandescencia, pero permite el descubrimiento de una verdadera persona con la que va a establecer día a día un vínculo real e inconsciente.

Nos enamoramos; luego, cuando el amor se apaga, descubrimos lo real en la persona amada. Entonces, la exploramos, como el pequeño explora a la madre apenas deja de estar invadido por el amor.

Nos enamoramos y, cuando lo superamos... ¡nos apegamos! La función biológica del amor consiste en iniciar el apego. La emoción amorosa origina un período sensible en que el organismo se vuelve particularmente apto para incorporar al otro, tomando la impronta de éste.

La historia de la impronta se origina en una fila india de patitos. La leyenda científica cuenta que Konrad Lorenz, proponiéndose observar el nacimiento de los polluelos, se acostó cerca de los huevos y dormitó durante veinticuatro horas. Vio salir a todos los patitos de la parvada, pero estaba muy cansado. Cuando quiso volver a su casa, los animalitos comenzaron a seguirlo en fila india. Él los recogió y los llevó junto a su madre. Pero apenas se alejó los patitos comenzaron a piar. Finalmente, sólo se calmaban cuando se acurrucaban contra las pantorrillas de Lorenz.

Esta leyenda se halla en todos los libros. Su ventaja reside en ser esquemática. Lo que Lorenz narra es menos científico, pero mucho más humano. «Cuando era niño, los pantanos del Danubio no eran más que un bosque virgen de cañas, de juncos y de arbustos entre los que mi amiga Gretl y yo a menudo jugábamos. Habíamos notado que los patos adultos huían ante nuestra presencia, mientras que los patitos nos seguían. Jugábamos a los patos y los patitos jugaban a seguirnos. Conocen muy bien la regla.»[26]

Esa impresión de niño marcó a Lorenz, que aún no sabía que dedicaría gran parte de su vida científica a resolver ese problema y que haría trabajar sobre ese tema a varios centenares de investigadores de diversas nacionalidades.

Teniendo más de 24 años, aún decía: «Y sostengo que, con frecuencia, el esfuerzo de toda una vida está determinado por una experiencia vivida en la infancia. Eso es, después de todo, lo esencial de la impronta».[27] Lorenz transformó en objeto científico esa observación de los patitos. El objeto científico no es, pues, tan neutro, puesto que se halla en la infancia del investigador el tema que ha motivado su investigación.

El ámbito etológico hizo de esto una modalidad metódica. La observación ingenua muestra, en efecto, que los polluelos siguen a su madre y dan gritos sobreagudos de desesperación apenas se ven separados de ella por un obstáculo o por un error en el recorrido. Por lo general, en el caso de las aves, bastan algunas horas después del nacimiento para que la cría aprenda a identificar a su madre y la siga en todos sus desplazamientos.

Pero la manera de formular la observación ingenua plantea varias cuestiones. Dije… «que la cría aprenda»: ¿se trata de un aprendizaje o de un comportamiento que comienza sin aprendizaje? Escribí… «identificar a la madre»; en el plano teórico esa manera de hablar significa que pienso que la madre constituye una forma privilegiada entre todas las informaciones provenientes del entorno. Por último, observé ingenuamente que «el pequeño sigue a su madre en todos sus desplazamientos». Esta frase propone al observador un aspecto conductual que podrá manipular experimentalmente.

Tenemos todos los elementos para realizar una observación experimental.

Ya en 1935 Konrad Lorenz publicó sus experimentos sobre la impronta y provocó reacciones muy vehementes. La psicología experimental que dominaba las ideas en esa época sostenía que el aprendizaje se limitaba al condicionamiento clásico de Pavlov o al aprendizaje por ensayo y error de Thorndike. En un contexto político de preguerra en el cual la derecha daba valor de referencia a lo innato, mientras que los pensadores de izquierda se inclinaban por lo adquirido, la publicación de Lorenz no calmaba los ánimos.

El experimento más demostrativo fue realizado por un alumno de Lorenz.[28] El observador atrapa a los patitos apenas salen del huevo y los aísla en cestas de mimbre. En medio del laboratorio, había hecho construir un túnel circular de vidrio transparente, como una pista de ciclismo. Dentro de ese circuito, un riel permite desplazar a voluntad un pato-señuelo en celuloide. Cada hora después del nacimiento, toma un patito, lo coloca en el túnel de vidrio y hace circular el pato en celuloide sobre el riel. Alcanza entonces con observar las reacciones del patito, registrar sus desplazamientos, luego trazar las curvas de validación estadística.

Se comprueba que, hasta la decimotercera hora, las reacciones de los patitos son aleatorias: siguen al señuelo, lo abandonan, corren en sentido inverso o se inmovilizan de una manera que no significa nada.

Pero entre la decimotercera y la decimosexta hora, se observa la aparición de un fenómeno que no tiene nada de casual: el 90% de los patitos siguen al señuelo, cualquiera sea la dirección y la velocidad que este adopte. Cuando el señuelo se queda quieto, el patito también se inmoviliza cerca de él. Cuando acelera, inmediatamente lo sigue.

Después de la decimosexta hora, los patitos siguen cada vez menos al pato de celuloide, y después de la trigésima hora, el fenómeno vuelve a ser aleatorio.

La observación ingenua de Lorenz y de Gretl cuando eran niños comienza a tomar forma y plantea cuestiones inquietantes: el patito puede, entonces, adquirir en un solo encuentro un comportamiento que persistirá toda su vida. Esta adquisición puede efectuarse por el simple hecho de desarrollos biológicos, a condición de que el encuentro entre el objeto de impronta y el sujeto (entre el señuelo y el patito) se efectúe en el transcurso de un período crítico, situado entre la decimotercera y la decimosexta hora después del nacimiento. Ese proceso no tiene nada que ver con las formas habituales del aprendizaje tales como el acondicionamiento. Alcanza con estimular al animal en un momento preciso de su desarrollo para inscribir un comportamiento definitivo. Así pensaba Lorenz.

Las manipulaciones experimentales pueden modificar todas las variables que uno quiera. El objeto de impronta natural es la madre, ya que el encadenamiento de las reacciones biológicas la instaura en ese momento. Pero se puede reemplazar a la madre por un señuelo de celuloide, de cartón, una bolita de acero, un oso o un tractor: sólo tiene que ser percibido durante el período sensible. Cualquier objeto puede convertirse en impronta. Pero fuera de ese período privilegiado, ninguno podrá hacerlo.[29]

Puesto que la observación etológica introduce el tiempo en la biología, se debe seguir de cerca el devenir de esos animales impregnados a objetos diversos. Ello permite comprobar que la impregnación, muy temprana, orienta mucho tiempo después, en la pubertad, ¡la elección del objeto sexual! Así pues, un pato impregnado por un osito orientará más tarde sus cortejos sexuales hacia ese osito y no se interesará por la pata, cercana y dispuesta al acto sexual.

Se hicieron numerosas observaciones y experimentos relativos a la impronta, y Lorenz debió matizar sus afirmaciones. El período sensible es muy limitado en el tiempo, en el caso de los patitos, pero es mucho más largo en el de los mamíferos: algunas semanas, para los perros y los gatos; algunos meses, para los monos; y largos años, para los hombres. La base biológica de ese período sensible reside en la organización neurológica del cerebro, sea porque segrega una enzima que favorece la memoria, la acetilcolinesterasa,[30] sea porque los brotes de sus neuronas continúan hasta los 25 años en el ser humano.[31] En realidad, las personas mayores continúan generando brotes sinápticos,[32] lo cual significa que incluso el hombre de edad avanzada, cuyo cerebro comienza a deteriorarse, conserva cierta plasticidad neuronal.

El período crítico que dura tres horas en los patitos no es, pues, tan crítico. Algunos investigadores, para matizar esa rigidez, propusieron la noción de período sensible. Actualmente creemos que la expresión «receptividad variable según los acontecimientos» corresponde mejor a la persona humana, lo que diluye un poco la noción de impronta.

Las manipulaciones en los animales son numerosas: se los puede impregnar a objetos de categorías diferentes como la madre, un macho, un compañero, un hábitat, un alimento, una sonoridad, un color o una infinidad de formas diversas. Se puede suprimir el período sensible con una sustancia y comprobar entonces que el animal ya no se impregna a los objetos de su medio. En cambio, se puede aumentar esa sensibilidad aislando al animal, antes de hacerle encontrar el objeto de impronta: ¡el aislamiento anterior al encuentro lo sensibiliza y lo apega aún más!

Todas esas observaciones plantean una cuestión al clínico, pero la idea general que puede extraerse de esa enciclopedia de trabajos se enunciaría de la manera siguiente: el ser vivo percibe algunos elementos de su medio y se impregna a ellos según su equipamiento genético, según el estadio biológico de su desarrollo y según la historia que lo ha preparado para ello. El objeto de impronta trazado en él representa una forma privilegiada de su entorno. La inscripción del sujeto en su medio se efectúa así: cuando las huellas internas encuentran ese objeto externo, los comportamientos manifiestan el establecimiento del vínculo parental y, mucho más tarde, el establecimiento del vínculo sexual, como si la madre escribiera en el niño su futura sexualidad. Ese acontecimiento marca en el cerebro la aptitud para establecer un vínculo con un objeto exterior privilegiado.

El primer encuentro es el objeto materno, que inscribe la aptitud a la filiación: reacción de seguir, de imitar y de familiarizarse. Más tarde, los compañeros permitirán ejercer esa aptitud, gracias a los juegos socializadores y sexualizadores.[33] Mucho más tarde, esa marca orientará la elección del objeto sexual, la formación de la pareja y las consecuencias que ello acarree.

Queda por negociar el concepto de impronta, diferente para cada especie y para cada historia individual. La idea general propuesta es que la impronta organiza el vínculo: filiación y preferencia sexual.

«Ese concepto de período crítico tiene un contenido teórico muy fuerte.»[34] Si bien actualmente se emplean los términos «períodos sensibles» o «receptividad variable», se piensa que todo ser vivo atraviesa un período de su desarrollo en el que toda experiencia marca un efecto duradero. Esa impronta impone una restricción, en la que el medio induce un tipo de reacción. Se trata, pues, de una restricción de los potenciales biológicos. Pero la ausencia de impronta impide la organización de un desarrollo. La restricción de las libertades es aun más grande cuando no hay impronta, ya que el ser vivo sin impronta no puede inscribirse en su medio, no puede devenir.

Las experiencias de aislamiento social permiten defender esa idea. El animal observado es criado de la manera más natural del mundo hasta la aparición del período sensible, en que es aislado. Privado de estimulaciones sociales únicamente durante ese período, luego es reubicado en su grupo. Se observa entonces que esa privación de impronta desorganiza el desarrollo del animal, que ya no logra establecer un vínculo con su madre. Ya no la sigue, responde mal a sus llamados y no puede sincronizarse con su objeto de impronta. Se aísla y deja de desarrollarse. Se socializa mal, no juega con sus compañeros, los evita o los agrede. Cualquier acontecimiento desencadena en él una reacción inmediata de autoagresión.

El pequeño aislado no puede aprender el distanciamiento, la separación, la relativización que da el juego. En resumen, se toma todo en serio. Se pelea, se desespera y se aísla. No puede aprender a socializarse, a ejecutar los rituales de coordinación ni a realizar los juegos sexuales que, más tarde, le permitirán sincronizar su «deseo» con los de algún compañero.[35]

Cuando el animal recibe una impronta, incorporando el mundo exterior, aprende a percibir una categoría privilegiada, a orientarse hacia ella y a sincronizarse con ella. Cuando un ser vivo carece de impronta, el único objeto percibido sigue siendo él mismo: entonces orientará sus comportamientos hacia él mismo. A veces se trata de comportamientos de placer, como el balanceo, el resoplido o la masturbación. A veces orientará hacia él mismo toda emoción intensa. Un animal aislado se autoagrede, se muerde, se golpea la cabeza contra la pared en cuanto otro intenta establecer una relación con él.

Un breve aislamiento durante el período sensible basta para aumentar las autoagresiones.[36] La sensibilidad orgánica de ese período parece programada genéticamente, ya que es diferente para cada especie, pero esa programación del tiempo biológico no impide que la historia del animal y la influencia de su medio maticen esa receptividad. Así pues, los polluelos o los patitos criados en sobrepoblación son menos sensibles a la impronta parental: alcanza con reducir el espacio y colocar muchos polluelos, hermanos y hermanas, antes del período sensible. Se comprueba entonces que la impregnación a la madre se vuelve menos clara. El patito sigue e imita a sus compañeros, pero responde mal a la presencia materna. En cambio, los pajarillos criados en un medio pobre en estimulaciones recibirán una impronta parental muy fuerte: responden vivazmente a la menor información procedente de la madre.

Todo transcurre como si el organismo receptor ofreciera un único lugar para ocupar.

El final del período sensible plantea otro problema teórico importante. Antes de ese período, el animal está expuesto a una multitud de objetos posibles. Apenas recibe la impronta, se familiariza con ese objeto que constituye, a partir de entonces, un mundo estructurante para él: lo sigue, lo mira, lo escucha, lo resopla, lo imita y se calma con él. El beneficio inmediato para la cría es un aprendizaje particularmente fácil, pues está muy atento y receptivo a todo lo que proviene de ese objeto. El otro beneficio inmediato que de ello resulta es el efecto tranquilizador de ese objeto de impronta: todo lo que proviene de ese objeto es familiar, conocido, la cría sabe responder y adaptar sus comportamientos a él. De modo que todo lo que no proviene de ese objeto se vuelve inquietante, pues la cría no está organizada para responder a lo no familiar. Ello explica por qué antes del período sensible la cría no manifiesta ningún comportamiento de angustia: no pía, no tiene diarreas emotivas, puede orientarse hacia cualquier objeto estimulante. En cambio, después del período sensible, el pequeño se desarrolla en torno del objeto de impronta, pero, al hacerlo, se vuelve selectivo: distingue lo familiar de lo no familiar.

A partir de ese estadio del desarrollo, manifiesta comportamientos de angustia: emite gritos agudos, sufre palpitaciones y diarreas emotivas, corre en todas las direcciones o sufre una catalepsia. Esa flojedad muscular lo vuelve incapaz de estructurar su desarrollo en ausencia del objeto de impronta.

A partir del estadio de la impronta, la categorización del mundo se hace nítida: el pequeño se desarrolla en un mundo familiar, limitado y tranquilizador, mientras que se desorganiza en un mundo no familiar, abierto y angustiante.

Esa incorporación del objeto permite categorizar el mundo y, de alguna manera, conocer sus códigos. Cuando un ser vivo se familiariza con un objeto de impronta, se siente seguro y, por ende, se vuelve emprendedor. En ausencia de tal objeto, se vuelve temeroso y deja de explorar.

La impronta explica también las reacciones de pérdida tan diferentes según las especies. En los lobos, la impronta, intensa, precisa, se efectúa con un animal privilegiado, dominante, como el jefe de la manada o el hombre, y cualquier pérdida es catastrófica. Cuando el dominante desaparece, el mundo interno del lobo se vacía completamente, pues la impronta ha creado con ese dominante un apego exclusivo.

Los chacales tienen un período sensible mucho más largo. Los objetos de impronta son difusos. El animal se apega al grupo más que a un individuo. Cuando el dominante desaparece, hay numerosos sustitutos, lo que explica por qué las reacciones de pérdida de apego son moderadas en los chacales, mientras que pueden llevar a un lobo a dejarse morir.

Esta serie de observaciones permite esbozar la idea de que el miedo y la pérdida dependen del sujeto, mucho más que del objeto.[37] Un «razonamiento por evidencia» diría que el sujeto tiene miedo porque ese objeto es atemorizador, o bien que el sujeto sufre porque ha perdido el objeto de su amor. Un razonamiento etológico dice, por el contrario: el sujeto tiene miedo porque ha incorporado una categoría de objeto con la que se ha familiarizado y porque el otro objeto presente le es extraño.

De modo que estamos autorizados a decir que los sentimientos de miedo, de amor o de pérdida resultan de modificaciones internas del sujeto. Ya no es el objeto el que causa temor al sujeto, como en una reflexión surgida del modelo mecánico en que una causa provoca un efecto. Es el sujeto el que siente miedo por ese objeto que categoriza entre los objetos extraños, porque, años antes, incorporó la impronta de otra categoría de objetos con los que se ha familiarizado.

El miedo, el amor o la pérdida hacen que el sujeto se vuelva creativo y no reactivo, como habitualmente se cree: se volvió temeroso porque un perro lo asustó..., se hizo delincuente porque no tuvo afecto, etcétera.

Pero esa modificación endógena resulta de otra concepción de la biología: ya no se puede pensar a la biología como metabolismo dentro de un cuerpo aislado del mundo. Se trata ahora de metabolismos donde lo interno incorpora las presiones externas para crear una aptitud.

El receptor no es reactivo, es incorporador, y el objeto de impronta no es azaroso, como se creía. Para impregnar, debe provocar una impresión. Cuando el receptor está dispuesto a recibirla durante el período sensible, la impresión puede provenir de una movilidad que estimula al receptor y provoca una sensación de acontecimiento. A veces, en cambio, lo que crea la sensación de permanencia del objeto es la repetición: como está allí, cuando aparece el período sensible impregna al sujeto.

Cuando se crea una sensación de acontecimiento sensorial haciendo titilar débilmente una luz sobre un objeto inmóvil, el patito, atento, sensible a ese objeto significante que se destaca del fondo, se acurruca contra él, se tranquiliza y explora el mundo circundante. Desde ese momento, se inhibirá o se desesperará en presencia de cualquier otro objeto estimulante, pero no familiar.

Cada canal de comunicación propone sus objetos de impronta: objetos visuales como los rostros, los colores, las luminosidades; objetos olfativos, objetos táctiles, objetos de calor, de pesadez u objetos sonoros, como los llantos o las palabras.

En suma, se necesita que el objeto cause una impresión en un momento receptivo, para convertirse en objeto de impronta incorporado en el sujeto. A partir de entonces, el sujeto se vuelve capaz de inscribirse en su medio y de convertirse en individuo.

Esa estructura, «objeto de impronta-sujeto impregnado», toma la forma descriptible de una interacción y crea una biología cruzada que permite la inserción de un sujeto en su medio.

Los animales terminados al momento de nacer, aquéllos cuyo código genético prevé la detención del desarrollo no bien salen al mundo, son apenas impregnables. Viven en un mundo donde las presiones ecológicas se articulan perfectamente con la biología interna. El animal responde a los estímulos del medio y se familiariza con él, si no, muere. Para adaptarse, le basta con reaccionar a las informaciones. No las incorpora, no las hace suyas. No hay creación de estructura entre el animal y su mundo, hay simplemente una reacción a una estimulación. Las medusas procesan algunas informaciones elementales, como la luminosidad o la salinidad y adaptan a ellas sus respuestas conductuales: se orientan en un sentido o en otro, o se cierran más o menos según esos estímulos. La garrapata del perro aferrada a las ramas bajas abre sus pinzas apenas percibe una molécula de ácido butírico, lo que la hace caer sobre la piel del perro, cuyas glándulas sebáceas segregan dicho ácido. Esos seres vivos son partes del medio. Son influidos por significantes biológicos. Cuando la salinidad cambia bajo el efecto de una modificación ecológica, toda la población de medusas responderá a esa estimulación y, atraída por la salinidad, encallará en la costa y se secará.

Por el contrario, el patito, una vez que haya digerido su impronta y clasificado su mundo en objetos familiares y estimulaciones extrañas, podrá gobernar sus reacciones: podrá elegir refugiarse en el objeto familiar para huir del objeto de angustia. A partir de las aves, la impronta permite la interpretación biológica del medio. Aparece un comienzo de individualización: el patito, al estructurar su mundo, escapa un poco a la inmediatez de las estimulaciones biológicas.

La otra manera de alejar su mirada consiste en observar el devenir de esa impronta en el transcurso de la historia de una vida. En la década de 1950, Lorenz propuso que la impronta filial determina las preferencias sexuales.

Las primeras observaciones fueron anecdóticas, como suele ocurrir con las investigaciones semiológicas. Una cría de antílope aislada de sus congéneres durante la infancia fue alimentada por un hombre solo. La atracción hacia su amo, los comportamientos de alegría y las reacciones a seguirlo se manifestaron muy claramente. La impronta filial funcionaba como se había previsto. Unos años más tarde, cuando el antílope sintió sus primeros impulsos sexuales, rechazó las estimulaciones provenientes de sus congéneres para intentar cortejar a su amo.

Lorenz narra cómo, alimentando a una corneja con la mano, la había impregnado a un punto tal que, en la edad adulta, ese pequeño cuervo ignoró a sus compañeros y prefirió cortejar ante la mano de Lorenz. Todos los propietarios de loros podrían hacer este experimento y observar cómo su loro corteja, abre las plumas y se pasea delante de la mano del hombre que codicia sexualmente.

Un experimento famoso hizo que unos patos se hicieran homosexuales:[38] tan sólo se alimentó juntos a tres patos carolinos machos durante su período sensible. Cada uno se impregnó del otro y, cuando llegó la edad del cortejo, cada uno cortejó al otro y lo llevó al nido, intentando cubrirlo. Esa manipulación probaba que la impronta gobernaba la preferencia sexual: «Siete años después de la impronta, aún vivían juntos, a pesar de la presencia de numerosas hembras». Un gallo joven impregnado por un pato cortejaba a patas y las perseguía en el agua cuando llegó a la edad adulta. Una tórtola diamante manchada adoraba a un pato capuchino, una perra deseaba a una gata, un caballo se volvía loco de amor por un asno hembra: estas manipulaciones prueban que la impronta gobierna la preferencia sexual.

¡Esta es la explicación de nuestras perversiones sexuales!

Las ideas simples no son falsas. Simplemente, son simples. Pero no conozco ningún problema complejo que, si se plantea claramente, ¡no se vuelva aun más complejo!

Eso es lo que sucedió al fenómeno de la impronta: se hizo evidente que los patos carolinos homosexuales lo eran cada vez menos en cada temporada; que los gallos Leghorn no se sometían a esa ley biológica, que las cornejas terminaban por olvidar el objeto de su pasión en ciertas circunstancias. Finalmente, de experiencia en experiencia, se descubrió que la impronta filial no era irreversible y que la preferencia sexual cambiaba según la especie y las condiciones de impregnación.

De esta serie de aventuras, surge una sola ley general: todo organismo tiene receptividades variables, períodos más o menos sensibles a los acontecimientos del entorno. Esas receptividades permiten incorporar algunos objetos de impronta y establecer con ellos un vínculo afectivo. Ese vínculo gobierna un capítulo del desarrollo, organizando el mundo en torno a una categoría de objetos familiares y tranquilizadores, lo que, por contraste, distingue a los objetos extraños y angustiantes.

Para complicarlo todo, el objeto de impronta en un bebé es un adulto, ¡un ser que piensa además! Cuando el pequeño induce ciertos comportamientos parentales, el adulto percibe las estimulaciones del niño y piensa que las percibe. Esa reacción pensada modifica sus reacciones conductuales, que a su vez modifican las reacciones del niño.

Es una facultad muy sorprendente la de poder pensar en nuestros contenidos de pensamiento. Los animales, sin lugar a dudas, comprenden. Se representan el mundo bajo la forma de imágenes, de olores o de sonoridades: un mundo sin palabras. Pero ¿piensan en su manera de pensar? Se asombran ante una forma extraña, un olor interesante, o un movimiento inhabitual, pero ¿les interesa reflexionar sobre la manera en que se asombran?

Lo que caracteriza a la especie humana es su aptitud para hacer una semiología a distancia, es decir, para interpretar un sistema de signos que remite a algo que no está presente. En cambio, la semiología animal es inmediata. Un cordero provoca el comportamiento maternal de su madre que, al lamerlo, lo marca con su olor. De ese modo, los dos participantes inician la espiral interaccional del apego. Alcanza con interrumpir esa espiral, impidiendo la comunicación olfativa (o sonora, o táctil) para trastornar el apego.

Esa espiral biológica no es ajena a la especie humana, como se pudo observar en las interacciones tempranas, pero nuestra aptitud para la semiología lejana modifica en gran medida nuestro mundo perceptual.

Nuestra manera humana de pensar explica casi siempre nuestras conductas en términos de proyectos, de deseos y, sobre todo, de creencias. Las creencias que hoy organizan de manera más intensa nuestros destinos pueden clasificarse en creencias internas y externas.[39]

Los hombres que creen que su destino está regido por fuerzas externas se encuentran en la parte inferior de la escala social, donde ocupan puestos sometidos a la opinión de otros hombres, mientras que los que creen en un determinismo interno, en una elección íntima de sus proyectos de existencia, se encuentran en los puestos con responsabilidades, en historias de vida más libres, menos sometidas a las imposiciones sociales.

Introdujimos la noción de creencia interna y externa para observar las reacciones conductuales de las madres cuando oyen llorar a su bebé. Sabíamos que la estructura sonora del llanto del bebé transmite una emoción que provoca una reacción conductual materna.[40] Nos bastaba con formar dos poblaciones: una población de bebés con madres de creencias externas y otra población de bebés con madres de creencias internas. Cuando se producía el inevitable llanto, teníamos que observar las reacciones conductuales de las madres y analizar los aspectos «tocar al bebé» y «hablar al bebé».

Cuando un bebé lloraba, la «madre externa» manifestaba un largo tiempo de latencia antes de tocar al bebé (acariciar, dar palmaditas, tomar en brazos, dar el biberón, etc.). De ese modo producía muy pocas palabras dirigidas al bebé.

Por su parte, la población de «madres internas», las que creen en el determinismo íntimo de su destino, respondían mucho más rápido al llanto del bebé, lo tocaban más y, sobre todo, producían muchas más palabras.[41]

Nuestra manera de pensar modela nuestra manera de actuar y modifica el mundo perceptual del bebé: un bebé que vive en un medio donde se cree en los determinismos externos se desarrolla en un entorno sensorial frío, de bajo apoyo conductual, de pocas interacciones lingüísticas. Por el contrario, en el caso de un bebé nacido en un medio donde se cree en un determinismo interno, se piensa que las decisiones pueden gobernar las vidas, se cree en la libertad, se desarrolla un mundo sensorial cálido, en el cual la proximidad de los contactos, las estimulaciones auditivas, olfativas y táctiles estimulará los comportamientos y los metabolismos del bebé.[42]

El objeto de impronta, en el hombre, adquiere una forma sensorial que también depende de la manera como ese hombre piensa.

Este tipo de observación, que permite pensar que la semiología humana es lejana mientras que la semiología animal es cercana, también autoriza esta idea: el determinismo animal es de larga duración; el determinismo humano es de corto plazo.

La semiología humana es lejana porque la palabra transmite una emoción o un pensamiento que remite a un objeto ausente; la semiología animal, a su vez, necesita la proximidad del objeto para estimular la comunicación.

El determinismo animal, sometido entonces a una cadena de estimulaciones inmediatas, evoluciona hacia una catástrofe si falta un eslabón: alcanza con impedir un canal de comunicación entre la oveja y el cordero para destruir el apego de manera definitiva. En cambio, una madre separada de su bebé sufrirá ese impedimento sensorial, ese trastorno del establecimiento del vínculo, pero el simple hecho de pensarse como madre le permitirá titubear cuando retome al bebé en brazos y reanudar el vínculo sensorial, porque así lo habrá pensado. Las observaciones continuas revelan que toda separación trastorna las interacciones madre-hijo y que los reencuentros son difíciles. La madre suele ser intrusiva, o a veces, por el contrario, muy moderada, como molesta. El bebé, por lo general ávido de afecto, puede agredir o permanecer indiferente. En la mayoría de los casos, unas pocas horas, unos días o algunas semanas bastan para establecer nuevamente un vínculo armonioso.

De todos modos, esa separación introduce un período sensible, un período de vulnerabilidad en que pudo manifestarse cualquier tipo de tara. Por eso, en la población de los niños mártires, suele encontrarse un antecedente de larga separación.[43]

La mayoría de los niños reparan los traumas de la separación en unos días, pero cuando estos traumas perturban el sueño o crean trastornos alimentarios, la madre los interpreta y pueden, revelando una tara de su inconsciente, desencadenar una espiral de trastornos relacionales duraderos.

Quisiera ilustrar la sensibilidad genética con el ejemplo del lenguaje y la sensibilidad vital con el ejemplo del «síndrome de Estocolmo».

Nunca se ha visto a un bebé de tres meses hablar fluidamente una lengua, cantar la *Tosca* o criticar a Lacan. Necesita tiempo para desarrollar esas capacidades. Si hubiera que enseñar a los niños su lengua materna, hacerles repetir la fonética, recitar el vocabulario y explicar la sintaxis, los resultados serían malos. Sin embargo, el proceso lingüístico comienza en unos meses a una velocidad sorprendente. El niño habla su lengua sin haberla aprendido nunca.

Sea cual fuere su cultura, su medio, la aptitud para el lenguaje tiene la misma ontogénesis en todos los niños. Hacia el decimoquinto mes, todos los niños intentan la palabra; conocen su música antes de articularla correctamente. En el decimoctavo mes, aparecen las asociaciones de dos o tres palabras que designan una cosa, una calidad, un poseedor: «Ito-bero-ío» (= bonito sombrero mío). A los cuatro años, el niño habla fluidamente. En treinta meses, adquiere todos los secretos de su lengua. Conoce la música de ésta, las palabras y las frases que le permitirán hablar sin acento durante toda su vida, es decir, con el acento de su medio. En dos años, sabe utilizar las palabras, las expresiones, las perífrasis, las reglas y las excepciones a las reglas que su cultura ha desarrollado en varios siglos.

Esa aptitud particular para el lenguaje se sitúa entre el vigésimo y el trigésimo mes, cuando el niño realiza performances extraordinarias. Ese período superdotado se manifiesta siempre en el mismo lapso, sea cual fuere la lengua, asiática o europea, y sea cual fuere el medio de los padres, campesinos de Creuse o universitarios parisinos.

La aptitud para el lenguaje es igual en todos los niños del mundo, más allá de su color o su cultura. La ontogénesis de la lengua pasa por los mismos procesos de desarrollo. Pero las creencias parentales estimulan o lentifican el aprendizaje del niño. El día en que comienzan la escuela los niños de las «clases dirigentes» tienen actuaciones lingüísticas muy superiores a las de los niños de las «clases trabajadoras».

Esta asociación de observaciones autoriza a pensar que todos los seres humanos poseen un período sensible, biológico, genéticamente programado, que les permite adquirir una lengua en un momento preciso de su desarrollo. Pero algunas características del medio estimularán esa facultad, mientras que otras la obstaculizarán a un punto tal que, a igual capacidad, las realizaciones lingüísticas serán muy diferentes para cada niño.

La fuerza que permitió esa diferencia de actuación fue mediatizada por la expresión corporal de los adultos, sus gestos, sus reacciones, sus vocalizaciones, que modificaron la expresión material de sus pensamientos, bajo la forma de comunicaciones sensoriales.

Ese período sensible de la aptitud para el lenguaje depende de la maduración del cerebro de los niños. Es universal, puesto que forma parte del capital cromosómico humano, pero es muy influenciada por la historia del niño y las presiones del medio.

Así pues, se hallan, para el lenguaje, las mismas condiciones biológicas, psicológicas e interaccionales que para la impronta en los patitos. Pero el lenguaje no es la impronta en los patitos, porque los patitos no hablan. Es la ley general del encuentro entre un organismo sensible y un objeto de impronta poderoso que permite evocar una impronta humana.

No obstante, las manipulaciones experimentales que permitirían verificar esta hipótesis están moralmente prohibidas: habría que formar varios grupos de niños y privarlos del lenguaje durante veinte meses, en períodos variables de su desarrollo. Se podría tomar a cien niños y prohibir a los adultos que les hablen, desde el nacimiento hasta los dos años de edad. Otro grupo sería privado del lenguaje desde los doce meses hasta los tres años. Otro, de dos a cuatro años, etc. Luego, se observarían los trastornos provocados.

Ese método experimental es inaceptable, y sin embargo se intentó ponerlo en práctica. Psamético I, en Egipto, siete siglos antes de Jesucristo, hizo criar a recién nacidos por cabras. No se conoce el resultado de ese experimento. Pero en el siglo XII, el emperador Federico II, nieto de Barbarroja, compró algunos recién nacidos para confiarlos a guardias silenciosos. «A través de esa experiencia, quiso saber qué clase de lengua y qué idioma tendrían los niños que crecieran sin hablar con nadie. Y pidió a las sirvientas y a las nodrizas que dieran leche a los bebés, que los amamantaran, los bañaran y los asearan sin mimarlos de ninguna manera y sin hablarles, pues quería saber si hablarían hebreo, la primera de las lenguas, o griego, latín o árabe, o bien la primera lengua de sus padres. Pero su esfuerzo no tuvo resultados, pues, niños o bebés, todos murieron».[44]

El caso de niños salvajes es difícil de interpretar, pues no se conocen las causas de su abandono, ni sus condiciones de desarrollo. ¿Fueron abandonados porque eran retardados o son retardados porque fueron abandonados? Actualmente, este problema suscita menor interés porque los trastornos son demasiado masivos y no se los puede analizar metódicamente. Pero en India, Kamala, una niña descubierta a la edad de ocho años, cuando no sabía hablar, vivió diez años con un pastor.[45] Comprendía numerosas consignas, pero sólo pudo aprender a pronunciar algunas palabras.

La clínica puede reemplazar al método experimental y brindarnos algunas informaciones, si no rigurosas, al menos muy estimulantes. Isabel, criada hasta los seis años y medio por su madre sordomuda, en un aislamiento social total, hablaba muy bien después de dos años pasados en un centro de puericultura.

Los niños sordos, privados de lenguaje durante el período habitual de adquisición, luego de asistir a cursos especiales, siguen una evolución similar. El aprendizaje es trabajoso. El acento y la melodía de la frase siguen siendo caóticos, como cuando uno aprende tarde una lengua extranjera, pero, en general, la recuperación es posible… hasta la edad de 15 años.[46]

Cuando el lóbulo temporal izquierdo[47] fue dañado por un tumor o por un accidente, el lenguaje ya no puede articularse ni comprenderse. Se siguió de cerca la evolución de doce niños que habían sufrido ese daño a partir del momento en que perdieron el lenguaje y comenzaron su rehabilitación. Los más jóvenes recuperaron un lenguaje correcto en dos o tres años; los de ocho a diez años tuvieron una recuperación deficiente: el vocabulario era pobre y la sintaxis defectuosa, mal articulada. Después de los doce años, la recuperación fue mala.

Esta observación clínica confirma la idea de sensibilidad variable ante los acontecimientos, pero atenúa la impresión de rigidez que da la noción de período sensible en los animales. Añade la noción de plasticidad, fabulosa en el hombre: plasticidad del cerebro, que continúa hasta una edad avanzada, y plasticidad de la persona, que es modificable. En cuanto a la cultura, su plasticidad es tan grande que se podría decir que su único rasgo permanente es el cambio.

Sin embargo, un acontecimiento vital puede provocar nuevamente un período sensible.

Para reflexionar sobre esta idea, podemos remitirnos a la situación casi experimental que nos ofrece el llamado «síndrome de Estocolmo».[48]

El jueves 23 de agosto de 1970, las actividades en el banco de Crédito Sueco en Estocolmo se realizan según la rutina habitual. Pero a las 10.15, una ráfaga de ametralladora los deja estupefactos a todos: dos malhechores acaban de hacer un intento fallido de asalto. Habían sido identificados por la policía, que rodea el banco y dispara. Los dos malhechores acaban de provocar un proceso psicológico que se repetirá en otras tomas de rehenes.

En un primer momento, los rehenes aterrorizados observan al agresor que, en realidad, no los agrede. Los dos bandidos no despiertan mucho temor a pesar de las armas. Además, proponen un contrato muy tranquilizador: si los rehenes no se mueven, nadie les hará daño. La norma es simple.

La espera duró cinco días, durante los cuales esa pequeña comunidad de dos malhechores y cuatro víctimas debió compartir el territorio, los asientos, la comida y las necesidades íntimas. Durante cinco días y cuatro noches, las víctimas pudieron observar, conocer, descubrir a esos dos hombres sorprendentes. Pobres, valientes e incluso excepcionales, pues ellos al menos habían intentado salir del aletargamiento cotidiano. El motivo de su intento de robo era muy comprensible. Esos hombres inesperados ofrecían a las cuatro víctimas una sensación de acontecimiento, de ruptura y de descubrimiento.

El peligro venía de afuera. La policía hacía ruido con sus altoparlantes y los angustiaba con sus luces y sus amenazas.

La situación emotiva era clara: los rehenes descubrían el mundo extraño y estimulante de los malhechores, más bien simpáticos. Y esa pequeña comunidad se encontraba encerrada y amenazada por las fuerzas del orden. Desde el primer día, los rehenes habían tomado partido por los ladrones: «Ellos [la policía] ponen a todos en peligro con los disparos de sus armas sofisticadas… Tenemos plena confianza en estos dos hombres [los ladrones]», decían por teléfono. Un rehén llegó a decir, incluso: «Por suerte los ladrones nos protegen de la policía».

Al cabo del quinto día, cuando los malhechores rindieron las armas, los rehenes salieron primero para protegerlos e impedir que la policía hiciera más tonterías. En el juicio, se negaron a atestiguar contra sus secuestradores. Explicaron, incluso, el sentimiento de gratitud que sentían hacia esos dos hombres «que, a pesar de sus grandes dificultades, les habían respetado la vida». Una mujer, que había sido tomada como rehén, se divorció para casarse con uno de los malhechores. Lo más sorprendente es que el cambio de opinión y de emoción hacia ese grupo marginal aún es sentido por los ex rehenes que, 15 años después del acontecimiento brutal, siguen yendo a la cárcel a visitar a sus secuestradores.

Desde 1970, esa secuencia conductual y emocional se ha repetido numerosas veces. Tuve la ocasión de escuchar el testimonio de rehenes que me explicaron que, para que ese cambio brutal y duradero se produzca en los adultos, es necesario que el campo de fuerzas afectivas se organice de la misma manera con tres participantes: un grupo de rehenes súbitamente despersonalizados, un grupo de secuestradores cuya humanidad se descubre y un grupo de normalizadores que, al intentar restablecer el orden, se vuelve represivo.

En ese triángulo situacional, la cita urgente deja de tener sentido, al igual que el talonario de cheques en el bolsillo. El rehén se somete a todas las decisiones del secuestrador que puede matarlo por un movimiento de cabeza o un intento de ir al baño.

Esa sensación de la inminencia de la muerte provoca una pasmación emotiva total. Y en pocos segundos se organiza una etapa estable en la cual el rehén descubre a su dominante todopoderoso. Comienza entonces la interacción de las dos personalidades. No es necesario que el secuestrador sea brutal o incoherente; le alcanza con ser decidido y tranquilizador. Debe dar el código de supervivencia: «Si hacen eso, no les pasará nada». El dominado, cuya conciencia está totalmente cautivada por esa presencia, tiene entonces una impresión fuerte y tranquilizadora.

La hipervigilancia atenta del dominado crea las mejores condiciones para la receptividad de un acontecimiento. El dominante toma la función tranquilizante e impresionante que caracteriza al objeto de impronta.

Esta interpretación es confirmada por el relato de numerosos rehenes que dicen haber pensado constantemente en los secuestradores durante años. Los volvían a ver en imágenes durante el día. Y por la noche, los bandidos tranquilizadores aparecían en sus sueños.

En esa relación de impronta amorosa en la cual el impregnado piensa en el objeto, ese mundo cerrado, intenso y maravilloso en que cada uno se llena con el otro será destruido por la intervención de la policía perseguidora. Sin lugar a dudas, la sociedad siempre obstaculiza la historia de amor, introduciendo lo real y el código social.

El rehén piensa, desde entonces, que el peligro proviene de la policía y de la sociedad que ignora el contrato tranquilo que ha sellado con su secuestrador, pues se siente ligado a ese hombre emocionante, del que ha podido descubrir las motivaciones... humanitarias, ¡por supuesto! La tonta policía, las malvadas fuerzas del orden, la vida cotidiana represiva romperán el encanto: el peligro viene de afuera.

Cuando el secuestrador es brutal, impide el vínculo, provoca la retracción de la víctima que ya no trata de comprenderlo. Lo mismo sucede cuando es incoherente o enfermo mental. Esta situación de relación entre una víctima y su agresor es muy diferente del síndrome de Estocolmo.

Algunos rehenes se refugian en el sueño, la enfermedad, la diarrea emotiva o la pérdida de conocimiento. Otros no se dejan impregnar en absoluto. Pero, en general, lo que es sorprendente es la repetición de la misma secuencia.

Cuando el 19 de diciembre de 1985, en el palacio de justicia de Nantes, la Sala de lo Criminal fue tomada por tres malhechores, las víctimas también salieron en auxilio de sus secuestradores: «Confiábamos en ellos, tuvimos más miedo de la policía…». Una estudiante de derecho pidió al jefe de los secuestradores[49] que le autografiara su Código Penal; los abogados, enternecidos, conceden circunstancias atenuantes, citando a Albert Camus en *El hombre rebelde*: «El humor y la irrisión son el lujo de los desesperados».[50]

El barón Empain[51] narra con admiración cómo su secuestrador le rebanó el dedo meñique. Sin ningún conocimiento quirúrgico, encontró inmediatamente la articulación y cortó con un golpe seco, casi sin hacerle doler: ¡qué habilidad, qué sangre fría manifestó ese hombre del pueblo! En cambio, desde el comienzo de la historia, el barón se siente agredido por la policía que lo acosa con preguntas. Se siente despreciado por su mujer, que acaba de descubrir algunas irregularidades en su vida conyugal.

Las modificaciones provocadas por ese acontecimiento son duraderas. Años más tarde, las «víctimas» se agrupan en asociaciones para defender a los secuestradores, hacer conocer sus ideas, satisfacer sus necesidades o incluso… casarse con ellos. El embajador de Gran Bretaña, sir Geoffrey Jackson, se unió a los tupamaros, que lo habían secuestrado. Patricia Hearst, adolescente cuando la raptaron y, por ende, particularmente apta para la receptividad amorosa, se sumó al terrorismo de sus secuestradores y agredió a su propia familia.[52]

Esta serie de datos me permite ilustrar una idea: una emoción intensa puede crear un momento de gran receptividad ante un objeto de impronta. El receptor y el marcador pueden encontrarse y establecer juntos un vínculo afectivo.

Eso nos dicen los enamorados, en el momento del flechazo; los místicos, en el momento de su revelación, y las multitudes, en el momento de los sucesos extáticos.

Notas

1.   B. Roy, *Ameur, douleur, saveur. Le genre humain*, *Complexes*, núm. 13, diciembre de 1985; citado en P. Belzeaux, «Autour de l'amour», *Psychiatries*, núm. 7-8, 1987.

2.   H. F. Harlow, «Love created, love destroyed, love regained», en *Modèles animaux du comportement humain*, París, CNRS, núm. 198, diciembre de 1972.

3.   J. Bowlby, *L'attachement*, París, PUF, 1978, t. I, p. 314.

4. Actualmente se está elaborando una tesis sobre *Les amours enfantines* (Los amores infantiles) de ese período de latencia en que el sentimiento amoroso parece disociado de la pulsión genital para dar ese «sentimiento sin esperanza» del que hablaba Freud.

5. S. Moscovici, *La machine à faire des dieux*, París, Fayard, 1988.

6. Y. Poinso, Conferencia en el espacio Peiresc, Toulon, marzo de 1987.

7. S. De Mijolla-Mellor, «Le phénomène passion», en *La folie amoureuse, Dialogue*, núm. 2, 1987.

8. S. Kakar y J. Munder Ross, *Les pièges de l'amour érotique*, París, PUF, 1987.

9. P. Burney, *L'amour*, París, PUF, 1973. [*El amor*. Madrid, Oikos Tau, 1978.]

10. «En cuanto a las cosas que escribisteis, bueno es al hombre no tocar mujer... El que no es casado anda solícito en las cosas del Señor, por cómo agradar al Señor...», San Pablo, Primera carta a los Corintios, 50 dC.

11. J. Lafitte-Houssat, *Troubadours et cours d'amour*, París, PUF, 1971.

12. N. Elias, *La civilisation des mœurs*, París, Calmann-Lévy, 1977 (1ª ed. 1973).

13. Ph. Ariès y G. Duby, «L'Emergence de l'individu», en *Histoire de la vie privée, op. cit.*, t. II. [*Historia de la vida privada*. Madrid, Taurus, 1989.]

14. Vincent J.-D., 1986, *Biologie des passions*, París, Odile Jacob, 1986.

15. E. Sullerot, *Pour le meilleur et sans le pire*, París, Fayard, 1984.

16. L. Roussel, Presentación personal efectuada en el congreso del Club Europeo de la Salud, Bruselas, Pr. Sand, 1983.

17. A.-M. Alleon, O. Morvan y S. Lebovici, *Adolescence terminée, adolescence interminable*, París, PUF, 1983.

18. L. Henry, «La moralité infantile dans les familles nombreuses», *Population*, núm. 3, 1948, citado en O. Bourguignon, *Mort des enfants et structures familiales*, París, PUF, 1984.

19. Entrevista R. Frydman y E. Noel, en *Les ages de l'homme*, París, ESHEL, 1988, p. 52 y capítulo «La vida antes del nacimiento».

20. En los macacos, se pudo observar cómo el estrés materno provocaba un desorden vegetativo importante en el feto. La epidemiología humana nos enseña que los nacimientos prematuros y las muertes intrauterinas suelen ocurrir en las madres hiperactivas, trasplantadas o estresadas: ¡el útero no siempre es un paraíso!

21. Véanse los capítulos «La vida antes del nacimiento» y «Nacimiento del sentido».

22. S. Kakar y J. Mundler Ross, 1987, *op. cit.*

23. R. Spitz, *De la naissance à la parole. La première année de la vie*, PUF, 1968. [*El primer año de la vida del niño*. Madrid, Aguilar, 1993.]

24. M. Schwob, *De l'amour plein la tête*, París, Hachette, 1984.

25. E. Hartmann, *Biologie du rêve: incorporation des stimulis externes dans les rêves*, Dessart, 1970, p. 269.

26. A. Nisbett, *Konrad Lorenz*, París, Belfond, 1979.

27. Ibíd.

28. E. H. Hess, «Imprinting an effect on early experience», *Science*, núm. 130, 1959, pp. 133-141.

29. Toda modificación del período sensible modifica la forma del vínculo: los gatitos juegan de manera diferente, se acurrucan menos y responden mal a las solicitaciones de la madre. M. Ohayon, Y. Millet, M. Caulet, B. Cyrulnik y J.-C. Fady et al., *Attachment and Paradoxical Sleep: Effect of Antidepressant Drugs*, Congreso de neuropsicofarmacología, Múnich, agosto de 1988.

30. G. Chapouthier, «Des molécules pour la mémoire», *La Recherche*, núm. 192, octubre de 1987.

31. J.-P. Changeux, *L'homme neuronal*, París, Fayard, 1983. [*El hombre neuronal*. Madrid, Espasa Calpe, 1986.]

32. J.-J. Haw, Coloquio de gerontopsiquiatría, Marsella, 1980.

33. A. F. Petersen, P. Garrigues y G. de Roquefeuil, *Le jeu en tant que résolution de problémes chez l'amiral et l'enfant*, París, ESF, 1984.

34. F. Y. Doré, *L'apprentissage: une approche psycho-éthologique*, Montreal, Maloine, 1983.

35. R. P. Sackett, «Isolation rearing in monkeys», en *Modèles animaux du comportement humain*, París, CNRS, 1972.

36. J. Anderson y A. S. Chamove, «Early social experience and the development of self-agression in monkeys», *Biology of Behaviour*, núm. 10, 1985, pp.147-157.

37. F. Y. Doré, *op. cit.*

38. F. Schutz, Homosexualität und Prägung, *Enten. Psycho. Forsch.*, núm. 28, 1965 B, pp. 439-463.

39. N. Dubois, *La psychologie de contrôle*, Presses Universitaires de Grenoble, 1987.

40. Véase el capítulo «Nacimiento del sentido».

41. Observación inspirada por L. W. Sherman, «Developement of children's perceptions of internal locus of control. A cross sectional and longitudinal analysis», *Journal of Personality*, núm. 52, 1984, pp. 338-354.

42. La etología transcultural añade un enorme determinante cultural a esos pequeños gestos cotidianos, lo que en gran medida relativiza esa observación. H. Stork, *Enfances indiennes*, París, Le Centurion, 1989.

43. V. Fahlbert, *Attachment and Separation*, práctica 5, Londres, British Agence for Adoption and Fostering, 1981.

44. G. Duby, *L'Europe au Moyen Age*, París, Flammarion, 1979.

45. J. A. L. Singh y R. M. Zingg, *L'homme en friche*, Bruselas, Complexe, 1980.

46. J. Vetter, *Langage et maladies mentales*, París, ESF, 1972, p. 54.

47. H. Hecaen, «Le cerveau et le langage», en *La recherche en neurologie*, París, Seuil, 1977.

48. T. Bigot y S. J. Bornstein, «Schème paradoxal de comportement lors de prises d'otages (syndrome de Stockholm)», *Annales de psychiatrie*, vol. 3, núm. 3, 1988.

49. Presentación personal: Pr. Besançon, en el coloquio *L'agressivité*, París, 1988.

50. A. Logeart, en *Le Monde*, 27 de febrero de 1985.

51. Barón Empain, *La vie en jeu*, J.-C. Lattès, 1985.

52. N. Skurnik, «Le syndrome de Stockholm (Essai d'étude de ses critères)», *Annales Med. Psycho.*, núm. 1-2, 1988.

8

Cómo formar una pareja

La etología debe mucho a los peces.

El picón, pequeño pez de agua dulce, de dorso espinoso, tuvo un importante papel en el estudio de los comportamientos de corte porque se pone colorado en el momento del desove. Apenas termina su nido de hierbas, el macho comienza a «bailar». Una hembra que pasa por allí lo encuentra muy seductor porque sus secreciones hormonales la han vuelto sensible a las informaciones de color y de movimiento. Como hipnotizada, sigue al macho y se deja conducir al nido. Allí, el macho danzarín pasa bajo el abdomen de la hembra hasta que salen los huevos de ella. Los riega inmediatamente con su esperma. Después de la tercera hembra, el macho agotado se calma y comienza a «ventilar» los huevos moviendo suavemente sus aletas pectorales.[1]

No voy a describirles la parada nupcial del bómbice de la morera que podrán encontrar en cualquier manual de ciencias naturales.[2] Ese cortejo permite ilustrar la fuerza del sexo: apenas el macho percibe la diez mil millonésima parte de una molécula de olor de hembra, oscila como un radar, antes de poner rumbo hacia la hembra que ha emitido su olor a varios kilómetros de allí.

Los cortejos nupciales de los insectos son fascinantes. La ventaja de las luciérnagas es que nos permiten plantear un problema neurológico y epistemológico a la vez. Las hembras tienen un abdomen que segrega una sustancia fluorescente llamada *luciferina*. Cuando la maduración neurológica de la hembra y las condiciones ecológicas hacen que esté madura para el encuentro sexual, su cerebro segrega una enzima, la luciferasa, que al oxidar la luciferina, la vuelve fosforescente. La cabeza de los machos está constituida esencialmente por enormes ojos cuyas facetas son muy sensibles a la longitud de onda emitida por esa luciferina fosforescente. Nada los estimula más que esa longitud de onda que posee para ellos un inmenso valor «erótico».

Los comportamientos que se pueden observar durante el cortejo sexual constituyen una excelente referencia de la organización del sistema nervioso. Esos comportamientos de cortejo permiten comprender cuáles son las aptitudes naturales del ser vivo observado. Se podría decir también: dígame cómo corteja, le diré cómo está hecho usted.

Desde esa perspectiva, podemos describir la parada nupcial en el bacalao, a menos que prefieran la de la trucha o la de la farra, o la de los sapos. En este último caso, el macho croa y balancea la cabeza con una intensidad y un ritmo que hipnotizan a la hembra. Entonces puede trepar por el dorso de la hembra, gracias a las callosidades que crecen en sus dedos.

En este sobrevuelo sexual a través de las especies, comprobamos la sorprendente necesidad de una parada nupcial, incluso en aquellas especies en que la fecundación es externa, incluso en los hermafroditas, como los caracoles, que llevan los dos sexos y, de todos modos, se cortejan.

Se puede pensar que la función biológica de la parada nupcial consiste en preparar los cuerpos y sincronizar los deseos. Las serpientes preparan ese estado mediante informaciones sensoriales, colores, calor y posturas, que hipnotizan a un congénere receptivo. La cobra real macho se enrosca alrededor de la hembra y frota su cabeza contra ella hasta el momento en que, estimulada suficientemente, adopta la postura que expone su cloaca. La cobra macho introduce entonces en ella un semipene.

En la chinche (*Cimex lectularius*),[3] el macho perfora el caparazón dorsal de la hembra para inyectarle su esperma que llegará hasta el útero por vía sanguínea. Esa brutalidad sexual es inútil puesto que la hembra posee una vagina. Sin embargo, no se utilizará nunca.

El catálogo de los comportamientos sexuales en los insectos y los vertebrados inferiores es profuso y propone una variedad insospechada de sexualidades posibles que adoptan formas increíbles.

Los cortejos sexuales son tan variados como las maneras de vivir. Las serpientes se atraen por el calor y se excitan por el tacto.[4] El equipamiento neurológico de las serpientes las hace muy sensibles a la menor variación de temperatura, y su modo de existencia consiste justamente en escarbar, hundir la cabeza bajo tierra o bajo el agua para tocar, sentir, «palpar» con la cabeza; de modo que cortejan con la cabeza.

Las lagartijas, en cambio, viven sobre la tierra. Su cerebro es muy sensible a los colores y a los cambios de velocidad. La comunicación sensorial más utilizada durante su cortejo es el aspecto coloreado de los machos y la huida de las hembras.

El sistema nervioso de las aves las hace particularmente aptas para percibir informaciones sonoras, visuales y posturales. Así pues, se sincronizarán sexualmente a través de los cantos, los colores del plumaje y las danzas.

A partir de ese programa común de comportamientos (sonidos, colores y movimientos), las puestas en escena son numerosas. El pato mandarín despliega un ala, luego la otra. Gira alrededor de la hembra deseada mostrándole su espléndido triángulo de plumas naranja, íntimas, por lo general ocultas debajo del ala.

Se trata de una verdadera «conversación» biológica en la que los objetos informadores no son palabras, sino formas, sonoridades, colores y posturas, a las que el compañero puede «responder».

Mucho antes de la aparición de la palabra, existe en el mundo vivo una semiótica muy importante.

En los comportamientos de corte, las ofrendas alimentarias son muy frecuentes. Así, al igual que muchos paseantes en la isla de Porquerolles, pude asistir al nacimiento del símbolo a partir de un comportamiento biológico. ¡Tuve la oportunidad de fotografiar a un pez-significante! El charrán suele ser llamado «gaviota pequeña»; en realidad, se trata de una golondrina de mar: fina cola de milano blanca y cabeza encapuchada de negro desde los primeros días cálidos. Hacia el mes de mayo, cuando el macho está motivado para la sexualidad, atrapa un pez y se precipita hacia una hembra, que huye gritando. Tras varios intentos infructuosos, la parada del macho, sus gritos, sus movimientos, la emoción provocada por sus posturas y amplificada por el pez, terminan por estimular sexualmente a la hembra. «Tímidamente» al principio, ésta toca al pez que está en el pico del macho, luego lo toma. Si lo traga, significa que considera a ese pez como un pez-pez, como un alimento, y el macho es despreciado. Pero si toma el pez y lo sostiene de través con el pico, significa que le atribuye una función que ya no es alimentaria: se convierte en un pez-significante. Cuando adopta la postura de cabeza hacia abajo con el pez de través en el pico, la hembra significa; traslada a signos materiales un mensaje que remite a su disposición interna. Informa al macho que puede pasar a la secuencia siguiente. Apenas percibe ese signo, el macho achica los círculos alrededor de la hembra y se prepara para montarla.

La adquisición de esa significación, la atribución de una función sexual a un objeto alimentario, permite asistir al nacimiento del símbolo. Ese pez alimentario se ha cargado de una significación sexual. La atribución de sentido proviene de la historia común de dos animales que inevitablemente aprendieron, en la infancia, a recibir un pez de sus padres. Ese pez se ha vuelto polisémico; la historia y el contexto lo han cargado de varios sentidos. Puede significar: «Esto es un alimento». Pero también puede querer decir: «Este alimento te es ofrecido por un ser de apego. Esa ofrenda impide toda emoción agresiva. Si la tomo de través con el pico, poniendo la cabeza hacia abajo para no causarte temor, ese pez, en ese contexto postural "quiere decir" que estamos preparados para intercambiar afecto, proximidad, contactos físicos, como hacían nuestros padres cuando nos traían un pez al nido». Un objeto real se ha cargado de un sentido que proviene de la historia de dos animales.

La semiótica de los cuclillos utiliza lagartijas. El macho sostiene una lagartija con el pico, pero la cultura de los cuclillos dice que debe darlo a la hembra sólo después del acoplamiento.

Muchos objetos como piedras, hierbas, maderitas o incluso regurgitaciones alimentarias se utilizan para significar a un compañero la disposición al encuentro sexual.

En los trigales de Porquerolles o en las pilas de residuos de Toulon, las gaviotas hembras toman la iniciativa de la parada. Para acercarse al macho deseado, adoptan la postura de los pequeños; inclinan la cabeza acurrucándose y emiten grititos sobreagudos, análogos a los gritos de reclamo de alimento. El macho, encantado, regurgita alimentos y sostiene con el pico un trozo de pez predigerido. Ese hermoso gesto significa que la hembra puede acercarse aun más y adoptar la postura sexual.

Los objetos se cargan de sentido. El animal ya no los trata como objetos físicos cuyo peso, volumen, calor y color contienen informaciones únicas. Esos objetos se convierten en portadores de una función significante. Pero para adquirir un valor semiótico, debieron llegar a la historia común de ambos compañeros y dejar una huella en sus estructuras cerebrales.

Cuando un martín pescador ofrece un trozo de plástico de color a una hembra, lo que la erotiza no es el plástico, sino el color vivo, que la estimula. Ese despertar de un placer biológico permitirá su sincronización con el «deseo» del macho ya preparado. Sin embargo, el macho no puede estimularla con cualquier cosa: sólo los objetos asociables a una emoción agradable podrán adquirir ese valor erótico. El atractivo de esa estimulación se basa en una estimulación neurológica (color, olor) y en una estimulación histórica, recuerdo de un pez o de un lagarto ofrecido por un ser de apego.

La historia se une a la neurología para crear sentido.

¿Por qué el otro tiene que «tener algo», por qué tiene que suscitar en nosotros una impresión de encanto, un placer, cuando lo escuchamos, lo sentimos? La seducción pasa por un canal sensorial: los ojos, los oídos, la nariz. Esos canales de seducción sensorial constituyen una semiótica del cuerpo que utiliza el hombre.

Cuando observamos en nuestra historia la cantidad increíble de dinero, de tiempo y de técnicas que se dedican al maquillaje, la ropa y las joyas, nos decimos que todos esos esfuerzos bien deben tener un sentido, cumplir una función.

Los ornamentos fugaces como el maquillaje, el polvo en las mejillas o la pintura en los labios, permiten modificar rápidamente nuestra apariencia emocional. El cambio de ropa, ponerse joyas y perfumarse antes de salir revelan nuestra intención de provocar en los otros una emoción diferente… «esta noche». El juego sexual y social cambia de forma: ya no se trata de vestirse como en el trabajo, ahora hay que adornarse para dar otra imagen de uno mismo. Esos preparativos son fugaces pues con el encanto del perfume evaporado, el vestido arrugado y el maquillaje descuidado, la pompa de ese contrato social habrá durado unas pocas horas.

Otros ornamentos como el cabello, el vello del rostro, los taparrabos, los cinturones, los pendientes o los broches permiten una decoración más duradera. La estabilidad de esos objetos orienta su función semiótica hacia una socialización más duradera.

La semiótica del pelo siempre ha sido politizada.

Cada cambio en el pelo significa un cambio de socialización. Cuando alguien se deja crecer el pelo en una época en que es mejor visto llevarlo corto, mediante ese discurso capilar significa su intención de oponerse al orden establecido. Por ello, la Iglesia siempre reaccionó con vehemencia ante los cambios en el largo del pelo. Sobre todo porque el pelo también remite a la sexualidad. Un cabello natural significaría, para las mujeres, un cabello muy largo, de la cabeza a las pantorrillas, mientras que en los hombres se observaría un hirsutismo difuso alrededor del rostro, sobre los hombros y el cuerpo. Ninguna cultura ha permitido que se desarrolle esa tendencia natural. El cabello siempre ha sido codificado, sexualizado y socializado. De un primer vistazo, el sexo del otro debe quedar claro. Y, dado que no queda bien mostrar los órganos genitales, como hacen los mamíferos y los niños preverbales, tenemos que mostrar un sustituto, una ropa o un peinado que se refiera a nuestro sexo anatómico cuidadosamente camuflado.

Nuestros cabellos aculturados, nuestros peinados significantes codifican nuestras comunicaciones para socializarnos. Si me afeito las partes laterales del cráneo y me tiño de violeta el cabello que queda en el medio, significo, mediante ese peinado, que deseo integrarme en un grupo minoritario de preferencia contracultural.

Napoleón III no se equivocó cuando prohibió la barba, pues los hombres que se dejaban la barba sin recortar de 1850 a 1870 significaban que se oponían a los que se dejaban una pequeña barba y patillas, los «pequeños napoleónicos». Jules Vallès fue encarcelado a causa de ese mensaje capilar.

En la Edad Media cristiana, el cabello natural y suelto de las mujeres significaba que dejaban expresar su naturaleza sexual, su feminidad espontánea, sus pelos animales, como los de su pubis. La sociedad de esa época entendió perfectamente el mensaje y lo interpretó como una expresión de la tentación del diablo; por eso se obligó a las mujeres a ocultar el cabello debajo de cofias y tocas. En la época de Elizabeth, se reemplazó ese significante bestial con un sustituto cultivado: la peluca. El cabello se volvía sublime y, por ende, expresable en términos aceptados por el grupo.

La evolución cultural transformó esa peluca en un supersigno que, bajo Luis XIV, adquirió un valor social. Cuanto más imponente era, mayor era la fortuna del que la llevaba, pues sólo los hombres ricos podían pagarse un «macaroni» de 50 centímetros (80 centímetros para la mujer de un hombre rico).[5]

Cuando los ornamentos se vuelven permanentes como las cicatrices cutáneas, los dientes limados, los cuellos alargados o como las mutilaciones rituales (circuncisiones, cortes peneanos, clitoridectomías) revelan un orden social rígido.[6] La mutilación ritual permite la integración social. Prohibir esas mutilaciones imponiendo una ley occidental equivaldría a privar a esos individuos de su seducción sexual y a disminuirlos. En tal caso sería mejor intentar modificar la cultura del grupo, proponiendo otro modo de integración sexual, como un sacrificio de dinero o una prueba iniciática.[7]

La historia del cabello narra en términos de objetos humanos, técnicas y reglas, lo que los animales ya nos habían hecho comprender sobre la función sexual y social del pelo y de la pluma.

El cuerpo y su vestimenta constituyen excelentes pancartas sexuales y sociales. Los sombreros y los zapatos permiten saber rápidamente de qué manera una mujer erotiza: el sombrero recargado de una dama que lleva guantes largos, la pañoleta rústica de una joven de manos coloradas o el gorro de montaña de una mujer con botas permiten prever sexualidades diferentes.

Los hombres señalan su sexo y su estatus social de la misma manera. El taparrabos de los indígenas de Nueva Guinea designa eficazmente el estatus social del que lo porta. Alcanza con ponerse un tubo de 50 centímetros adecuadamente orientado hacia adelante, gracias a una delgada cinta de fibras vegetales anudadas alrededor de la cintura, simple y discreto para los días de semana, un poco más recargado para los días de fiesta en que la funda, en forma de tirabuzón y de muchos colores, expresará una clara intención.

Los europeos no hacen algo muy diferente: los cuadros de Brueghel muestran braguetas decoradas y abotonadas donde se pueden poner monedas. Ese lugar de la vestimenta ha dado sentido a las «bolsas», término que remite a una noción sexual y social a la vez. Recientemente, los jóvenes acostumbraban poner agua lavandina en ese lugar de los vaqueros para destacarlo, decolorándolo.

El taparrabos o la bragueta decolorada no tienen un gran valor libidinal, pero esos signos de la vestimenta permiten saber de qué manera habrá que erotizar con ese compañero.

Los gestos y los ritmos conductuales participan en la sincronización social.

Tras la Segunda Guerra Mundial, en la década de 1950, los soldados estadounidenses resultaban muy atractivos para las jóvenes europeas. Sin embargo, los encuentros íntimos no eran tan frecuentes como podrían haber hecho suponer los juegos sexuales, pues las secuencias de comportamientos de seducción, distintos en cada continente, provocaban numerosos contrasentidos conductuales.[8]

El «flirt» había invadido Europa, pues en Estados Unidos fácilmente se puede besar a una mujer en la boca después de una mirada, una sonrisa o algunas palabras. Allí, el beso en la boca no significa necesariamente que la mujer aceptará el encuentro íntimo, mientras que en Europa el acceso a la boca es una etapa interaccional mucho más tardía en el juego de seducción. El beso íntimo significa una promesa. De modo que las jóvenes europeas, aunque seducidas por los soldados estadounidenses, los consideraban brutales. Interpretaban esa precocidad del beso como un comportamiento de desvalorización. Molestas, los rechazaban, y ese código conductual del cortejo sexual, esa sincronización de los tiempos de corte, diferente en cada cultura, explica en parte el número reducido de matrimonios entre estadounidenses y continentales a pesar de la atracción mutua que sentían.

La ropa, los gestos, la mímica y los ornamentos del cuerpo participan en la corte como una pancarta en la que estarían escritas informaciones sobre el estilo sexual y la categoría social del cortesano. Esa pancarta etológica del encuentro sexual explica por qué la elección del compañero debe tan poco al azar o, más bien, por qué el azar del encuentro sólo existe dentro de un conjunto muy pequeño de elecciones posibles, «el grupo de los elegibles».[9]

Para llegar a esa pancarta etológica, primero debemos experimentar las imposiciones ecológicas. La aldea constituyó durante mucho tiempo el espacio geográfico donde debían producirse los encuentros. La parroquia en el siglo XIX, la ciudad en el siglo XX, la orientación profesional y social de algunos barrios, el desarrollo moderno de los transportes marcaron culturalmente ese espacio geográfico.

Cuanto más elevado es el estatus económico, más tarde se forman las parejas. En las poblaciones obreras, las parejas se forman a temprana edad. En los grupos en que se tarda mucho en adquirir una autonomía social, los compañeros tardan mucho tiempo en encontrarse. Esas imposiciones sociales están exhibidas en las pancartas etológicas de la ropa, el cabello, los gestos, como el besar la mano, la manera de presentarse, la elección del vocabulario, las citas o frases emblemáticas: «Eso me interpela de alguna manera». Esas imposiciones ecológicas gobiernan la formación de parejas. Las personas se encuentran en los barrios o en lugares significantes. Los barrios pobres, las calles ricas, las discotecas selectas, los restaurantes distinguidos, los lugares deportivos, artísticos o políticos permiten el encuentro de quienes conciben una misma manera de vivir. Frecuentar esos lugares significa aumentar la probabilidad de encontrar al compañero que sueña con el mismo proyecto de existencia.

A partir de ese nivel conductual y ecológico, vemos aparecer la homogamia, la búsqueda de alguien similar, la atracción por el espejo. En ese espejo, lo que uno ve es a uno mismo pero del otro sexo.

De ese conjunto de imposiciones físicas, intelectuales y sociales resulta una elección de compañero extremadamente determinada. Si se tienen en cuenta únicamente características físicas, se descubre que las personas se encuentran según dimensiones comparables: los altos con las altas, los bajos con las bajas.[10] Color comparable también: los morenos con las morenas, los rubios con las rubias.

No debemos olvidar que razonamos en términos poblacionales: todos conocemos a alguna mujer baja que se casó con un alto, a una rubia que se casó con un moreno. Esos casos minoritarios plantean un problema de psicología individual que no se vincula con un razonamiento «poblacional».

En cambio, se ha podido comprobar que los sordomudos se casan entre ellos, al igual que los sordos, o los ciegos. Esas atracciones físicas crean valores diferentes. Los ciegos consideran que vale la pena el hecho de tener hijos, aunque sean no videntes, mientras que los videntes tienden a optar por el aborto cuando en el diagnóstico prenatal se descubre un gen portador del carácter no vidente.

Algunos caracteres son más selectivos que otros: la inteligencia y el diploma poseen más valor de atracción sexual que el color de la piel. En los barrios donde se mezclan las poblaciones y las religiones, se observa una proporción considerable de matrimonios mixtos, negros-blancos, judíos-católicos, pero casi nunca se hallan QI[11] altos que se casan con QI bajos.[12] Lo cual significa que nuestras características intelectuales poseen un papel selectivo mayor que nuestros rasgos físicos porque nuestros proyectos de existencia se expresan mejor en nuestra manera de pensar.

Llega el momento muy poco social en que esa mujer y ese hombre se encuentran cara a cara. La civilización se esfuma para dejar lugar a lo que quisiera llamar la hipótesis estética.[13] La importancia del sentimiento de belleza en el mundo vivo plantea un problema de fondo: ¿cuál es la función de lo bello?

¿La trucha tiene un sentimiento de belleza hacia el moscardón que se traga? Conocemos poco lo que experimenta una trucha emocionada por un moscardón, pero nada nos impide observar el comportamiento de esa trucha estimulada por el señuelo del pescador: una pluma que evoca un supermoscardón. La eficacia de ese señuelo reside en su poder estimulante. Se debe admitir que las informaciones sensoriales del señuelo sólo son estimulantes para la trucha, porque este animal es particularmente receptivo a aquél. El señuelo posee su poder, porque la trucha es muy sensible a ese tipo de información (color, movimiento, reflejos). En el lenguaje actual diríamos que los procesos cognitivos de la trucha la vuelven apta para procesar esa información. En resumen, nada es más natural que el señuelo.

Resulta muy sorprendente ver hasta qué punto las mujeres saben transformarse en señuelos para los hombres. Saben destacar algunos lugares significantes de su cuerpo, alzar los pechos, cubrir las caderas con una tela que subrayará sus movimientos, dibujarse los labios, pintarse los párpados. Ese programa sexual mínimo es una constante que se halla en todas las culturas. El maquillaje de Cleopatra era exactamente igual al de las mujeres de hoy: azul en los párpados, rojo en los labios y polvo en las mejillas.

La estética tiene el poder de provocar una emoción agradable. Ese sentimiento de belleza caracteriza a un grupo de pertenencia. La mujer africana civilizada se perfora la nariz para aparecer bella. Piensa que las mujeres occidentales que conservan su nariz obstruida por un cartílago entero son incapaces de elevarse por encima de las leyes de la naturaleza: no se han cultivado puesto que conservaron su nariz natural.

Las mujeres son atraídas por el modo de vida, mientras que los hombres son atraídos por el físico de una mujer. Y nadie se equivoca, pues una mujer que desea volverse atractiva se cuida el cuerpo y se complace en volverlo deseable; por su parte un hombre que desea colocarse en el mercado de los afectos, saca a relucir su hermoso automóvil y expone sus signos de éxito social. La pancarta etológica funciona muy bien en este caso.

El teatro, el cine, la novela y la danza contribuyen a esa vertiente emocional de la estética. Los países con una importante tradición oral o religiosa, donde los mitos son narrados y danzados a diario no necesitan novelistas ni puestas en escena ya que el mito es cotidiano. Esa creación novelada sólo aparece en las culturas con pocos mitos, como si hubiera que poner en palabras y en escenas los problemas que suscitan nuestras más fuertes emociones.

La moda, por su parte, tiene la función de estetizar la firma del grupo social.[14] Espejo social, marca de reconocimiento, producción de sentido, funciona como un signo que permite a los individuos de la misma cultura seducirse entre ellos. Los signos de indumentaria, casi lingüísticos, participan en las presiones selectivas que, al transmitir emociones estéticas, permiten a los individuos de una misma cultura reconocerse y gustarse.

No se puede hacer el amor con cualquiera, pero apenas los signos sociales hayan permitido el encuentro, habrá que sincronizar bien las emociones y permitir ese trabajo absolutamente biológico de las modificaciones del tono de los esfínteres, las presiones intracavernosas, las lubricaciones, los pistones, las compresiones y los tapones que caracterizan el desenlace sexual, sea cual fuere la cultura del mamífero considerado.

Toda una parte de la biología está desprovista de sentido porque escapa a nuestros sentidos: ¿cómo equilibrar nuestros laberintos, abrir los receptores de los cuerpos esponjosos del pene o las secreciones lubricadoras de la vagina? Pero apenas accede a nuestros sentidos, la biología cobra sentido. Esos comportamientos, esos gestos, esas pinturas del cuerpo se utilizan como signos para despertar la sensorialidad y comunicar una emoción.

Pude conocer bien a «Flo», la vieja chimpancé hembra dominante anteriormente mencionada.[15] En mi calidad de hombre, la encontraba definitivamente fea. No sólo la calvicie le dejaba descubierta la mitad del cráneo sino que, además, los pelos de los laterales, escasos e hirsutos, se erguían en su frente formando una corona estúpida. Dientes marrones y negros, un labio superior muy largo, un gran vientre, blandas ampulosidades en las nalgas y, por decirlo de algún modo, sin pechos. Pero ¡los chimpancés machos la adoraban!

Su pancarta etológica despertaba una sensorialidad perfectamente comunicante. Sabía sincronizar sus posturas, sus vocalizaciones con las de los machos motivados, pero inquietos; sabía cómo mantener distante a un joven macho púber impetuoso, aún mal socializado; sabía calmar y estimular al macho socialmente conveniente pero emotivamente inestable.[16]

Esas hembras dominantes logran dirigir el comportamiento de sus cortesanos y hacerles expresar el tipo de sexualidad que les gusta. Algunas hembras de temperamento intimista se acercan al macho deseado y le exponen las callosidades de sus nalgas rosadas e hinchadas. El macho seducido tiene una erección. Entonces la hembra camina hacia atrás y se sienta sobre él, pero muy rápidamente, se levanta y se aleja. El macho provocado la sigue, ella se sienta sobre él, se va, él la sigue y, finalmente, la pareja desaparece entre los arbustos para volver sólo uno o dos días más tarde.

Otras hembras son menos selectivas. Cuando están motivadas por la sexualidad solicitan a cualquier macho que esté cerca y, por lo general, se aparean sucesivamente con todos los candidatos.

La hembra es la que induce el estilo de relación sexual: las hembras intimistas repiten con cada compañero el mismo cortejo sexual, y las hembras sociables nunca llegan a ser intimistas. En cambio, un mismo macho, íntimo con una hembra íntima, puede aparearse en público con una hembra sociable.

En los encuentros amorosos humanos, los amantes nunca dicen lo que sienten, o más bien, nunca lo dicen con palabras. Aún sigue siendo muy raro que una muchacha se acerque a un joven que no conoce y le diga: «Me gustas, ¿deseas penetrarme?». La seductora no puede verbalizar su emoción íntima porque las palabras tienen un gran poder de amplificación emotiva. Ello explica que nuestra seductora comunique su emoción a través de algunas señales del cuerpo. Decir esa emoción con palabras provocaría tal conmoción que no podría controlar la comunicación. El habla sin cuerpo sería demasiado brutal.

En el «lenguaje silencioso»,[17] los signos no verbales expresan una comunicación sensorial inmediata; facilitan y transmiten la emoción en el contexto en el cual se desarrolla. Por su parte, el lenguaje verbal permite más bien transmitir informaciones sobre un mundo ausente, emociones pasadas o futuras.

El análisis etológico del cara a cara muestra cómo el lenguaje no verbal sincroniza nuestros deseos mucho mejor que nuestras palabras. Suelo proyectar a los estudiantes dos diapositivas del rostro de una hermosa mujer.[18] El fotógrafo retocó una: agrandó las pupilas con un pincel negro. Soy el único que sabe cuál de las dos fotos fue retocada. Digo: «El autor fotografió el rostro de una mujer en el momento en que desea tener relaciones sexuales y en otro momento en que no lo desea. ¿Pueden señalar la fotografía tomada en el momento en que desea tener relaciones sexuales?»

Los resultados son contundentes: las tres cuartas partes de los estudiantes votan por la fotografía en que las pupilas fueron dilatadas artificialmente. Esa midriasis claramente percibida transmite, de manera no consciente, una emoción de calor sexual. Los estudiantes no se equivocan, ni los hombres ni las mujeres. Pero nadie sabe decir por qué un rostro es más sexual que otro.

Esa información biológica, esa dilatación de pupilas, se explica por la secreción de un neuromediador atropínico provocada por la emoción sexual. El cortejante percibe esa señal y la interpreta de manera no consciente pero perfectamente adecuada: «¡Está todo bien!».

El espacio entre los dos compañeros ahora puede reducirse y permitir la puesta en juego de otros canales de comunicación: el olfato y el tacto.

Se sabe que, desde el nacimiento, las niñas son más acariciadas que los bebés varones. Esa diferencia se profundiza con el desarrollo. Las madres acarician más a las niñas que a los niños, y los padres hacen lo mismo. Los niños también sexualizan la manera de acariciar a sus padres.[19] Las niñas acarician mucho a la madre y muy poco al padre. Los varones, en general, acarician menos: tocan discretamente las zonas menos sexualizadas del cuerpo de su madre (hombros, antebrazos) y, al hacerse más grandes, tocan cada vez menos al padre.

Si se fabricara un muñeco-caricia medio, y una muñeca-caricia media, y si pintáramos una mancha correspondiente a cada caricia, veríamos aparecer en unos años una coloración muy diferente. Las muñecas, cubiertas de manchas de pintura, habrían sido tocadas, acariciadas, besadas en todos los lugares del cuerpo, revelando zonas de gran circulación pública y otra menos frecuentadas, pues son más íntimas. En cambio, los muñecos tendrían zonas coloreadas localizadas, separadas, cada vez más transparentes con la edad.

Los fisiólogos han subrayado la función tranquilizadora de las caricias.[20] Los neurobiólogos aislaron la molécula de morfina natural, la endorfina, segregada durante la caricia. Esa pequeña molécula se fija en las neuronas de la médula que reciben los mensajes dolorosos. Al saturar los circuitos, bloquean la transmisión del dolor. Acariciar a un niño que acaba de caerse tiene un valor relacional y un efecto analgésico. Por eso uno se frota la rodilla cuando se golpea o se aprieta el diente que duele: para enviar las endorfinas hacia los circuitos de la médula donde esas moléculas entrarán en competencia con los mensajes dolorosos.

Las caricias no sólo tienen esa virtud tranquilizadora y analgésica, además participan en la formación de la identidad y la aparición del pensamiento.[21] Tal vez ello explique por qué las niñas se calman con las caricias, acceden muy rápido a la palabra y rara vez son hipocondríacas, inversamente a los varones.[22] La hipótesis que cobra sentido y se afirma cuando se acumulan las observaciones es que ¡los varones se desarrollan en una carencia afectiva en relación con las niñas!

La observación, durante varios años, de parejas de nacionalidades diversas filmadas en cafés permitió descubrir que los puertorriqueños se tocaban, en promedio, 180 veces por hora, los parisinos, 110 veces, y los londinenses, 0 vez.

La teoría más fecunda para analizar los acercamientos amorosos es la siguiente: la simple presencia de otro en nuestro campo sensorial provoca el doble sentimiento contrario de atracción y de temor.

En conversaciones se puede observar cómo la intimidad entre compañeros se mantiene en un nivel «confortable», entre la soledad del alejamiento y la angustia de la cercanía.

Se colocan dos sillas a una distancia determinada. Se da a los participantes una serie de fotografías para estimular la conversación. Se filma de lejos, luego se analiza en cámara lenta. De esa situación muy natural surge gran cantidad de información. Cuanto más se acercan las sillas, menos se miran los participantes. Cuando son del mismo sexo, se miran fácilmente. Cuando las sillas están a 3 metros una de otra, se miran durante el 72% del tiempo que dura la conversación. Pero cuando están a 60 centímetros, los hablantes sólo se miran el 50% del tiempo de la conversación. Cuando los participantes son de sexo diferente, se miran menos: a 3 metros, el 58% del tiempo de la conversación; a 60 centímetros, el 30% del tiempo.

Ese comportamiento no consciente puede significar que «la evitación de la mirada cuando la proximidad es muy grande permite disminuir la sensación de intrusión».[23] Es un hecho que los amantes que desean esa intrusión continúan el contacto por la mirada, incluso cuando la proximidad es muy grande, pues la penetración amorosa comienza por la mirada.

Pero en un café, sostener la mirada de un interlocutor muy cercano podría tomar un sentido no deseado. El cuerpo a cuerpo es el espacio de la lucha y del amor, es el lugar de los intercambios de emociones violentas. Para calmar esa intrusión, hay que desviar la mirada.

El lenguaje silencioso se expresa de muchas otras maneras. El sujeto penetrado en su espacio pericorporal, en su burbuja proxémica, se inclina hacia atrás, gira la cabeza y mira fijamente un detalle, fuera de ese espacio íntimo. Uno puede poner una barrera rascándose la cabeza o tapándose la boca con los dedos. También puede arreglarse, tocarse el pelo o frotarse la nariz. El hecho de encender un cigarrillo realiza una actividad de desplazamiento cuya función es calmar la angustia provocada por la proximidad demasiado grande.

Esta experimentación inicial estimuló otras observaciones: cuando uno habla de temas íntimos, prácticamente no mira al interlocutor. Como si la intimidad, maravilloso impudor, sólo fuera soportable si no se agrega la emoción de la mirada.

Por otro lado, cuanto más se alejan las sillas, menos se sonríe. No se debe concluir que las sillas tienen una función en la provocación de la sonrisa, sino más bien que la sensación de intimidad inducida por la proximidad de las sillas provoca un malestar ansioso que sólo puede calmarse con una sonrisa para seducir al agresor. Lo que las sillas nos permiten comprender es que la intimidad, tan deseada, ¡nos angustia!

Cuando un niño no ha podido conseguir los medios para calmar esa angustia y beneficiarse del placer de la intimidad, expresa ese trastorno a través de comportamientos del tipo: «Agredo a los que quiero porque la intimidad me angustia mucho, y soy amable con personas anónimas porque están a un gran distancia afectiva».*

El señuelo, que a través de sus ornamentos capilares, cutáneos y vestimentarios, tuvo un papel tan importante en la pancarta etológica durante la organización de los grupos, interviene nuevamente en el momento de la coordinación de las parejas.

De la trucha al hombre, una idea parece surgir de esa etología comparada de los comportamientos de corte: el papel fundamental del señuelo. La autenticidad del señuelo comienza desde muy abajo en el mundo vivo. El picón no puede impedirse seducir delante de cualquier hembra de vientre hinchado. Si ese vientre está hinchado de huevos, el macho se frotará contra él hasta que la hembra expulse su bolsa de huevos, y el observador humano hallará que eso es muy natural. Pero si ese vientre femenino está hinchado por una enfermedad viral, el picón macho también se frotará contra él, y al observador humano le parecerá que eso es estúpido o desagradable, pues nuestra interpretación forma parte de nuestra manera de observar el mundo.

El picón macho, por su parte, sólo ve una forma redondeada que estimula su comportamiento en la parada nupcial.

Con frecuencia, los machos impregnados de hormonas adquieren aspectos sexuales muy coloreados. Esa información sexual estimula a las hembras que se acercan al conjunto coloreado. Los varanos machos, esos enormes saurios de Asia, colorean sus flancos con una ancha banda azul que destaca su disposición interna a la sexualidad: para las hembras grises, ese aspecto coloreado es muy atractivo.

Quisiera retomar el ejemplo del señuelo sexual en los animales para hacer de ello una cuestión humana, una suerte de metáfora naturalista. El más célebre de los señuelos sexuales naturales nos es propuesto por un mosquito de agua dulce muy carnívoro. Su hembra, cien veces más grande que él, lo considera como un moscardón y se lo traga si la corteja de frente. Los machos encontraron una estrategia: atrapan un moscardón y segregan alrededor un capullo de seda de mallas muy espaciadas, para que la hembra pueda verlo. Muy interesada por ese pequeño regalo, la hembra separa los hilos de seda… y el macho aprovecha.

Los machos de especies vecinas fabrican el mismo embalaje, pero ni siquiera ponen un moscardón en el interior. La hembra separa los hilos de seda del paquete de regalo y, en el plano sexual, ocurre lo mismo.[24]

Esta historia causa regocijo a quienes la relato, y ese placer me plantea un problema: si el moscardón de agua dulce provoca esa reacción en nosotros, es porque su comportamiento despierta la huella de un recuerdo en que nosotros hemos utilizado un señuelo sexual. Esa metáfora animal nos habla de nuestras propias tentativas: la noche en que la muchachita discretamente pidió prestado el abrigo de piel a su madre para parecer más mujer, la noche en que el jovencito invitó a su bella dama a un restaurante muy por encima de sus medios para atraerla socialmente.

Ese señuelo funciona intensamente en las estimulaciones sexuales. Su gran eficacia se basa en nuestros más profundos deseos. Todo el mundo utiliza un señuelo sexual en la medida en que, para seducir, hay que mostrar al otro la parte de uno mismo que lo estimula más. A veces, ese señuelo actúa solamente como desencadenante de emoción: no se refiere a la parte íntima que uno quiere ofrecer al otro. Así funcionan las prostitutas y los donjuanes.

Es muy sorprendente ver hasta qué punto nos sometemos a las leyes no escritas que regulan nuestra vestimenta y nuestro cabello, mientras que durante largo tiempo el porte de vestimenta dependió de leyes escritas. El término «livrée» (librea) designaba el atuendo ofrecido por el soberano a sus familiares. Muy rápidamente se convirtió en el uniforme obligatorio, «librado» por el empleador a sus servidores. Cada aristócrata escribía en el cuerpo de sus empleados el color de su función: rojo para un lacayo, negro para un trabajador doméstico. Entre los galones de pasamanería, el amo marcaba el emblema de su familia.

El peinado, como vimos, estaba muy socializado: sólo los cocheros podían llevar patillas, los criados debían permanecer lampiños y los lacayos debían hacerse una raya en la cabeza; por no mencionar a las nodrizas, que sólo podían ponerse cintas en la cofia cuando amamantaban.

Las costumbres discriminatorias eran numerosas: rota blanca y roja para los judíos del siglo XV, capucha gris para los leprosos, paño rojo cosido en el pecho para los bohemios.[25]

Desde la Edad Media, todos los intentos de imponer a las prostitutas obligaciones en cuanto a la vestimenta fracasaron. Se les prohibía llevar alhajas, orifrés o galones bordados que evocaban el sacerdocio: ¡los usaban igual! Se las obligaba a llevar el pelo corto: ¡se lo dejaban largo! Debían ponerse atuendos rayados, ¡nunca lo hicieron! En cambio, se imponen a sí mismas el uso de cierta vestimenta y adoptan las posturas sexuales que permiten saber inmediatamente que esas mujeres alquilan su vagina. Su manera de vestirse revela, aparentemente, la manera como erotizan: cuero y cadenas para las sádicas; terciopelo, pieles y cabello largo para las masoquistas; simpáticas, deportivas o damas bien amaneradas; de todos modos, siempre puede saberse que son prostitutas y se percibe inmediatamente el estilo de sexualidad que venden.

En general, el gobierno se preocupa por esas profesionales del sexo, mujeres que utilizan el filón libidinal de los hombres para extraer de ellos algo de dinero. Pero no conozco ningún movimiento moral que se haya indignado por la erotización de los restaurantes donde se despliega la etapa preparatoria al lecho. El profesional de los placeres de la boca acepta socializarse, pagar impuestos y llevar traje. Esa erotización del orificio bucal, aunque preparatoria para la erotización del orificio vaginal, se integra en la cultura, mientras que las prostitutas están excluidas de ella.[26] Su pancarta etológica, de la ropa y de la postura, se refiere únicamente al papel sexual profesional, es decir, a un papel no sagrado, despojado de placer.

Don Juan también utiliza esos señuelos conductuales para domesticar a las mujeres sin amor y sin vínculo. Se acerca, tranquiliza, divierte y banaliza hasta el momento en que la mujer se sorprende y se halla en el lecho.

Una mujer está haciendo las compras en el supermercado. A cien leguas del sexo, sólo piensa en el jabón en polvo. Se le acerca un hombre que le dice alguna trivialidad. Responde sin mirarlo, con una trivialidad. De expositor en expositor, llegan a la caja. El hombre también va a pagar. Intercambian dos o tres palabras. Él le propone llevarle las bolsas. Ella se niega. El señor la molesta un poco, pero no le preocupa. Entonces él lleva su bolsa. Durante el trayecto, dice dos frases divertidas. La verdad es que su actitud no preocupa ni invade. Cuando la mujer sube al automóvil para irse, el señor le hace algunos gestos amistosos en el retrovisor. Los dos automóviles se detienen. La ayuda a descargar las bolsas del maletero del coche. «Quiere… no quiere», como canta Mozart en *Don Giovanni*. Después de todo, una charla amistosa…, ella se aburre tanto, ha tenido tantas preocupaciones este último tiempo. Un poco de aire fresco. Él lleva las bolsas, ella ordena la cocina, él dice cosas simples, gentiles y a veces graciosas. En menos de una hora, están en la cama. Ella está sorprendida de haber aceptado. También está sorprendida del clima de ese encuentro sexual. Sin emoción, sin calor, sin fiebre. Un encuentro furtivo con buen humor simplemente.

Por qué no, después de todo. No es tan grave. Una música suave: «No una gran aventura… habría rechazado la gran aventura, mientras que ese encuentro… por qué no… un poco tibio, de todos modos».*

Ella prepara la cena mientras él se viste. Sorprendida de haber aceptado tan fácilmente, sin haberlo previsto, sin pensar después en eso, tan sólo un poco del calor de los cuerpos. Apenas un acontecimiento. Curioso.

«Mi coche hace un ruido raro –dice él–, voy a echar un vistazo mientras cocinas.»* Ella oye que el coche arranca, muy bien, demasiado bien, demasiado rápido. Va hacia la ventana con un presentimiento extraño, sólo para ver a don Juan huir a toda velocidad.

¡La estafa sexual! Habría aceptado esa pequeña aventura si él se hubiera quedado a comer con ella, tan sólo comer, porque entonces se habrían encontrado. Mientras que ahora se siente manipulada, despreciada, seducida y abandonada. Ha sido muy tonta. No puede sentarse a la mesa porque está puesta para dos. Ella, que ha aceptado una pequeña aventura apenas sexual, se siente de pronto muy infeliz. Lloró por eso una semana entera. Incluso ahora, cuando está triste, esa humillación le vuelve a la cabeza, como una congelación afectiva.

Las prostitutas y los donjuanes utilizan señuelos conductuales para alquilar o penetrar una vagina. Pero esa carnada es una estafa, pues no se refiere a un sentimiento íntimo. Se conforma con provocar una emoción, para financiarla o manipularla, sin mantener la promesa emotiva.

El «truco» de don Juan preocupa mucho a los hombres que querrían conocer esa receta. La desaventura de esa mujer permite comprender que si don Juan logra engañar a las mujeres tan fácilmente es porque les da lo que ellas esperan: alegría y ligereza. «El burlador de Sevilla» sólo burla porque divierte.

El estadio último de esos comportamientos de corte es el acceso al espacio íntimo de las mujeres. El más íntimo, por supuesto, es el que se halla bajo la piel, en el espacio interior de la persona. Para acceder a ese espacio hay vías de acceso naturales. Ello no impide que, en el momento del acto amoroso, de la implosión sexual, los amantes se abracen muy fuerte e incluso a veces se claven las uñas o muerdan al otro para realizar mejor esa penetración. Esas mordeduras o esos arañazos amorosos se observan en todas las especies en que la penetración constituye el acto sexual. No hay mordeduras en las especies en que la fecundación por vía externa no necesita penetración. Ese espacio interior se convierte en un lugar hipersignificante. La emoción que se siente proporciona una base biológica para nuestras representaciones. Uno se imagina que se va a alojar en el espacio de alguna mujer y la manera en que uno prevé alojarse allí proporciona un excelente marcador de nuestros modos relacionales. Algunos hombres imaginan una penetración suave, una acogida confortable y cálida. Las mordeduras son reemplazadas por juegos de la boca; los arañazos, por caricias. Otros, que prefieren las garras y los dientes, tienen una penetración que se asemeja a una efracción. Quiero decir que observar una relación sexual es observar la estructura de nuestro inconsciente.

El otro espacio íntimo es la piel, el contacto, bajo la ropa, en el pelo, los labios, los lugares del cuerpo que significan la intimidad. Uno puede colocar la mano sobre el hombro o el antebrazo de su vecina, pero son pocos los lugares del cuerpo que uno podría tocar en gesto de amistad. Poner las manos sobre los pechos de la vecina podría tener un sentido diferente, derivado de la función de ese lugar del cuerpo.

No hay especies vivas que permitan acceder directamente a esos lugares. Siempre se necesitan rituales de interacción para reducir los espacios y permitir el acceso a esos lugares de intimidad, muy cargados de nuestras emociones y nuestras significaciones.

El martín pescador conoce bien esta cuestión. Durante el cortejo sexual, el macho prepara el nido, luego va a buscar a la hembra. Los cantos de acercamiento permiten una identificación espacial a gran distancia. Cuando la proximidad es reducida, debe abandonar las señales acústicas para pasar a las señales visuales más cercanas. El macho busca objetos coloreados, frutas, hojas, trozos de vidrio, de plástico o desechos que se encuentran al borde del río. Los recoge y los dispone delante de la hembra. Se trata, tal vez, de una función estética que permite provocar una emoción en la hembra; en todo caso esta observa atentamente los objetos de colores que el macho coloca delante de ella, al punto de dejar de percibir otras informaciones del mundo externo y, de objeto en objeto, ella va yendo hacia el nido. Allí, hembra y macho pasarán a la etapa ulterior del lenguaje espacial, a una mayor intimidad, pico a pico y cuerpo a cuerpo, antes de aparearse.

Esta utilización de la biología del espacio, esta información sensorial inscripta en un espacio matemático cada vez más reducido permite llevar a los compañeros hacia la intimidad. Cuando las parejas humanas se acercan, tras haber superado las imposiciones geográficas, sociales y de vestimenta, llegan al estadio de la sincronización de los movimientos, la «sinquinesia».[27] La disposición del cuerpo y de los miembros en el espacio dibuja una serie de posturas significantes. Supongamos que el hombre adopta una postura de solicitación erótica hacia la mujer. Supongamos que se dispone hacia ella, avanza la cabeza inclinándola y tiende discretamente una mano hacia ella. Luego, imagen congelada, se inmoviliza.

La mujer, ante esa disposición postural y espacial, puede cerrar el espacio de la pareja o abrirlo. Para cerrarlo, alcanza con girar las rodillas fuera del eje que se dirige hacia el hombre, mirar hacia otro lado, cruzar los brazos o ponerse la mano en la cara. Esa postura que cierra el espacio de la pareja permite al cortejante sentir que no podrá pasar a la secuencia siguiente del comportamiento de aproximación.

En cambio, la mujer puede dirigir sus rodillas hacia él, orientar la cara hacia él y tender una mano en su dirección. Si abre los brazos, ese gesto se vuelve lo suficientemente significante como para que el hombre comprenda que le ha sido franqueado el espacio más íntimo.

Todas esas posturas transmiten una emoción y una significación que permiten la sincronización de la pareja.

Esos comportamientos significantes de apertura o de cierre espacial continúan expresándose durante el acto sexual. Un tercio de los hombres se queja de sufrir eyaculación mal sincronizada con el placer de su compañera, eyaculación precoz la mayoría de las veces. Pero el mismo eyaculador precoz puede llegar a ser eyaculador retardado con otra compañera. A menudo, la mujer compañera del eyaculador precoz cierra los muslos en el momento que siente crecer el placer. Si admitimos que ese comportamiento es significante, podemos preguntarnos a qué remite, qué sentido atribuye la mujer a esa emoción.

«Cuando mi marido me hace gozar, lo odio, porque el placer que me da puede hacerme someter a él, no quiero deberle nada.»* «Tengo miedo de los placeres violentos que pueden invadirme. Tengo miedo de perder el control de mí y de dejar escapar pulsiones horribles de agresividad o de búsqueda de placer que no podría controlar.»* «Tengo miedo de transformarme en una bestia de placer.»* «Sólo soporto ese placer violento si está perfectamente codificado, como en el éxtasis religioso o en la muerte de un toro durante una corrida.»*

Una velocista del sexo decía: «Gozar con el ritmo impuesto por mi marido es someterme a él, como mi madre se sometió a mi padre. Entonces, acelero el movimiento para terminar y aprieto las piernas, pues el placer que me da me angustia tanto que me incita a rechazarlo. Cuando lo hacemos rápido, me siento aliviada y decepcionada».*

Los compañeros de esas mujeres serán eyaculadores precoces, mientras que con otras mujeres, más suaves, menos angustiadas por el placer, manifestarán una cadencia sexual más larga. El síntoma de eyaculación precoz de ese hombre es la consecuencia de la historia de esa mujer.

Pero los hombres tampoco escapan a la significación que la historia de su vida atribuye a sus comportamientos. Algunos son eyaculadores precoces, más allá de la compañera que tengan. Cuando se los ayuda a elaborar la atribución del sentido que otorgan a la penetración de una mujer, se recibe el mismo tipo de verbalización en lenguaje masculino: «Si una mujer se deja penetrar, me va a dar tal felicidad que estaré dispuesto a hacer todo por ella, a dejarme dominar por su placer. Si me hace feliz, me voy a convertir en su esclavo. Tengo tanta necesidad de una mujer como de mi libertad. Las adoro a las dos. La eyaculación precoz me permite pactar con las dos necesidades contrarias. Es un comportamiento de negociación».*

Ahora estamos en condiciones de comprender los sorprendentes encuentros de parejas con contrato neurótico, la sorprendente repetición de algunos matrimonios. Las hijas de alcohólicos se apegan a su padre que las hace sufrir tanto. Les gustaría que él dejara de beber. Es tan amable cuando no bebe. Esas hijas sufren primero la presión del vecindario donde viven. Su elección se realiza entre un pequeño grupo de hombres poco socializados. Entre ellos, identifican a uno cuya pancarta etológica significa «soy tan amable cuando no bebo». Es un lenguaje que conocen. Comprenden esos signos, se emocionan y fantasean: «Yo sabré cómo hacer para que no beba. Mi amor logrará lo que no pudo el de mi madre. Yo lo voy a cambiar».* La elección de un compañero se basa en una fantasía reparadora, en el lugar de la madre. El compañero «ideal» es identificado a través de imposiciones sociales y etológicas. Por ello, es tan frecuente que las hijas de alcohólicos se casen con alcohólicos. Son canalizadas hacia ellos por un conjunto de fuerzas fantasmáticas, sociales y conductuales. Esas mujeres dirán más tarde: «Hubiera sido mejor si me hubiese roto una pierna el día en que lo conocí». No saben que, si se hubieran roto una pierna ese día, el azar de los encuentros las habría llevado a elegir, otro día, a otro hombre, tan amable cuando no bebe.

Esas parejas con contratos neuróticos son fascinantes: los toxicómanos, los impulsivos, los ansiosos, los depresivos, se encuentran entre ellos en un porcentaje significativo. Para esas personas, la atracción es homofílica: los ansiosos se exasperan con los no ansiosos, a los que llaman «inconscientes»; los impulsivos se incomodan ante los «flojos». Al casarse, crean el medio más favorable para el desarrollo de la impulsividad de sus hijos.

Algunos contratos de matrimonio son complementarios, por ejemplo entre masoquistas y paranoicos.[28] La estética masoquista, terciopelo, tinturas de colores cálidos, cuerpos desnudos bajo abrigos de piel, choca contra la frialdad paranoica, su fobia de tocar, cuya mayor manifestación es la amabilidad extrema. El hombre paranoico se levanta cuando su mujer entra en la alcoba. La penetra sin decir una palabra, sin un gesto caluroso, pero siempre mantiene una estricta corrección. Fidelidad a toda prueba, pues las mujeres no le interesan. Esas dos personas crean una pareja de larga y fría esperanza de vida. El masoquista, secreto y cálido, evitó casarse con la compañera que amaba, para no someterse a ella. Se casó con esa mujer medida, correcta, estricta en sus emociones y sus comportamientos.

Esos dos compañeros viven en mundos psíquicos distantes e incompatibles. Su contrato de matrimonio, indisoluble, les permite, no obstante, establecer un vínculo de apego muy ligado entre dos personas que no saben vivir juntas, como dos presidiarios encadenados, uno de ellos bailando en silencio al lado de un monigote congelado.

A menudo los melancólicos se casan con mujeres sin emotividad. El menos sensible de la pareja lleva su pequeña vida sin afecto, sobre todo porque el melancólico de la pareja, debido a su culpabilidad permanente, se ha hecho cargo de las preocupaciones. Se ocupa de todo, administra el dinero, soluciona los problemas hasta que, veinte años más tarde, agotado por esos sacrificios permanentes, se deshace en lágrimas. Reprocha a su compañero haber tomado la mejor parte de la pareja y haberle dejado todo el sufrimiento. Ese derrumbe melancólico, a menudo provocado por la partida de los hijos ya grandes, estaba escrito en el contrato de matrimonio, desde los primeros gestos de su encuentro, veinte años antes.

Muchas mujeres aterrorizadas por la dominación masculina se casan con un hombre insulso, por ende tranquilizador. Mucho tiempo más tarde le reprochan ser un hombre miserable, cuando, justamente, ¡se casaron con él por eso!

Con la expansión actual de las mujeres, aparece una nueva pareja: la mujer con muchos diplomas, inteligente, activa y tímida que elige a un hombre con pocos estudios, más bajo y, en lo posible, transparente. Ella es muy amable con él, dulce y tolerante con ese hombre que no ama. Esa «hipogamia», esa elección de un hombre «por debajo de ella» se realiza a través de señales etológicas. Pero el origen de esa elección se halla en la historia de esa mujer deseosa de enfriar sus relaciones afectivas para no repetir a su madre... para no dejarse dominar... para preservar su independencia. Esos fantasmas motivantes se basan en las improntas inconscientes adquiridas por esa mujer durante su desarrollo.

Por último, la opinión que afirma que la atracción sexual es esencialmente física está confirmada. Pero se debe agregar que se llega a ese cuerpo porque es significante. Ese cuerpo provoca la atracción sexual porque es portador de una multitud de signos.

En una especie genéticamente gregaria, un individuo no puede vivir solo. Cuando corteja, el cuerpo social se expresa en esa parada. En el mundo vivo, el espacio y los objetos se utilizan como una verdadera semántica biológica donde volúmenes, sonoridades, colores y posturas se convierten en objetos significantes. Esas comunicaciones sensoriales permiten la transmisión de un mensaje y la sincronización de un deseo.

Cuando se analizan los comportamientos de corte en el mundo vivo, se tiene la impresión de que el espacio es enorme: todos los congéneres de una misma especie en el planeta podrían aparearse.

Casi inmediatamente las imposiciones rigen a los compañeros. Imposiciones geográficas: las gaviotas cortejan en una misma playa y los humanos en un mismo barrio. Imposiciones sonoras: las llamadas, los gritos, los cantos facilitan el reconocimiento a distancia. Cantos de animales, ritmos musicales que poseen un gran poder de despertar erótico para los toros y en las discotecas.

A menor distancia, aparece la imposición visual. Los patos se cortejan entre portadores de plumas coloreadas que caracterizan a una subespecie. Las gaviotas inglesas nunca cortejan delante de las gaviotas marsellesas: ¡no emiten su grito de triunfo con el mismo acento! Esos signos diferentes poseen una fuerza selectiva que permite a los compañeros no cortejar a un animal de otro grupo social, aunque sea de la misma especie.

Luego, el espacio se reduce. La proximidad de los compañeros permite la sincronización de los deseos. El trabajo emocional es posible gracias a las ofrendas alimentarias, a los colores estimulantes, a las posturas y a los movimientos evocadores.

Por último, los compañeros acceden al espacio íntimo. El olor, el calor, el tacto, primero fugaz y después cada vez más intenso, permiten llegar al lugar de los lugares donde la sexualidad adquiere su aspecto más profundo, más definido, más preciso.

Si el otro es bello, es porque está permitido. Se ubica a la distancia genética y afectiva correcta.

Debo sentir por ella un sentimiento de belleza física. Su cuerpo debe provocar la atracción; su ropa, su cabello, su maquillaje y sus gestos deben expresar una multitud de informaciones acerca de su manera de socializar y de pensar. Pues erotizar es revelar nuestra manera de buscar la felicidad y de jugar a vivir. Si ella no erotiza como a mí me gusta, es porque no soy el compañero adecuado para ella.

El bonito movimiento de su vestido, su maquillaje natural o colorido, sus zapatos simples o recargados permiten percibir inmediatamente un indicio muy pertinente del placer que viviremos juntos. El vestido con corte, el escote, las joyas, los gestos y todo lo que permite erotizar posee una función social de armonización de la pareja, identificable desde la primera interacción. Ese *flash* indica el ser que vamos a encontrar, su discurso social y su proyecto de existencia. Todo el inconsciente etológico de esa mujer se expresa por sus canales sensoriales de comunicación. Al mirar su vestido, respirar su perfume, admirar sus joyas, en un *flash* etológico, el admirador recoge muchas más informaciones que con un largo discurso. Sobre todo porque es difícil decir con palabras lo que se puede expresar con el cabello, la ropa y los gestos.

La elección del compañero es una decisión muy poco individual. Las imposiciones sociales nos impulsan de una manera vehementemente lícita hacia un lugar donde converge el muy pequeño grupo de los elegibles. Allí, el azar nos hace sentirnos a las mil maravillas. Su pancarta etológica, sus significantes estéticos, su manera de vestirse, de adornarse y de poner sus palabras en actos reducen aun más la proximidad espacial. Muy cerca de ella, la danza, las vocalizaciones, la sensualidad de su voz, de su perfume, el brillo de su mirada, la dilatación de sus pupilas y sus posturas significantes reducen aun más el espacio y lo señalizan tan eficazmente como las señales de tránsito.

Ahora estamos con ella, la tocamos, la acariciamos. Nuestros deseos se sincronizan. Ya no queda más que un muy pequeño lugar adonde ir para llegar al punto cero del espacio, a esa cavidad virtual en ella, para alcanzar la fusión, la explosión íntima y todo lo que seguirá y dará sentido a nuestra existencia.

Notas

1.   I. Eibl-Eibesfeldt, *Éthologie. Biologie du comportement*, París, Éditions Scientifiques, 1972, reeditado en 1988. [*Biología del comportamiento humano. Manual de etología humana*. Madrid, Alianza, 1993.]
2.   J. Ruffié, *Le vivant et l'humain*, París, Le Centurion, 1985.
3.   J. Carrayon, «Les aberrations sexuelles «normalisées» de certains hémiptères Cimicoïdea», en *Psychiatrie animale*, Bruselas, Desclée de Brouwer, 1964, pp. 283-294.
4.   J. Ruffié, *op. cit.*
5.   D. Morris, *La clé des gestes*, París, Grasset, 1978.
6.   Ibíd.
7.   A. Garapon, «La culture dangereuse», *Le groupe familial*, núm. 114, I, 1987.
8.   H. y M. Eysenck, *L'esprit nu*, París, Mercure de France, 1985.
9.   A. Girard, *Le choix du conjoint*, París, PUF, 1981, confirmado por los cuadernos del INED, 1988.

10. J. Sutter, comunicación personal.

11. QI = medida del cociente intelectual.

12. A. Girard, *op. cit.*

13. Idea desarrollada en el capítulo «Muerte al sexo».

14. M. A. Descamps, *Psychosociologie de la mode*, París, PUF, 1979.

15. J. Goodall, *Les chimpanzés et moi*, París, Stock, 1971.

16. B. Hrdy, *Des guenons et des femmes*, París, Tierce, 1984.

17. M. Argyle, «La communication par le regard», *La Recherche*, núm. 13, 1982, p. 132.

18. Experimento de E. Hess en D. Morris, *op. cit.*

19. S. Jourard, en H. y M. Eysenck, *op. cit.*

20. H. F. Harlow, *Love created, love destroyed, love regained, op. cit.*

21. D. Anzieu, *De la peau à la pensée*, París, Clancier-Guénaud.

22. Coloquio de psiquiatría militar, *Post-adolescence et société*, Hospital Laveran, Marsella, enero de 1989.

23. A. Argyle, *art. cit.*, p. 132.

24. A. Langaney, *Le sexe et l'innovation*, Seuil, 1979. [*Sexo e innovación*. Madrid, Granica, 1985.]

25. Y. Deslandres, *Le costume image de l'homme*, París, Albin Michel, 1978. [*El traje, imagen del hombre*. Barcelona, Tusquets, 1985.]

26. R. Everts, «Psychologie de la prostitution», *Cahiers Sex.*, vol. 12, núm. 73, 1986.

27. Spiegel y Machotka, citados en J. Corraze, *Les communications non verbales*, PUF, 1980.

28. M. Enriquez, *Aux carrefours de la haine*, París, Épi, 1986.

9

Muerte al sexo

«¡Impotente! ¡Por fin! Liberado de la tiranía de mi sexo. Libre… libre. El amor me encadenó a las mujeres. Renuncio al sexo con satisfacción, para no sentirme más vigilado, responsable, obligado. El precio del amor es la prisión. Prefiero la libertad.»*

La primera vez que escuché a un joven decir estas palabras me sorprendí mucho, pues ese discurso me pareció muy alejado del habitual. Comencé a hablar de ello en mi entorno y me dijeron: «Es muy extraño, pero muy poco frecuente», respuesta seguida por el inevitable discurso sobre la fuerza del sexo, palanca obligada de la vida social.

Hasta el día en que una paciente trajo a mi consultorio a su amante que se había vuelto impotente. Era el cuñado. Tras la deficiencia sexual de su marido, había tomado a su cuñado como amante, quien, unos meses más tarde, también se volvía impotente. Al conversar con esas dos personas supe que cada vez que el amante tenía una erección su compañera le decía: «¡Pero mira eso! Mira en qué estado estás».

«¿Por qué acudía yo tan rápido a esas citas generalmente decepcionantes? Habría que preguntar a las otras mujeres. Creo, justamente, que él nos seducía porque no nos amaba. ¿Perversidad de nuestra parte? Pero no. ¡Gusto por la libertad! Nadie nos deja más libre que los hombres que no nos aman…»[1] La literatura utiliza las mismas palabras, aunque ese misterio sea poco debatido: se puede amar el hecho de no ser amado y obtener de esa ausencia de amor un sentimiento de libertad, una levedad del ser.

La cuestión flota en el aire, comienza a incorporarse en las encuestas. En 1986, un sondeo de la revista *Le Point* pregunta a los lectores cuáles son los valores de su existencia: la música, el deporte, la familia, el éxito social están en los primeros lugares. El sexo no se lleva ninguna medalla, ni siquiera llega al podio, puesto que no alcanza sino la sexta posición para el 86% de los franceses. Sé muy bien que los sondeos sólo exploran el consciente. Se trata de una verdad parcial. Pero, en definitiva, se puede decir que la mayoría piensa como mi impotente feliz.

Una misma dificultad se escucha de las palabras de San Pablo, los trovadores, Simone de Beauvoir[2] y mi impotente feliz: se debe elegir entre la prisión amorosa y la libertad angustiante.

Para responder a esta pregunta en términos etológicos, quisiera contar la historia de «Edipo-oca».

Antes de la guerra de 1940, Konrad Lorenz compartía con ocas cenicientas el castillo de Romberg, en Ruhr. Tuvo que convivir con las ocas, conocerlas desde su nacimiento y ubicarlas en su genealogía, para observar que Napoleón, ganso dominante, se negaba a aparearse con Lola Montes, su madre. Napoleón no estiraba el cuello, no gritaba el triunfo, no cortejaba delante de Lola, motivada sin embargo para la sexualidad. Muy por el contrario, encogía la cabeza, hacía silencio y evitaba a su madre apenas aparecía. Pero retomaba su comportamiento de falócrata triunfante apenas se le acercaba otra hembra.

Esa publicación apareció en 1936. No fue comprendida porque el contexto social se preocupaba por otros problemas, distintos de la inhibición del incesto en las ocas cenicientas.

Hubo que esperar hasta 1970, cuando Jane Goodall retomó esa observación en medio natural. Esta bonita rubia vivió diez años en Tanzania con una tribu de chimpancés, donde había encontrado un lugar de «chimpancé honorario». Respetaba los rituales de sumisión, exhibiendo el trasero, efectuaba ofrendas alimentarias, desviaba la mirada y expresaba el código gestual que permite coordinarse con los otros del grupo. Los chimpancés la consideraban como una hembra dominante. Iban a mendigarle alimentos, robaban su cuaderno de anotaciones y se hacían despiojar por ella.[3]

Esa situación de observación permitió a Jane Goodall asistir al nacimiento de Flint, hijo de Flo, y describir los juegos sexuales de los chimpancés jóvenes, su simulacro de montada genital y sus exploraciones perineales, su perversión polimorfa, de alguna manera. Unos años más tarde, cuando Flint llego a la pubertad, Jane observó que se interesaba por las callosidades de las nalgas de todas las hembras, pero apenas aparecía su madre, Flint se acurrucaba, desviaba la mirada y ocultaba la cabeza entre los brazos. Jane Goodall describió también las reacciones de una joven hembra que aceptaba a todos los machos, pero emitía gritos agudos apenas aparecía su hermano.

A partir de esa época se publicaron numerosos textos describiendo comportamientos que permitían evitar el incesto entre los animales en medio natural: los hilobátidos, los gorilas y los entellas,[4] los macacos de rostro colorado.[5]

El recuento de las especies que no realizan el incesto[6] y la descripción de los procesos que componen esa evitación muestran que las especies con un alto índice de endogamia prácticamente no existen. Los únicos animales que practican regularmente el incesto son los animales con un índice de reproducción elevado, los animales domésticos sometidos a las decisiones del criador y los animales de zoológico, limitados por graves amputaciones ecológicas. Es decir, un muy pequeño número de animales desnaturalizados entre todas las especies naturales.

La casi inexistencia de apareamientos consanguíneos entre los monos confirma el carácter natural de la evitación del incesto.[7] Los machos adultos dejan espontáneamente el grupo donde fueron criados para intentar la aventura en un grupo vecino. Ese curioso fenómeno de emigración en el momento de la madurez sexual[8] impide los encuentros incestuosos. En el caso de los babuinos, los machos emigran entre los cinco y los nueve años. En el de los chimpancés, las hembras dejan la familia desde el primer celo.

Una hipótesis comienza a tomar forma en ese magma de observaciones naturales. Refuerza la vieja hipótesis de Westermark, ese historiador especialista del matrimonio: «La evitación del incesto resulta del sentimiento de aversión asociado a la idea del comercio sexual entre personas que han vivido en una relación de intimidad persistente durante mucho tiempo y que data de una época en que la acción del deseo estaba naturalmente fuera de cuestión».[9] Apego y período sensible son los dos conceptos que permiten responder a la cuestión planteada por Westermark en 1908.

En relación con lo que nos interesa, propongo clasificar esas informaciones en tres temas:

- la impronta orienta la elección sexual;[10]
- el apego inhibe el deseo;
- el deseo sexual se orienta hacia un objeto situado entre esa doble imposición.

Los experimentos de improntas son muy fáciles de realizar. Hay especies maravillosas para ello, como las gallinas y los patos que durante el desarrollo manifiestan un período sensible preciso: entre la decimotercera y la decimosexta hora después del nacimiento esos animales se apegan a cualquier objeto de su entorno. Antes de la decimotercera hora, se desplazan al azar. Después de la decimosexta hora, siguen cada vez menos al objeto. Entre la decimotercera y la decimosexta hora, cualquier objeto se convierte en objeto de apego.[11] Lo siguen, lo llaman, se acurrucan contra él para dormir y sólo comen en presencia de él. El objeto de apego más probable, el que está presente cerca del patito en ese momento de gran sensibilidad, es la madre.

Ese período sensible corresponde a un estadio de la maduración neurobiológica, momento en que el organismo segrega mucha acetilcolinesterasa, enzima que constituye la base biológica de la memoria.[12]

Las observaciones longitudinales muestran que el polluelo realiza juegos sexuales con su objeto de impronta sin llegar a consumar.[13] Después de la pubertad, inhibe esa orientación sexual hacia su objeto de apego y la desplaza hacia otro objeto que tiene las características morfológicas de ese objeto de apego, pero que no es el objeto de apego. Por ejemplo, un babuino púber corteja a una hembra que se parece a su madre, pero inhibe todo comportamiento sexual hacia su propia madre.

Después que el etólogo observó en los entellas (monos grises de brazos largos de India del Norte) la evitación del incesto en medio natural,[14] se creó una relación educativa que obligó a vivir juntos en una jaula a un macho y una hembra joven. El «padre» se apegó a la hija y la educó maternalmente. Las prácticas educativas de ese «padre conductual» fueron diferentes: jugaba más y aseaba menos que una hembra, pero el desarrollo de la pequeña entella fue normal. El padre y la hija se apegaron: estaban cerca, se miraban, se llamaban, se aseaban y se hacían ofrendas permanentemente. Hasta el día en que el primer celo de la pequeña hembra desorganizó la relación padre-hija. Los dos animales se inmovilizaron, cada uno en un rincón de la jaula, e interrumpieron los intercambios.

Un pequeño macaco macho, separado de su madre apenas nació, fue ubicado cerca de otra madre.[15] Esto no es difícil, pues, aficionadas a la adopción, las hembras tratan de robarse los bebés, atraerlos, seducirlos.[16] Los comportamientos de apego entre el pequeño macho y su madre adoptiva son intensos, pero apenas aparezcan los períodos sexuales, ambos animales tenderán a evitarse.

En cambio, cuando se pone a un macho joven adoptado en presencia de su madre biológica que no lo ha criado, se aparea con ella… y no se saca los ojos. En tal sentido, Edipo respetó la ley biológica: no podía inhibir su sexualidad hacia Yocasta porque no sabía que era su madre y no había podido desarrollar con ella el vínculo psicobiológico del apego.

Lucy, una chimpancé hembra de pocos meses, fue adoptada por un psicoterapeuta.[17] El apego con el animal fue intenso. Lucy seguía a su padre adoptivo al baño y adoraba jugar con sus órganos sexuales. Pero a partir del primer celo evitó el baño, se acurrucó en un rincón y amenazó al psicoterapeuta cuando quiso acariciarla.

De esta serie de observaciones surge una propuesta: la impronta temprana deja en la memoria una huella que orientará las emociones sexuales mucho más tarde, cuando las hormonas activen esas huellas.

El establecimiento del apego que inhibe la sexualidad con el objeto de impronta obliga al «desplazamiento del deseo»: el objeto sexual no puede ser el objeto de impronta.

La etología animal nos informa que en medio natural no hay endogamia: la regla es la inhibición del incesto. En medio experimental, la manipulación consiste en crear un apego que permita predecir la inhibición del incesto entre los dos animales apegados.

Según esta teoría, alcanzaría con disminuir el apego entre un hijo y su madre para permitir el incesto. Un primatólogo[18] provocó conflictos de educación entre un hijo y su madre al multiplicar las situaciones competitivas. Más tarde, en el momento de las motivaciones sexuales, pudo observar que el hijo y la madre tenían relaciones sexuales. Otro primatólogo empleó un método más suave: atenuó el apego separando con frecuencia al hijo de la madre y proponiendo a ambos numerosos sustitutos de apego.[19] De ese modo favoreció las relaciones sexuales entre los hijos y las madres.

La organización social del grupo participa en el proceso de inhibición del incesto y el conflicto de generaciones cumple un papel importante en la elección del compañero sexual. En los monos gibón, la adolescencia es difícil. Los machos jóvenes son rechazados, echados a la periferia del grupo. En ese entonces emiten un sonido, una suerte de canto que caracteriza su estado de macho joven solitario y disponible. Las hembras, muy interesadas por ese canto, se acercan al macho y le responden. Poco a poco, el macho cambia de sonidos y de ritmo para adaptarse a los de la hembra. Se expresa entonces un verdadero dúo que permite identificar, durante los cantos, la sincronización de la pareja.

Un desequilibrio en la historia familiar puede perturbar esas fuerzas que inducen a la evitación del incesto. En un grupo familiar de monos gibón, el macho dominante había desaparecido. Los jóvenes no habían sido echados a la periferia del grupo. Entonces, se pudo observar apareamientos con la madre. La presencia amenazadora del macho dominante obligaba a los jóvenes a cortejar en otra parte.

Esos monos incestuosos nos proponen la hipótesis de que existe un conjunto de imposiciones biológicas, históricas y sociales que constituyen un campo de fuerzas que contribuyen a hacer estallar el grupo familiar. La desaparición de una sola de esas fuerzas inhibe menos el incesto: cuando no se establece el vínculo, cuando la madre no se separa de la cría, cuando un macho no asume su función separadora, el incesto es realizable.

Así se cierra el círculo: el apego inhibe el incesto, mientras que la impronta orienta las preferencias sexuales.

En un coloquio realizado en 1983,[20] donde se reunieron antropólogos y primatólogos para debatir, entre otros temas, la idea de la «transmutación del orden biológico en orden simbólico», propusimos distinguir la inhibición del incesto y su fundamento psicobiológico, de la prohibición del incesto y su fundamento enunciativo. Hasta que surgió la idea de que «incesto» era un término que remitía sólo a la representación de una relación sexual.[21] Lo prohibido era arbitrario y sin relación con la biología.

Es un hecho que el biologismo existió mucho antes que la biología: la ley mosaica prohibía el incesto «misma sangre, misma carne, mismos huesos»; el papa Gregorio IV, en el siglo VI, justificaba la prohibición del incesto evocando «las taras hereditarias transmitidas por el incesto»,[22] mucho antes de que los guisantes de Mendel demostraran las primeras leyes de la herencia. No hace mucho tiempo los ingleses llamaban «incesto» a toda relación sexual entre un hombre y su cuñada. Los chinos siguen llamando incesto a toda relación sexual entre dos personas que llevan el mismo nombre. La biología no está afectada por esa prohibición; se trata de una ley verbal, de un enunciado que organiza y señala las elecciones sexuales de un grupo humano.

Cuando el macaco se aparea con su madre porque fue separado de ella, por más que le digamos que ha cometido un incesto, ¡el macaco no se arranca los ojos! Pero cuando el adivino Tiresias le dice a Edipo que ha hecho cuatro hijos a su madre, el hijo incestuoso recibe tan mal esa información que se saca los ojos y huye con su hija Antígona, a los suburbios de Atenas. Etológicamente hablando, no podrá tener relaciones sexuales con su hija, puesto que se ha apegado a ella a lo largo de la educación. En cambio, pudo tener relaciones sexuales con Yocasta, su madre, con la que no había podido entablar el vínculo de apego porque no había sido criado por ella. La ley psicobiológica natural había sido respetada, así como la ley enunciativa pronunciada por Tiresias. Edipo no había podido inhibir su deseo por esa mujer, pero se sintió terriblemente culpable por haber transgredido una ley verbal.

Comprendemos entonces que lo que está inhibido entre el macaco y su madre, entre Edipo y Antígona, no es el incesto, sino el deseo.

Los problemas que Edipo-oca plantea en clínica humana son totalmente diferentes: se trata de la inhibición del deseo que no constituye sino una vertiente del incesto. Inhibición del deseo hijo-madre, pero también inhibición del deseo en las parejas de larga duración, incluso en cualquier otra relación afectiva duradera que permita el establecimiento del apego.

«Ese amor tan verdadero, tan profundo puede no tener nada de erótico. A veces el hombre ama muy profundamente a una mujer que le es indispensable, pero por la que no tiene deseo erótico alguno... es capaz de hacer el amor con todas las mujeres del mundo, salvo con la suya.»[23] Ese amor no erótico del que habla Francesco Alberoni es el apego. Si el sociólogo se hubiera interesado por la sexualidad de los macacos, habría comprendido que designaba con la palabra «amor» dos sentimientos diferentes e incompatibles: el amor y el apego.[24]

El amor siempre se halla en estado naciente. Elación colectiva de a dos, sea amor materno, amor a Dios, hiperconciencia de un solo sentido –el otro yo–, de una sola fusión, de una sola comunión, éxtasis hipnótico, ese sentimiento intenso funde la representación y alimenta el imaginario.

Por el contrario, el apego, insidioso, se teje cotidianamente. En el no consciente, día a día marca su impronta. Gesto tras gesto, tranquiliza hasta el embotamiento y sólo emerge a la conciencia el día de su pérdida: «No sabía hasta qué punto lo amaba. Lo necesitaba tanto… ni siquiera sentía su presencia que hoy me hace tanta falta».*

Del éxtasis amoroso al tranquilo apego, el verbo *amar* designa dos sentimientos de naturaleza diferente y de funciones incompatibles. El amor hiperconsciente lleva a su propia muerte, ya que no puede sino nacer, y su esperanza de vida no supera unos pocos meses.[25] Menos del 15% de las parejas pretenden superar algunos años de amor: «Eso parece imposible pues el amor naciente es un estado de transición».[26]

La sorpresa amorosa se opone al establecimiento del vínculo.

El sexo y el amor hacen una buena pareja, ya que incluso en el amor a Dios, el erotismo es difuso. En el amor maternal, el amor aún no es genital, pero los primeros gestos ya están muy sexualizados puesto que la madre no se dirige de la misma manera a un bebé varón que a un bebé niña.[27]

Un lugar del cuerpo que es fuente de emoción se carga de numerosas significaciones. Freud explicaba que los niños se emocionan mucho en la etapa oral con el orificio bucal, los objetos que allí se ponen, los gorjeos que de allí salen. Más tarde, la maduración neuropsicológica les permitirá cargar de significación el ano, otro orificio, y convertirlo en un marcador de relaciones. Lo que en lenguaje adulto se expresará con la frase «tengo miedo de dejarme ir, de perder el control, de dejar salir de mí cosas o palabras avergonzantes». Expresiones como ésta pueden oírse, verse en los comportamientos de ofrenda: retener los gestos amistosos, angustiarse porque se recibe un cumplido, llenar de regalos al amigo que se quiere poseer.

Freud describió el estado fálico, porque un pene es más fácil de observar que un clítoris. Pero debería haber hablado del estado vaginal, puesto que la comunicación se efectúa a través de los orificios.

Un melancólico que ya no tiene fuerza para erotizar deja de dar significado a los orificios. Ya no siente el placer de comer ni de hablar. Las palabras se vuelven, para él, sonoridades despojadas de sentido. El orificio anal se tapa, se constipa. En cuanto al fundamento de las mujeres, ya no es un lugar de emoción, es un agujero que conduce a un hueco. Los melancólicos, al perder sus placeres de orificios, no pueden dar sentido a sus sentidos: «Ese movimiento de pelvis era, sin duda, un poco ridículo. Cuando una es mujer y participa en toda esa historia, ese movimiento de pelvis del hombre es extremadamente ridículo».[28] Así hablaba Lady Chatterley cuando estaba melancólica y frígida. El movimiento de pelvis de un hombre provocaba entonces una representación grotesca. Pero más tarde, cuando el amor naciente cargó de significado a ese orificio y lo llenó de erotismo, aquel movimiento comenzó a ser significante de penetración, de fusión, de comunión amorosa. Esa gran emoción alimentó la representación sagrada del sexo y el movimiento de pelvis dejó de ser grotesco para volverse metafísico.

El apego tranquiliza y la emoción intensa suele provocar angustia. Lo que permite considerar al sexo, actos y palabras, como una de las mejores referencias de la interacción fantasmática: «Cuanto más me hace gozar mi marido, más lo detesto… Me gusta tanto gozar que cuanto más me hace gozar, más me someto y odio someterme».* Después de cada orgasmo, después de cada abrazo, esa mujer plena se sentía angustiada: «Estoy dispuesta a hacer lo que él quiera, de tanto que deseo volver a sentir esa emoción. El muy cretino, al hacerme feliz, me va a someter como mi padre sometió a mi madre».* Y ese conflicto proveniente del inconsciente de esa mujer se expresaba mediante un desplazamiento: «Otra vez dejaste tus zapatos tirados…».*

En los encuentros siguientes, esa mujer hizo muchos esfuerzos para no gozar. Lamentablemente, el orgasmo se producía porque ella estaba dotada para eso…, y el drama volvía a empezar. Hasta el día en que, entre sabotajes sexuales y palabras torpes: «¡Mira en qué estado te pones… otra vez!… Bueno, está bien, pero hazlo rápido», el marido terminará por espaciar sus encuentros sexuales. El esfuerzo sexual de su mujer expresaba mediante comportamientos lo que antes ella decía con palabras: «Vamos… que se termine rápido…».*

El placer no tiene sentido en sí mismo, es nuestra historia la que atribuye un sentido a esa emoción orgánica.

Una vendedora de frutas y verduras me contó otra historia edificante. Alterada por un marido hipersonoro, hiperactivo, hiperdedicado, se angustiaba. Ese hombre hacía de todo: las compras, la comida, el trabajo, el amor y los papeles. Para apoyarlo, ella tomaba tranquilizantes. Un día, él perdió el conocimiento. Cuando se despertó en el hospital, ya no hablaba y no se comportaba de la misma manera. Una tomografía mostró dos pequeños huecos en los lóbulos frontales. En una crisis de hipertensión, una hemorragia cerebral había provocado una verdadera lobotomía. Se volvió inerte, apacible, sin proyectos ni emociones. Las frases de su discurso perdieron su musicalidad. Esa lobotomía no le permitía integrar lo suficiente como para hacer frases largas. Al no poder anticipar, no podía hacer proyectos. Hablaba, con sus frases, como se comportaba en la vida. Su mujer tomó las riendas de la casa. Decía: «Está inerte, dócil, impotente, ¡por fin es el hombre de mis sueños!»* Y dejó de tomar tranquilizantes.

Ese vaivén de las parejas, entre el erotismo angustiante y la tranquilidad adormecedora, lleva a estrategias sexuales frecuentes en las historias de vida. Para controlar la angustia provocada por la intensidad de las pulsiones, se debe disociar el sexo del amor. «Puedo gozar con hombres mediocres, porque son neutros para mí. Entonces, gozo y evito el amor… Al volver a casa, había en la puerta un pequeño ramo de flores. Me hizo muy mal porque me hubiera gustado irme a la cama con ese hombre. Pero la intensidad del deseo que tenía por él me habría hecho perder la cabeza».*

Amarga victoria. La gestión de la sexualidad gobierna la biografía: «Desde los 18 años, me angustiaba la violencia de mis deseos. Descubrí que era capaz de entregarme al primer hombre que se me cruzara, hacer bastardos como había hecho mi abuela, colocarme en posición de fragilidad sexual. No tener deseo es no someterse, ser libre, estar en posición de fuerza… Ahora el amor me pesa. Sigo teniendo ganas de vivir… No lamento haber sufrido por amor, pero hoy necesito vacaciones afectivas».*

La primera violencia amorosa, la del adolescente, le da la fuerza para dejar a su familia e intentar vivir en otra parte. Esa fuerza súbita participa en el trabajo de la inhibición del incesto que incita a los jóvenes a cortejar en otro lugar, distinto de la familia. Pero cuando se ha producido la separación familiar, el beneficio de la violencia amorosa resulta menos evidente: «Habría podido matar a mi amante o matarme a mí.

Hice fracasar todos mis amores-pasión para casarme con un hombre tranquilizador, sin pasión. No podía amarlo, entonces podía casarme con él».*

La primera violencia amorosa facilita la separación respecto de la familia de origen. Pero más tarde, cuando se produce una segunda violencia amorosa, el riesgo se repite. Hombres y mujeres pueden poner en peligro a sus hijos, su trabajo, su casa, para dejarse llevar por el torbellino amoroso: «Estoy siempre enamorada. A los 30 años, ese estado permanente impide la serenidad, la estabilidad, el apego, la maternidad. A fuerza de estar enamorada, no puedo tener ningún proyecto de vida. No sé quién soy ni adónde voy».*

La extinción amorosa se desea, entonces, como un alivio. Esas parejas funcionan mejor cuando el amor se apaga: «Cuando había sexo, discutíamos todo el tiempo. Yo tenía tantos deseos que siempre pedía. Él me consideraba formidable. ¡Has visto, eh, has visto!… Me dejaba acariciar, pero apretaba los dientes y no pensaba en nada… Se volvió impotente… ahora las cosas entre nosotros están mejor. Ahora nos hablamos. Mi hija está mejor, más alegre. La sexualidad envenenaba nuestra pareja».*

De modo que ¿habría algún beneficio en matar al amor?

Las mujeres que renuncian al amor se socializan mejor, según los demógrafos. La mayor proporción de solteras se encuentra en la población de mujeres con alto grado de educación formal. Así aparece un nuevo modo de elección de la pareja: mujeres con un alto grado de educación formal, por lo general bonitas, eligen hombres bajos, silenciosos y menos socializados.[29]

Los hombres, por su parte, aprovechan esa extinción del amor para desocializar: «La sexualidad ha alterado mi vida. La impotencia ha suprimido mis angustias… No estoy hecho para trabajar. Para levantarse a la mañana, hay que desear a una mujer. Yo no quiero levantarme. La vida sexual y la vida profesional están muy ligadas. El sexo está fuera de mi alcance».*

Una estrategia adaptativa parece desarrollarse: la ternura. A la pregunta siguiente: «Si el hombre que usted ha elegido la abrazara tiernamente sin llegar al acto sexual, ¿se sentiría satisfecha?», el 72% de 100.000 mujeres contestan afirmativamente.[30] Esas mujeres proponen un acto sexual sin placer: «Sé muy bien lo que es una violación… soy una mujer casada».* O bien: «Si un desconocido me tratara como me

227

trata mi marido, lo haría encarcelar… Luego se calma… mientras lo haga conmigo, no lo hace con otra… Quiero que tenga relaciones sexuales con otra mujer, pero no quiero que la mantenga».*

Muchas mujeres atribuyen a su marido una función maternal. El apaciguamiento del cuerpo a cuerpo está reservado al marido. Sólo el amante tendrá derecho a la penetración: «¡Qué lástima que mi marido tenga un pene! Eso lo arruina todo».*

Eso significa el 72% de mujeres que sólo quieren ser abrazadas. Una sexualidad difusa evita el deseo angustiante y lo reemplaza con una ternura tranquilizadora: «Necesito a mi marido, su presencia afectuosa, me gusta sentirlo cerca de mí, mirarlo, tocarlo como a mi hija. Cuando no hay riesgo sexual con mi marido, me siento protegida. Pero apenas empieza a dar vueltas a mi alrededor, me exaspera, me las arreglo para no mirarlo. Le hablo con sequedad, le digo cosas tristes… necesito un hombre, pero me gustaría tanto un hombre impotente».*

Los hombres también comienzan a desear ese amor-ternura. La devaluación del falo ha suprimido expresiones como: «Yo soy un hombre, señor». Hoy más bien se oye: «Desde que soy impotente, he vuelto a descubrir la ternura, el sentimiento maravillosamente tierno que la violencia de mis deseos sexuales borraba, derribaba como una tormenta. Encuentro, como en la infancia, el placer intensamente suave de mirar a una mujer, su rostro, sus gestos, sus joyas, el dibujo de sus ojos… En la época de mis deseos, sólo veía sus pechos y sus nalgas».*

El apego, proscrito en la violencia amorosa, conduce al apaciguamiento de los deseos. Su duración y su proximidad bastan para explicar el fenómeno de la extinción del deseo. El proceso psicobiológico descrito en las parejas madre-hijo se repite en las parejas de larga duración. Esa inhibición del deseo que provoca el conflicto de generaciones en el adolescente provoca el aletargamiento del deseo y la facilitación de la agresividad en las parejas largas.

Felizmente, Romeo y Julieta murieron después de su casamiento, si no, su amor-pasión se habría vuelto algo rutinario. Para ingresar en el mito, se debe morir: Shakespeare no sabe narrar las asignaciones familiares ni los problemas de fin de mes.

«Es cómodo casarse con un hombre que una no ama… El amor sexo, el amor pasión, está en otra parte, en la fiebre, el sufrimiento, la exaltación. Por suerte una no se enamora de su marido… para utilizarlo mejor, hacerlo trabajar, no someterse a él, mantenerlo a cierta distancia…».* El exceso de apego adormece los sentidos, como un buen tranquilizante. Demasiado amor conduce a la separación, a la desorganización de sí, a la angustia, a veces. Entre las conmociones del amor y la anestesia del apego, la escena de pareja tal vez permita dar con la distancia justa.[31]

Puesto que la impronta orienta nuestras elecciones sexuales y el apego adormece nuestros deseos, toda pareja de larga duración debe conocer la misma evolución. La llama amorosa es breve, pero permite el ajuste fantasmático. Llega el apego, con su seguridad afectiva y su apaciguamiento sexual. La bella extraña sigue siendo estimulante, aunque sea menos bella que la mujer propia, pues aquélla sabe guardar distancia. Por eso una aventura extramatrimonial suele despertar el amor intramatrimonial…, con el riesgo de la conmoción amorosa.

En una pareja de larga duración, se repite el mismo proceso que conduce a la inhibición del incesto entre padres e hijos.

Las parejas casadas jóvenes aún están en vías de desarrollo cuando se casan: la sinaptogénesis cerebral continúa hasta los 20 o 25 años, la personalidad sigue siendo maleable mucho tiempo más y la aventura social queda por inventar. Aún están transformándose cuando el amor permite a cada uno marcar su impronta en el otro. Luego, el apego se teje día a día, gesto tras gesto, lo que permite «a dos seres soportar juntos las dificultades que nunca habrían tenido si no se hubieran casado».[32] El vínculo se fortalece y el deseo se apaga.

Hasta el siglo XIX, las parejas tenían una esperanza de vida de 15 años: apenas el tiempo para casarse, quedarse encinta 13 veces por vida de mujer, tener seis hijos, conducir a menos de cuatro de ellos a la edad adulta. La muerte, a su vez, se llevaba a uno de los cónyuges. La enormidad que implicaba la aventura sexual, la amputación de la existencia de los adultos, el riesgo de muerte y la necesidad de correr ese riesgo para sobrevivir añadían una connotación de angustia y de culpabilidad. Se encuentra esa noción de culpa mortal en todas las religiones y no sólo en el monoteísmo judeocristiano: las culturas de Oceanía, que se dicen tolerantes, inventaron, sin embargo, el tabú, el sexo que condena a muerte.

El sexo nuevo acaba de llegar a las parejas que, hoy en día, tienen una esperanza de vida de 50 años: el apego se toma su tiempo para inhibir el deseo. Asistimos al nacimiento de un nuevo conflicto: un cónyuge muy enamorado fuera de la pareja legal, que sigue estando muy apegado a su compañero/a legítimo/a. Esos sentimientos están tan disociados que uno puede enamorarse sin apegarse, como sucede con los amores de verano. También uno puede apegarse sin haberse enamorado nunca, como en esas parejas casadas por los padres.

Esa disociación explica el amor de la segunda oportunidad, esas segundas parejas, su forma relacional y su emoción diferente. Lo que sorprende en esas segundas parejas es la amistad, la ternura y la seducción permanente que persisten, mientras que desaparece en las primeras parejas que muy rápidamente se vuelven familiares. Esas parejas que se forman después de un divorcio son más distantes, más autónomas, pues los integrantes están más realizados: «14 años después de haberme vuelto a casar, nos citamos en algún pequeño restaurante que forma parte de nuestros circuitos amorosos. Estoy atenta a él, me esfuerzo por hablarle bien, sentir lo que él siente».*

A veces incluso, cuando esas primeras parejas se separan y toman un poco de distancia, el apego persistente los une de vez en cuando: «Desde que estamos divorciados, mi mujer se viste, hace un esfuerzo para gustarme. Incluso logramos hablar. Vamos de vacaciones juntos. Somos amigos desde que nos divorciamos».* Esta estimulación por la distancia explica por qué la sexualidad es más viva y más libre en las parejas en que los dos integrantes trabajan, mientras que se adormece más pronto en las parejas en que la mujer se queda en casa.

Una encuesta[33] mostró que el 70% de las parejas estiman que su segundo matrimonio es más feliz que el primero, y que hay una tonalidad diferente: relaciones sexuales más intensas, emoción cotidiana más tibia. El 20% de segundas parejas repitieron el guión de su primera pareja (como esa mujer que, tres veces seguidas, se casó con un hombre que más tarde se hizo homosexual).

Al matrimonio amoroso que se desarrolla en un paroxismo imaginario se opone el matrimonio tibio, dulce y distante que obliga a la atención y a la seducción permanente de ese extraño-familiar.

A los niños les cuesta aceptar la idea de que sus padres hacen el amor. Más allá de que la escena primitiva sea percibida o imaginada, a menudo ésta es interpretada en términos de dominación o de combate: «Odio que mi madre sienta placer haciéndose golpear»* es la interpretación más frecuente. O bien: «¡Qué manera tan rara de pelear tiene mi madre». O bien: «¿Todavía hacen el amor a su edad, a los 35 años?».*

La sexualidad intrafamiliar provoca casi siempre una impresión de molestia o de desagrado, al punto que los jóvenes que sienten un placer de *voyeurs* mirando películas eróticas se incomodan cuando hay una mezcla de generaciones.

Prohibición de erotizar en un medio de apego: los niños desearían apagar la sexualidad de sus padres. La escena primitiva rara vez es representada como un momento de poesía. Sólo los niños angustiados por la inminencia de la separación de sus padres se sienten tranquilos cuando oyen los ruidos del amor. En cuanto a los padres, molestos por las manifestaciones de la sexualidad de los hijos, dicen: «Podrían hacerlo con un poco más de discreción».

No debe haber deseo, ni placer intrafamiliar, ni, sobre todo, erotización de lo cotidiano. Para que sea fácil dejar a la familia, se debe fabricar la morosidad familiar: «En casa, me dejo ir, renuncio. Fuera de casa, estoy obligado a ser amable. En casa, si se hace silencio, acuso a mis padres. Fuera de casa, si se hace silencio, me cuestiono a mí mismo».*

En la relación padres-adolescentes, se encuentra el mismo tipo de aletargamiento afectivo que en la inhibición del incesto o en la extinción del deseo de las parejas de larga duración. El beneficio de esa morosidad intrafamiliar, de ese aletargamiento afectivo, es la creación de una situación que obliga a la aventura social.[34]

El rapto de mujeres se practica mucho menos. Los encantadores príncipes no tienen trabajo y los orgullosos recaderos ya no tienen precio. «Me casé para irme de mi casa»* es una ilusión femenina aún frecuente. Se debe apagar toda erotización intrafamiliar para que el joven halle un beneficio en intentar la aventura social. Debe expresar su libido en otra parte.

Cuando el entorno ecológico y la organización social constituyen fuerzas represivas (peligrosidad del medio o dificultad del trabajo), la familia tibia y rutinaria adquiere el sentido y la función de medio protector. En la familia se tiene seguridad alimentaria y está prohibido el peligro amoroso para mantener mejor el entorno tranquilizador. Inversamente, cuando el medio ecológico y la organización social ofrecen circuitos estimuladores, la familia adquiere el sentido y la función de un lugar de represión y de morosidad.

Ese modo de razonamiento sistémico explica por qué el conflicto de generaciones era tan frecuente y tan doloroso en la década de 1970, mientras que las encuestas sociológicas recientes[35] ponen de manifiesto una atenuación a raíz del aumento del desempleo, la crisis de la vivienda y la selección en las universidades: la familia vuelve a tener un valor de refugio.

La muerte es la vida. Ninguna historia ignora el duelo. Y en esos momentos el erotismo cambia de sentido.

En 1922, Karl Abraham, en una carta a Freud, escribió: «Tengo la impresión de que un buen número de personas experimentan, poco después de un período de duelo, un aumento de la libido. Éste se manifiesta en una necesidad sexual mayor y parece conducir, después de un deceso, a la concepción de un niño». Recientemente, Maria Torok observó: «Ese aumento de la libido se vive con vergüenza, con asombro».

Quise verificar esa impresión clínica y recabar datos mejor organizados. Sobre una población de cien personas interrogadas después de un duelo, no observé ningún cambio significativo en las actuaciones sexuales. El acto persiste, apenas disminuido, pero el sentimiento que lo acompaña cambia mucho. El acto sexual se realiza sin juegos, sin palabras, sin alegría, sin erotismo. Varios pacientes en duelo me contaron que lloraban durante el acto sexual. En ese contexto, el sexo adquiere una función tranquilizadora. La mujer llora y siente una gran tranquilidad al ser poseída. El hombre llora, y sin decir palabra estrecha a su compañera contra él.

Sexo triste en duelo, pero no muerte del sexo. Muerte del erotismo solamente. Preparar una comida para dos y adornar la mesa para significar que, después de la comida, habrá un acontecimiento, una fiesta sexual, permite cambiar el sentido de la cocina. Ese sentimiento de fiesta, de alegría cómplice que erotiza y cambia el sentido de la comida cotidiana no tiene derecho a existir en un sexo en duelo.

Un hombre que, después del entierro de sus padres, desearía erotizar por un juego sexual provocaría un sentimiento de malestar perverso que podría inducir a una inhibición sexual, mientras que, en las mismas circunstancias, una sexualidad grave, un acto sexual intenso, darían al orgasmo un sentido sagrado. Se debe matar al erotismo para que el sexo adquiera una función tranquilizadora, valiosa después de un duelo.

Tristán ha muerto. Su amor perdido y su erección inoxidable ya no seducen a Isolda.

Un pequeño sondeo que realicé reveló lo siguiente: «El sexo me desagrada (20%), me angustia (30%) o no vale la pena (¿o no vale lo que cuesta?)». En general, me pareció que el 50% de la población sería favorable a la muerte del sexo.

En los últimos años, se ha dado mucho la palabra al sexo: pudimos oír a un sexo enfermo, un pistón lento, triste, sin energía, temeroso, decepcionado, exasperado por no poder tener rendimientos olímpicos.

En la historia del sexo, quienes tomaron en mayor medida la palabra y alimentaron los movimientos culturales más fuertes fueron los candidatos a la muerte del sexo. El misticismo y su relación con el erotismo, la religión que permite separar el amor de Dios de la reproducción, esos largos discursos en que el sexo se desliza entre la culpabilidad y las reglas sociales produjeron creaciones artísticas y estudios serios sobre el sexo. El fundamento de las mujeres fundaba el mundo y sólo un falo podía penetrar en él. Un falo, no un pene.

Cuando la sexualidad se desacralizó, se convirtió en un divertimento trivial, lucha contra el aburrimiento. «El sexo de las mujeres es monótono», decía Maupassant, que había hecho de ese antro sagrado una caja de juegos. La desvalorización del falo alivió a muchos hombres, pues su cotización en bolsa había hecho aumentar los precios. ¡Una verdadera inflación!

Pero al desacralizarse, la sexualidad desarrolló su poder de socialización. La muerte del deseo intrafamiliar ofrece la posibilidad de crear su propia aventura de vida. Para cortejar en otra parte, para vivir en otra parte, para formar la propia familia, se debe abandonar la seguridad de la familia. Para crear la familia de alianza, se debe abandonar la familia de origen.

El beneficio de la inhibición del incesto que obliga a desplazar el deseo se revela en la creación de una existencia despierta, de una aventura social y afectiva. El beneficio psicológico que se obtiene al matar el placer intrafamiliar es, pues, enorme.

Los adolescentes por lo general logran hacerlo, porque saben, por su morosidad cotidiana, destruir el placer intrafamiliar, mientras que el menor acontecimiento externo los llena de alegría y los vuelve encantadores. Más tarde, cuando logran dejar a la familia de origen para formar la familia de alianza, también hallarán un beneficio en matar el amor. La llama amorosa aporta la fuerza necesaria para la separación de la familia, pero cuando la pareja se ha formado, esa misma fuerza amorosa y su poder de separación se transforman en un riesgo. Conviene apagar la llama para construir una seguridad afectiva y poner en marcha un proyecto de vida que dará a los hijos un marco permanente y tranquilizador donde se desarrollarán... hasta la imposición.

La muerte del sexo también es el medio más natural para la regulación de los nacimientos, el único admitido por la Iglesia. Luego habrá que matar el erotismo, suprimir el placer del juego y las actividades exploratorias, las seducciones y las complicidades. El apego hará el resto, y el sexo por fin podrá apagarse en la más tranquila afectividad.

Preveo la próxima publicación de libros titulados *Cómo dejar de gozar en cuarenta y ocho horas*, *Libérese de la tiranía del sexo* o *Cómo lograr que su marido se vuelva impotente en dos tiempos y tres movimientos*.

Cuando el sexo era sagrado, se despreciaba el cuerpo. Al volverse social, el sexo empezó a costar mucho. Felizmente, el amor ignora tales razones y ese hermoso momento patológico de un ser humano normal nos aleja de esas leyes para crear la vida.

¡Qué apacible sería la vida sin amor, tan apacible, tan tranquila... y tan triste!

Notas

1. M. Chapsal, *La maison de jade*, París, Grasset, 1986.
2. S. de Beauvoir, «El matrimonio multiplica por dos las imposiciones sociales... yo veía cuánto le costaba a Sartre decir adiós a su libertad», en *La force de l'âge*, París, Gallimard, 1960.
3. J. Goodall, *Les chimpanzés et moi*, París, Stock, 1971.
4. K. Imanishi, «The origin of human family: a primatological approach», *Japanese Journal of Ethnology*, núm. 25, 1961, pp. 119-130.
5. J. Itani, «A preliminary essay on the relationship between social organisation and incest avoidance in non human primate», en *Primate Socialization*, Nueva York, Poirier, Random House, 1972.

6. N. Bischof, «Ethologie comparative de la prévention de l'inceste», en R. Fox, *Anthropologie bio-sociale*, Bruselas, Complexe, 1978.

7. B. Deputte, «L'évitement de l'inceste», *Nouvelle Revue d'Ethnopsychiatrie*, núm. 3, 1985, pp. 41-72.

8. J.-M. Vidal, «Explications biologiques et anthropologiques de l'interdit de l'inceste», *Nouvelle Revue d'Ethnopsychiatrie*, núm. 3, 1985, pp. 75-107.

9. F. Westermark, en F. K. Gunther, *Le mariage, ses formes, son origine*, París, Payot, 1952.

10. J. Bowlby, *Attachement et perte*, París, PUF, 1978.

11. Idea desarrollada en el capítulo «De la impronta amorosa al tranquilo apego».

12. G. Chapouthier, «Des molécules pour la mémoire», *La Recherche*, núm. 192, octubre de 1987.

13. J.-M. Vidal, «L'empreinte chez les animaux», en *La recherche en éthologie*, París, Seuil, 1979.

14. J. Itani, *op. cit.*

15. Observación realizada por Stemmler-Morath, 1975.

16. B. Thierry y J. R. Anderson, *Mécanismes de l'adoption chez les primates. Rôles de l'adopteur et de l'adopté.* Estrasburgo, Université L. Pasteur, 1985.

17. Observación realizada por M. Temerlin, 1975.

18. D. S. Sade, «Inhibition of son-mother mating among free-ranging rhesus monkeys», *Science and Psychoanalysis*, núm. 12, 1968, pp. 18-38.

19. A. Missakian, *Genealogical and Cross Genealogical Relations in a Group of Free-Ranging Rhesus Monkeys on Cayo Santiago Primats*, 13, 1972, pp. 169-180.

20. Coloquio organizado por el Instituto de Sexología (Marsella, Lyon, Ginebra). Estaban invitados M. Godelier, A. Langaney, J.-C. Fady y J.-M. Vidal. En particular, la presentación de J.-M. Vidal sobre ciertas teorías biológicas y etológicas de la articulación del apego y la sexualidad y de la limitación de los apareamientos consanguíneos. Interrogaciones sobre la especificidad del tabú del incesto en su dimensión simbólica de la prohibición (Grupo genética y comportamiento, CNRS, 10 de junio de 1983).

21. M. Godelier en el coloquio CNRS, 1983.

22. J.-C. Boudaille, *Les enfants issus de la relation incestueuse*, tesis, Nancy, 1974.

23. F. Alberoni, *L'erotisme*, París, Ramsay, 1987, p. 233. [*El erotismo*. Barcelona, Gedisa, 1988.]

24. Es la idea que sostienen Harlow, el primatólogo, y Bowlby, el psicoanalista.

25. J.-M. Sutter y M. Poinso, *Psychopathologie du couple*, París, PUF, 1978.

26. F. Alberoni, *Le choc amoureux*, París, Ramsay, 1981.

27. J.-L. Millot y J.-C. Filiatre, «Les comportements tactiles de la mère à l'égard du nouveau-né», *Bulletin d'écologie et éthologie humaines*, vol. 5, núm. 1-2, noviembre de 1986.

28. D. H. Lawrence, *L'amant de Lady Chatterley*, París, Albin Michel, 1967 (reedición).

29. R. Girard, *Le choix du conjoint*, París, PUF, 1980.

30. Encuesta realizada por Anne Landers, 1986, para *Paris-Match*, 1987.
31. J.-P. Chartier, «Scène de ménage ou trompe-l'œil», *Nouvelle Revue de Psychanalyse*, núm. 34, 1986.
32. G. Morris y Vidal, *La fiancée de Lucky Luke*, Dargaud, 1985, p. 46.
33. Encuestas CIRES, 1987.
34. Teniendo en cuenta el hecho de que la adolescencia es un fenómeno producido esencialmente por nuestra civilización occidental del siglo xx. J.-C. Chamboredon, *Adolescence et post-adolescence: «La juvénisation»*, París, PUF, 1985.
35. A. Delestre, Universidad de Sociología, tesis, Nancy II, 1986.

Tercera parte

Sin apegos

10

Hijos de la basura, hijos de príncipes

«¡Nunca sabrá el sentimiento de orgullo que siento, desde el fondo de mi cubo de basura, por no tener padre ni madre!»

Orgullo y basura: son estas las palabras fundamentales.

Las más bellas novelas familiares fueron escritas por niños sin familia: *Oliver Twist, David Copperfield* de Charles Dickens, *Sin familia* de Hector Malot y, recientemente, *Cent familles* de Jean-Luc Lahaye.[1] Sólo los niños que han crecido en una familia pueden decir: «Familia, os odio». Es una frase de lujo, porque para odiar a una familia, ¡hay que tener una!

Cuando, como consecuencia de la evolución de la cultura occidental, se cuestiona a la familia, tal vez sea interesante observar la situación clínica, casi experimental, de los niños privados de ella.

A través de sus comportamientos, como en cualquier otro método experimental, se puede evaluar la función familiar observando los efectos de la privación.[2] También se pueden escuchar sus fantasías, comprender la manera en que esa privación organiza la representación de sí y rige una parte importante de las reacciones, las decisiones y las historias de vida.

En 1828, el lunes de Pentecostés –hacía buen tiempo en Nuremberg– apareció un jovencito de 16 años. Su postura era tan torpe que no sabía caminar, tampoco sabía hablar. Apenas lograba murmurar unos estereotipos de consonancias germánicas «woas nit… woas nit» o «peuta waehn… peuta waehn».[3] Fue encerrado en la puerta Vestener, un lugar de reclusión para los condenados de derecho común. Allí fue alimentado, saciado y observado.

Creo que es importante mencionar algunos elementos de observación para recordar hasta qué punto la observación no es una percepción neutra. Es un acto de creación que dice más del inconsciente del observador que del sujeto observado.

Kaspar Hauser, pues así se llamaba, fue presentado al capitán del cuarto escuadrón del regimiento de caballería liviana de Nuremberg. De modo que el observador fue militar: «Simulamos pases y estocadas en su dirección con un sable desnudo para controlar sus reacciones. Permaneció impasible. Descargamos en su dirección una pistola o alguna otra arma de fuego… tampoco pareció sospechar, en lo más mínimo, que quisiéramos hacerle daño».

Más tarde, el doctor Osterhausen redactó un informe, en el lenguaje médico de su época caracterizado por el imperialismo anatómico: «En Hauser, el tendón de la rótula está dividido y los dos tendones de los músculos vastos, interno y externo, se extienden por separado a lo largo de la pierna, a uno y otro lado de la tibia, para unirse bajo el tubérculo de la tibia».

Entonces, se pidió auxilio al profesor Daumer, conocido por su benevolencia y su «corazón humano». Se le encomendó la instrucción del infortunado jovencito. El profesor tendió una riquísima mesa, con carnes y mucha cerveza, y luego forzó a Kaspar a comerse todo. El jovencito se durmió rápidamente, saciado y embriagado. El buen profesor escribió entonces: «…en este bruto animal, la carne produjo un efecto muy curioso».

A comienzos del siglo XX, dos niñas, que se suponía que habían sido criadas por lobas, fueron recogidas por un pastor inglés, Singh y su mujer. Las descripciones posturales indicaron que las jovencitas corrían en cuatro patas y, para comer, ponían la cabeza en el plato. Amala murió, pero Kamala se apegó a la mujer del pastor. Desde ese período, la pequeña niña de 10 años comenzó a caminar de pie, imitando a la persona de apego.

El primer estudio sistemático sobre niños abandonados fue hecho durante la guerra de 1940 por Anna Freud,[4] que describió a una niña recogida a la edad de dos años. Ésta era extremadamente depresiva y anoréxica. Lloraba sin cesar y sólo dejaba de hacer sus piruetas para explotar violentamente ante cada intento de relación afectuosa. Veinticinco años más tarde, cuando Anna Freud la encontró, esa niña se había transformado en una joven bonita, bien desarrollada, que le pareció perfectamente equilibrada.

Todos los niños sin familia deben afrontar algún día la imposibilidad de narrarse. El simple hecho de haber tenido un comienzo de vida en un medio sin estructura creó situaciones, hechos, acontecimientos, que parecen inverosímiles e insoportables a los adultos. Por ejemplo, cuando el niño cuenta que debió vivir solo durante cuatro meses de invierno, que durmió en la calle hasta los cinco años, cuando cuenta que lo alimentó un grupo de vagabundos que lo forzaban a beber vino, y que luego fue recogido por la familia más rica del poblado y que, de pronto, una noche, fue arrojado de su lecho tibio porque ese buen señor creyó las historias de la vecina, que acusaba al niño de haberle robado un billete de cien francos… ¡los adultos no lo pueden creer! Esos niños no son integrados en las estructuras afectivas, familiares y sociales habituales. Todo lo que les sucede está fuera de lo común. Y sin embargo Oliver Twist, Hector Malot y Jean-Luc Lahaye cuentan la misma historia.

Los adultos reaccionan de tres maneras.

Mediante la glotonería sádica: hacen una serie de preguntas sobre la sexualidad, la violación, la brutalidad, el robo…, y el pequeño siente que ese hombre siente placer al considerarlo como un desecho humano. Entonces el niño se calla.

Mediante la incredulidad moralizadora: el adulto bien socializado, normal, por ende amputado, no puede creer esas aventuras. En su mundo no se conocen historias como esa. Lo angustian un poco. Entonces, para tranquilizarse y protegerse, el adulto dice al niño: «¿No te da vergüenza inventar historias como esa?». Y añade: «Toma, aquí tienes diez francos; ve a comprarte unos dulces para recompensarte por haber inventado historias tan bellas». Entonces el niño se calla.

Mediante la indiferencia fría: el adulto sorprendido, desorientado, no quiere hacer mal a ese niño pero, para controlar su malestar, decide congelar sus emociones. A veces llama a esa reacción «neutralidad benevolente». No es maliciosa, pero no permite establecer una relación. Entonces el niño se calla.

Esa experiencia, tan frecuentemente vivida por niños sin familia, crea un curioso sentimiento: «Soy un hijo de la basura, entonces soy excepcional».* La reacción de los adultos les enseña una estrategia relacional particular: «Para hablar con un adulto, hay que decir lo que este espera, lo que entiende, pero en el fondo de mí, sé que hay una aventura terrible y maravillosa, una bella novela que voy a contarme».

Así pues, desde el inicio de la identidad, desde que el niño puede contar su propia historia, se instala un contrasentido relacional entre el niño y su cultura. El niño silencioso se vuelve conversador, el niño banal se vuelve aventurero; debe construirse como un decorado... para volverse auténtico.

Una utopía compensatoria gobierna la vida de los niños sin familia. No todos los investigadores comparten esta opinión, porque la manera de observar lleva a conclusiones diferentes. Algunos piensan que los niños sin familia no manifiestan trastornos mayores:[5] idea sorprendente cuando se piensa en esas historias de vida tan repetidas, como si existiera un destino propio de los niños sin familia. En los textos psiquiátricos, la divergencia desaparece: esos niños no manifiestan más trastornos psicóticos o neuróticos que la población testigo; en cambio, casi siempre manifiestan trastornos del desarrollo narcisístico.[6]

Se necesitarían varios tomos para describir el sufrimiento humano: los veinte capítulos que componen un libro de psiquiatría no alcanzan. Pero si proponemos que una forma viva nace, se desarrolla y se manifiesta de maneras diferentes, comprendemos mejor cómo esa estructura se expresará en la adolescencia de todos los niños sin familia, a través de esta frase: «Yo sabré hacer felices a mi mujer y a mis hijos». Desde esa perspectiva, los acontecimientos de vida de los niños sin familia evocan la metáfora de la partida de ajedrez de Anna Freud. Cuando se le hablaba del determinismo alienante del psicoanálisis, respondía: «Los primeros años de la vida son como las primeras jugadas de un partido de ajedrez, dan la orientación y el estilo de todo el partido, pero hasta que no se llegó a jaque mate, quedan muchas jugadas por hacer».

El último punto que va a fundar nuestras observaciones de niños sin familia consistirá en distinguir neurosis y narcisismo. Se puede formular de este modo la estrategia de vida del neurótico: «Cómo satisfacer mi deseo en una imposición triangular»; o bien: «Todo deseo es culpable, pues si deseo a mi madre, mi padre me la cortará». De allí una estrategia estructurada en el rechazo. «Ya que soy culpable de realizar mis deseos, voy a hacer como si me sometiera a la ley que me prohíbe realizarlos, pero de todos modos voy a deslizar mis deseos y realizarlos por otra vía. Me casaré con una mujer que evoque a mi madre». Y de ese modo se organiza una vida construida en el rechazo: habiéndome casado con una mujer «como si fuera mi madre», llega el día en que tengo ganas de dejarla como dejé a mi madre..., conservando el apego a ella. Y entonces ¡se sufre!

El proyecto de vida de los niños sin familia no se formula como en el caso de los neuróticos. Ya no se trata de deslizar el deseo en un triángulo prohibido, sino más bien de curar la escara que origina su historia, para finalmente dar la palabra al héroe que origina su persona.

La basura está en el origen de su historia, porque tienen el recuerdo de su abandono, de sus estadías en instituciones, de esas rupturas incesantes que impedían el desarrollo de cualquier apego. No pueden confiar esas heridas, pues éstas no pueden ser comprendidas. En cambio, su mentalización autocentrada las revive sin cesar: «Puedo contármelas, un día las escribiré para hacer de ellas una obra de arte».[7]

Esta esquematización del proyecto de sí organiza la historia de vida de los niños sin familia en dos capítulos: primero, curar la escara, la herida inicial, haciéndose un nombre. Cuando esa misión se cumpla, cuando el niño se haya vuelto presentable, se atreverá a exponerse ante la mirada social, ante la mirada sexuada. Sólo entonces partirá en busca de sus orígenes.

De modo que el trabajo de identificación de ese narciso se efectúa tardíamente. Primero, es necesario repararlo, hacerlo conveniente. La estrategia de existencia se vuelve paradójica y costosa: el narciso autocentrado sólo se atreve a realizar sus deseos después de haber incorporado la sociedad.

Sólo podrá ser realmente auténtico después de haber construido un falso sí, una personalidad «como si». Entonces, los niños sin familia se vuelven ávidos de fantasías familiares que les van a indicar la vía. Siempre encontrarán una vecina, una niñera, un educador, un héroe, un objeto-recuerdo que les permitirá conocer un signo de la madre: «Ella quería que fueras buscador de oro, o premio Nobel de literatura, tenía para ti una ambición gloriosa».

De repente, la novela familiar de los niños sin familia se vuelve muy distinta. Los niños familiarizados desvalorizan a su padre real, para darse un padre imaginario, más glorioso. Los niños sin familia, por su parte, no pueden efectuar ese trabajo de desvalorización, pues nunca conocieron el duelo. Y ¿cómo hacer el duelo de un amor que nunca se ha sentido? ¿Cómo sentir nostalgia de un amor perdido, si nunca se ha recibido ese amor? Sólo se puede idealizar a padres perfectos. La Virgen María, por ejemplo, y además «era mi madre. Pero no es fácil ser el hijo de la Virgen María. Uno debe ser perfecto, trabajador y, sobre todo, fundador. Uno tiene que inventarlo todo, pues no tiene modelos. Entonces, me aferro al menor indicio que podría orientarme, facilitarme la tarea. Un día, un administrativo dijo que cuando mi madre me abandonó, dejó con mi ropa un anillo de oro (¿una alianza?). De ese modo significaba que deseaba que yo me hiciera rico: ¡juro que seré rico! Juro que me sorprenderé a mí mismo».*

Las novelas familiares tienen un estilo diferente. El niño niega a su padre real para entrar en el linaje de los héroes que le recuerdan al padre idealizado que tanto había admirado.[8] El narciso autocentrado de los niños sin familia debe imaginarlo todo. No puede fabricarse un objeto transicional a partir de elementos de la realidad que le recuerdan a su madre. Debe inventar a su madre para apegarse a ella. ¡Qué trabajo para los sueños diurnos!

En cuanto a los sueños nocturnos, a menudo he observado en los niños sin familia «el sueño de los padres sin cabeza». El niño sin familia sueña con una pareja de padres vestidos de negro convencional, pero «en el lugar del rostro, como en las pinturas de Magritte, hay un óvalo hueco: son mis padres».* Un niño que sueña a sus padres ve una figura que ama o que detesta, un rostro con límites, una gran nariz y ojos pequeños... mientras que un niño sin familia no tiene nada para poner en ese hueco: él deberá dibujar los rasgos de esos rostros.

El niño escribe su novela en el rechazo, en la búsqueda del paraíso perdido. Se desarrolla en el universo de la culpa puesto que ha sentido el deseo prohibido. Culpable desde el origen, debe expiar su culpa.

El narciso autocentrado, por su parte, se desarrolla en el universo de la vergüenza. Nunca ha cometido el crimen de desear a su madre. A veces ha deseado a su nodriza, algunos sueños eróticos sorprendentes, cuando mucho. Tuvo conciencia de ello, pero no lo transformó en un complejo, como Edipo. No siente culpa, sino vergüenza.

Con mucha frecuencia, esos niños sin familia dicen: «Perdí a mi padre y a mi madre, nunca tuve familia y cuando mi niñera murió, sentí vergüenza. A través de mí llega la desgracia. Todo lo que está a mi alrededor muere. Tengo que lograr que la felicidad llegue a través de mí, que la vida llegue a través de mí. Entonces, voy a casarme y tener hijos. Yo voy a saber hacerlos felices».*

Terrible utopía. Esa fantasía de reparación narcisística domina el primer capítulo de las historias de vida de los niños sin familia. En el segundo capítulo, cuando tienen 40 años, confiesan: «No sabía que ser la persona a través de la cual llega la felicidad era un deseo mórbido».*

La estrategia de vida del niño familiarizado procede por rechazo, amnesia, aceptación de los límites que permite soportar la culpa original sin demasiada angustia, mientras que la estrategia de vida del niño sin familia repite un destino muy diferente.

Si Anna Freud, René Spitz y John Bowlby pensaron en observar, en 1946, a niños sin madre fue porque tenían una formación psicoanalítica. Por razones teóricas, pensaron en buscar las raíces muy precoces del trastorno que se expresaría 20 a 30 años más tarde.[9] Sabiendo que para los bebés la palabra es un modo de expresión aún imperfecto, esos psicoanalistas se transformaron en observadores de la conducta, como antes habían hecho Freud, Mélanie Klein, Ferenczy, Rank y muchos otros.

Las primeras observaciones de niños sin familia mostraron importantes trastornos del comportamiento. La misma secuencia conductual se repite ineluctablemente.[10] Primero, los niños protestan mediante gritos, llantos, agitaciones y llamadas. Luego, la desesperación se manifiesta por un aumento de las actividades autocentradas: mirada baja en silencio, automanipulación de la cabeza, las manos, el sexo, balanceos y resoplidos. Por último, aparece la indiferencia, después de un largo período de aislamiento. El niño ya no reacciona a las estimulaciones alimentarias o afectivas. Los bebés se acuestan boca abajo, con las nalgas hacia arriba y se dejan morir. Siempre nos olvidamos de mencionar el cuarto estadio, que es el de la reparación. Cuanto más larga sea la separación, más difícil será la mejoría. Sobre todo porque cada niño tiene reacciones muy diferentes: algunos niños que eran insoportables se vuelven adorables después de una separación. Lamentablemente, no se puede crear una receta educativa, porque a menudo también se observa lo contrario.

La observación etológica permite formular algunas leyes generales[11] y afinar un método de observación que permitirá obtener referencias conductuales. Esos comportamientos constituyen indicios, reflejos, del estado interno del niño y de consecuencias de la historia de su desarrollo en su medio.

Sucede que la historia que precede al momento de la privación tiene un papel importante en esa biología del comportamiento: los niños que resisten mejor esa privación, los que persisten en solicitar interacciones acercándose, sonriendo, inclinando la cabeza, vocalizando, jugando, son los que antes de la pérdida habían establecido con la madre un apego estimulante.[12] Así va la ciencia: la etología moderna describe lo contrario de lo que escribió R. Spitz en 1946. Cuando no hubo apego inicial, el niño no puede soportar la menor separación. Se desocializa en unas pocas horas después del aislamiento y no puede reorganizar sus comportamientos de solicitación después de la pérdida.

Existen familias cerradas en las que los comportamientos de apego, intensos, mantienen a los integrantes próximos a la mirada, la palabra, el contacto. Se cuentan las mismas historias, debaten los mismos problemas, se imitan adoptando los mismos estereotipos gestuales, verbales y de vestimenta. Esas familias cerradas, de alto nivel de apego, suelen ser familias de transacciones ansiosas. Su historia y sus comportamientos están organizados para luchar contra la angustia. Y los miembros no deben llegar a ser estudiantes, pues correrían el riesgo de separarse. Deben vivir en el mismo barrio, el mismo edificio, organizar encuentros, rituales familiares y fiestas frecuentes para reforzar la proximidad. En esas familias, toda separación adquiere el valor de una pérdida, todo acontecimiento imprevisto provoca la angustia de lo no familiar.

Tuvimos la ocasión de observar en una institución a niños abandonados, entre dos y seis meses, junto con otros niños familiarizados que los padres dejaban en la guardería infantil durante el día.[13] El etólogo identifica a la persona de apego, definiendo y contabilizando en los niños las reacciones que tienen: tender los brazos, buscar la mirada, vocalizar, sonreír, trepar por las rodillas, etc.[14]

Una vez que se han identificado los perfiles de apego, el etólogo observa dos acontecimientos inevitables: la partida de la persona de apego y su regreso.

Los niños abandonados manifestaron comportamientos de apego claramente más intensos que los niños familiarizados: grandes angustias ante el extraño, grandes tristezas ante la partida de la persona de apego y grandes alegrías cuando ésta vuelve.

En cambio, los niños familiarizados habían logrado una estabilidad: la sensación de permanencia del objeto externo que encontraban a una hora fija. Esa estabilidad del mundo externo, presentada por la persona de apego, constituye la base biológica de la identidad, la adquisición de la permanencia, el sentimiento de lo estable. Incluso cuando la madre, los objetos de la habitación o el mundo habitual se desorganizan, el niño sabe que volverán a la hora fija, y ese ritmo externo lo tranquiliza y desarrolla en él ese sentimiento de permanecer idéntico cuando el entorno varía. Para el niño familiarizado, el cambio, lo extraño, el mundo externo, se convierten en acontecimientos interesantes.

El niño sin familia, por su parte, vive en un mundo imprevisible. Alrededor de él, no existe ese ritmo, ese retorno de la misma voz, el mismo olor, la misma habitación, la misma canción que desarrolla en él un sentimiento de permanencia. Todo cambio lo arroja a lo desconocido. Mientras que el niño familiarizado se divierte con lo desconocido, el niño sin familia se angustia. Debe partir en busca de un objeto tranquilizador o de un sustituto de apego. El único objeto estable, la única permanencia sensorial está constituida por su propio cuerpo. De modo que hacia ese objeto se orientarán sus actividades autocentradas, sus balanceos, sus tics, sus masturbaciones y, más tarde, su mentalización. Su aparato psíquico ya no le servirá para percibir el mundo, sino para tratar sus rumias internas, en un estado constante de narcisismo doloroso.

Lo que los etólogos ven en términos de comportamiento puede escucharse en las psicoterapias, pues el discurso siempre forma parte de las observaciones.

Los niños sin familia tienen dificultad para estructurar el tiempo de su historia.[15] No olvidan los acontecimientos, los narran incluso con una gran agudeza emotiva, simplemente se equivocan de fecha: «Fue cuando pasé la noche reparando el techo del establo. –¿Cómo? –dice el psicoterapeuta– ¡si tenía cuatro años! –Claro –dice el paciente–, fue después del fallo que dio a mi prima el derecho de custodia. Tenía doce años, entonces. Fue siete años más tarde».*

Una paciente me cuenta cómo sentía la necesidad de seducir a los hombres vestida con un gran sombrero y una falda abierta. Le hice notar que tenía cinco años en el momento que evocaba. Reflexiona y me dice: «Es cierto, acababa de irme del Buen Pastor, tenía entonces 17 años».*

El sentimiento de la duración se organiza mal en esos niños que se desarrollan en un mundo exterior sin estabilidad. Para ellos sólo cuenta la duración psicológica: «Esa familia sustituta me obliga a estudiar todas las noches».* Tras verificar, se comprueba que el niño sólo estudió algunas noches. Pero esas noches eran significantes, como la víspera de un partido de fútbol o de Navidad. El joven con carencias afectivas que no ha podido lograr una ritmicidad es el que ha trabajado todas las noches.

Con un trastorno psicológico del tiempo y de la duración, ¿cómo podrá ese niño representarse su futuro y su genealogía? El futuro se arraiga en el pasado. Uno sabe mejor adónde va cuando sabe de dónde viene.

En cuanto al futuro, no hay problema, pues el niño sin familia es inmortal: «Tengo todo el tiempo del mundo para hacer realidad mis deseos más locos. No tengo un modelo de envejecimiento. Lo que no haga hoy lo haré en cien años».*

La adquisición de la ritmicidad depende del encuentro entre un organizador interno, la necesidad de apego, y un organizador externo, primero sensorial después afectivo y más tarde social. La necesidad de apego debe encontrar un objeto de apego para adquirir la forma de un vínculo.

En 1944, cerca de Grenoble, unos alemanes trataban de huir. El ejército francés que avanzaba desde el sur los había bloqueado en Châtillon, mientras que los miembros de la resistencia se agrupaban en el norte. Los alemanes se habían refugiado en un poblado. Para comunicarse, los dos ejércitos franceses debían contornear ese poblado y hacer pasar sus mensajes a través de la montaña, los bosques, las rocas y las patrullas alemanas.

Un miembro de la resistencia entró en una granja, hizo que le mostraran a los niños de la Asistencia Pública y eligió a un pequeño que le pareció rápido, de mente y de piernas. Ese niño de siete años atravesó las líneas alemanas con su calzoncillo lleno de planos y de mensajes codificados. Pudo deslizarse entre las chicanas de las ametralladoras y los soldados listos para disparar. En unas idas y vueltas, se pudo coordinar el plan de batalla. Los alemanes fueron derrotados, los franceses tuvieron un muerto y algunos heridos.[16]

¿Podría concebirse que ese hombre entrara en una casa para pedir a una familia: «Préstenme a su hijo. Puede morir, pero ganaremos la batalla»?

Si un niño de familia muere, se causará mucho sufrimiento a su entorno. Si un niño de la Asistencia Pública muere, no habrá demasiadas complicaciones. Un niño que muere sin ser lamentado es un niño sin valor. El hijo de nadie es casi nadie.

Pero ese niño, después de la batalla, volverá a la granja, a su colchón de paja, su trabajo y sus golpes de bastón dados sin odio. Volverá a su basura, sin palabras, con un sentimiento… ¡de orgullo! Su vida se organiza de manera aun más increíble que la novela que se inventaba para darse coherencia. Los adultos normalmente neuróticos practican el rechazo, es decir, la amputación, para adaptarse mejor. Pero los niños sin familia están ávidos de sus orígenes. Estoy asombrado por la hiperconciencia y la sensibilidad que esos niños manifiestan ante el menor indicio que les revela sus orígenes.

«Recibir la tarjeta de pupilo de la nación es como recibir la Legión de Honor».*

Los hijos de padres amables, con sus humores y sus fines de mes difíciles, amaron a esas personas de las que salieron. Y, para amarlas mejor, las negaron. O más bien negaron su aspecto limitado, para tratar de preservar en ellos el recuerdo de padres maravillosos. «Yo soy pupilo, hijo de nadie, pero pupilo… de la nación, hijo de una entidad gloriosa».*

A veces el indicio es imaginario. Pero, como en toda novela, la realidad alimenta lo imaginario. «Nací en 1944. Soy rubia de ojos azules. Me gusta el baloncesto. Entonces, seguramente mi padre era estadounidense, porque los estadounidenses llegaron a Francia en 1944, son rubios y de ojos azules, y juegan bien al baloncesto».* A partir de ese indicio, partió en busca de sus orígenes en los archivos de Normandía.

La manera en que la sociedad habla del niño sin familia es constitutiva de su novela genealógica. Tuve la ocasión de trabajar en una institución gigantesca donde los niños eran designados con un número. Esa anomia[17] provocó resultados catastróficos en esa población de un millar de niños.

En la misma época, los comunistas compraron en Arcueil una pequeña casa para alojar a niños sin familia. Educadores sin título, de entre 16 y 20 años, que no respetaban las consignas de higiene, se ocupaban de esos niños que, en su mayoría, habían sido terriblemente agredidos. Muchos habían sido deportados, encarcelados, hambreados. Todos habían andado de aquí para allí (esa era la expresión que con más frecuencia se oía) antes de terminar en una litera de campamento, en alguna pequeña casa sobrepoblada. Pero allí se hablaba de la muerte en términos de gloria: «Tus padres han muerto por Francia, por una idea… ¡qué nobleza! Has sufrido, has perdido a tu familia, pero gracias a ellos hoy somos libres… ¡qué dignidad!».

De los 40 niños seguidos durante una historia de vida, puesto que ahora tienen más de 50 años, dos se hicieron delincuentes (ya lo eran en Arcueil), algunos murieron, y se perdió el rastro de otros diez. Los 27 restantes tuvieron un desarrollo afectivo y social absolutamente notable: tres escritores conocidos, dos directores de teatro, varios científicos y docentes. En suma, un desarrollo, una aventura de vida probablemente mejor que la que habrían tenido si hubieran permanecido con su familia de origen.

Un trabajo[18] estadístico mucho más estructurado muestra que el 42% de esos niños aprobaron los exámenes de alguna escuela de nivel superior o siguieron estudios universitarios. La mirada social en esas casas era tan favorable que los niños sin familia tuvieron rendimientos muy superiores a los de los niños de una población normal.

Un centro de reproducción eugenésica nazi fue creado en París, en 1943, por la cátedra de higiene racial a fin de favorecer la selección de rubios dolicocéfalos.[19] Algunos documentos dicen que mil niños habrían nacido en esos centros.

Tuve la ocasión de conocer a dos varones y de cuidar a una niña nacidos en esa selección. Los dos varones se convirtieron en delincuentes ideológicos. Decían: «La sociedad quiere eliminarnos a causa de nuestros orígenes, pero nosotros sabemos muy bien que somos hijos de superhombres».*

La niña se casó con un industrial y obtuvo un puesto de responsabilidad en un partido que no es de izquierda. Decía: «No puedo hablar de mis orígenes, pero estoy orgullosa de ellos. No conozco a mi padre, pero me ha dejado su voluntad y su deseo de dominar».* Ella dominaba, por otra parte, a un amable marido, encantado por su bella mujer, alta, rubia y muy voluntariosa. Él no sabía que esa voluntad le venía del mito de sus orígenes, narrado por una sociedad valorizadora para esa niña abandonada y que tal vez le había permitido un desarrollo social superior al que habría tenido en su familia de origen.

La identificación también es retrospectiva: uno sabe quién es al mirar de dónde viene. El niño de familia dice: «Cuando sea grande, voy a ser como mis padres». También puede decir: «de ningún modo voy a ser como mis padres», lo que constituye, de todos modos, una referencia. La fantasía de los orígenes del niño autocentrado, sin familia, se remonta a su propio nacimiento: «Soy el que fue abandonado».

Un día, el niño sin familia parte en busca de sus autores, «en busca de mis verdaderos padres», como suele decir. Misteriosamente, esa búsqueda comienza tarde. En un momento significativo de su historia, con frecuencia después de la adolescencia de sus propios hijos, el niño sin familia, ahora fundador de su propia familia, parte en pos de sus fantasmas. Va a buscar a su «verdadera madre». La madre educativa, madre sustituta, nodriza, Asistencia Pública o DASS (Dirección Departamental de Asuntos Sanitarios y Sociales, en Francia) se convierte entonces en la mala madre. «Fui criado por la DASS, entonces trabajé mi Edipo con la madre DASS, mi verdadera madre es un hada. La que me crió cometió un error. Con frecuencia ella pronunciaba esta frase: lo que yo he hecho por ti tu madre no lo habría hecho».* Esta frase descalifica a la madre sustituta y le da para siempre el estatuto de mala madre, de bruja con respecto a la madre hada. «Esa mujer que me alimentó, me castigó, cobró una pensión para criarme, no tiene derecho a hablar mal de mi verdadera madre».*

A veces, por el contrario, la que resulta agredida es la verdadera madre: «Para mí, mi verdadera madre es mi nodriza. Sé que mi nodriza no es mi madre verdadera, pero la amo tanto que la llamo mi verdadera madre».* Se encuentra allí la fantasía fundadora: «Soy yo el que dice quién será mi madre». Por lo general, es la madre la que dice quién es su hijo y quién es el padre de ese hijo. Pero el niño sin familia designa a su madre. Esa búsqueda de maternidad sobreviene en el momento en que la niña sin familia ha terminado de criar a sus hijos y ha fundado su propia dinastía. Ella dice quién es su hijo, quién es el padre de su hijo. También dice quién será su madre, a quien preguntará quién fue su padre: decreta su red genealógica.

El niño de familia sabe que inventa su novela familiar, que juega. Es una fantasía diurna. En cambio, el niño sin familia cree que va a encontrar en la realidad a su madre hada, y, apenas tiene la edad y la capacidad social de fundar una familia, parte en busca de sus verdaderos padres, a los que decreta como los ha imaginado. Toma la realidad como si fuera sus deseos.

En la época en que no era necesario apegarse a los niños, debía guardarse el secreto de los orígenes de los niños hallados. La muerte era tan frecuente que los adultos apegados corrían un riesgo de sufrimiento. Además de que un niño abandonado era ¡el hijo del pecado! Fue muy difícil para San Vicente convencer a las hermanas de la Caridad de que se ocuparan de ellos. En definitiva, un niño sin familia causa un desorden, se sabe que no hay sociedad sin ley. Todo ello explica la inaudita brutalidad de los antiguos orfelinatos y la necesidad del secreto.

También se debe tener en cuenta un problema de orden psicosocial: hasta 1950, uno de cada dos adultos había sido huérfano, dado a una nodriza o ubicado en una pensión. Este alto índice explica tal vez esa moral que ha impregnado nuestra cultura al punto de hacer del sacrificio un valor familiar.

Hoy en día, cuando no se registran más que 200.000 niños sin familia y vivimos en una cultura de plétora familiar, es posible decir: «Familia, te odio».

La cotización en bolsa de los niños seguramente también influye: cuanto más numerosos son los niños, menos valor tienen. En China, el infanticidio no era considerado realmente como un crimen, sobre todo en el caso de las niñas. Pero desde que una decisión política obligó a las parejas a no tener más que un hijo, se vio aparecer en una sola generación «la era de los pequeños emperadores». Se invierte mucho en esos niños, en todos los sentidos del término, puesto que un solo hijo cuesta el salario completo de uno de los progenitores: «Su espíritu es más despierto, pero su corazón parece bien duro».[20]

Llega el día en que el niño sin familia halla a su madre, el día en que la fantasía halla lo real. Gracias a los recientes avances de los juristas, vemos que cada vez más niños sin familia llegan a descubrir sus orígenes. Tengo la sensación de que algunas historias se repiten. Los niños de familia conocen sus orígenes a través de las palabras y las imágenes narradas por los mitos familiares y mostradas en fotografías amarillentas, a través de los objetos o los muebles que evocan otra época, otra casa y, al mismo tiempo, una continuidad a lo largo de las generaciones.

Los niños sin familia, por su parte, salen a buscar sus orígenes en los expedientes administrativos. A ese escenario que podríamos llamar «Encuesta sobre una matrícula», se opone el cuento de hadas. Un azar, siempre maravilloso, provoca el encuentro: «Creo que conocí a su padre antes de la guerra. Bien podría ser su padre. Era un hombre extraordinario. Tengo una foto en mi casa». O bien: «Cuidé a su madre después de que usted naciera. Sufrió mucho. ¡Qué fuerza extraordinaria demostró cuando tuvo que abandonarlo!». En una palabra, en una imagen, el hijo de la basura se convierte en hijo de héroe. Al escenario «Encuesta sobre una matrícula», se opone el escenario «Cómo nuestro héroe descubre que es hijo de Príncipe». Gracias a la encuesta, gracias al azar, ahora necesitará encontrar realmente su imaginario.

La mayor parte de los niños sin familia se preocupan por sus orígenes. Pero las mujeres más que los hombres, que con frecuencia se niegan a intentar la aventura por temor a reavivar la herida. El encuentro entre la madre y su hijo abandonado impone un cambio de capítulo en la novela de los niños sin familia. Sea en el escenario «archivos» o en el escenario «azar maravilloso», ese encuentro se prepara por teléfono. La voz se constituye en la primera interacción real, marcada por la angustia, en la cual el deseo es apenas superior al temor: «Soy yo, tu hija… –Sabía que un día llamarías –responde la madre–… ¿Quieres que nos encontremos?».

Luego, deben verse: «Llamé a la puerta… Abrió… Vi a una mujer normal. Una mujer como otras. Sabía que era mi madre, pero no lo sentía».*

Es necesario hablar. A veces, la intimidad se establece instantáneamente. «Nos sentamos juntos, en el diván, nos contamos nuestras vidas. Yo no estaba emocionado. Simplemente asombrado de hablar íntimamente con una mujer que no conocía».*

No siempre las cosas suceden tan tranquilamente: «Imaginaba a mi madre como la Virgen María. La adoraba en mis sueños. A los 20 años, la encontré, gracias al archivo de su lugar de nacimiento y a la guía telefónica. Descubrí a una puta. Me mandó a paseo. No soporto ese rechazo, y desde ese día me esfuerzo aun más… para que me amen».*

Otra mujer dice: «Quería encontrar mi árbol, mis orígenes, porque antes estaba en la nada. Estaba obligada a creer lo que decían de mí: puta, hija de puta. Imaginaba una madre maravillosa. Di con una verdadera puta que me rechazó cuando quise abrazarla. Antes estaba en la nada; ahora estoy sumida en la desesperación».*

Un mismo proceso se desarrolla en esos encuentros diferentes: búsqueda tardía de las raíces, angustia y placer del encuentro, intimidad u hostilidad inmediata de esos extraños familiares, no se establecen vínculos nuevos.

Todo está cambiado en el mundo interno del niño sin familia. Sabe que viene de un lugar, de una persona, de una historia. Ha visto rostros e imágenes. Luego sobreviene un apaciguamiento provocado por el sentimiento de pertenencia: «Sé de dónde soy, de quién soy, cuál es mi religión, la música de mi medio, cómo se visten, cómo se peinan allí».* Esa adquisición de identidad súbita crea un sentimiento de economía en el espíritu del niño sin familia:[21] «Ya no tengo que inventar un mito, porque me inserto en una continuidad mítica que existía mucho antes de mí. Soy de una familia donde todos están destinados a ser directores de teatro. Ya no tengo que buscar mi vida a través de la matemática o el comercio, el deporte o el ejército. Sólo puedo ser director de teatro, mientras que antes tenía que intentar la matemática, el ejército o el comercio para darme cuenta de que no me gustaban. Ahora que sé de dónde vengo, a quién pertenezco, puedo evitarme esas experiencias costosas. Al identificarme, me restrinjo, pero me realizo».*

El mito familiar posee un valor predictivo: en mi familia no nos dedicamos a la matemática, ni al ejército. Para llegar a ser alguien, se debe renunciar a todos los otros que uno podría haber sido. La red familiar facilita y rige el desarrollo de un niño. Esa red lo guía, le da sentido, lo limita y lo amputa, modelándolo.

La etología de los seres de apego, cuando no tienen padres, nos enseña que, más allá de la especie y de la cultura, se adaptan a esa privación de padres mediante una reacción conductual análoga: aumentar las actividades autocentradas, lo que constituye una suerte de tranquilizante natural. Cuando esos seres vivos son capaces de pensar, expresan esa actividad mediante una mentalización autocentrada que les permite una musculación narcisística.

Un buen número de presiones actúan en el moldeado de la personalidad del niño abandonado: el momento en que sobreviene el abandono, el sexo del niño abandonado, la calidad de su pulsión de apego, las relaciones tempranas y, sobre todo, la mirada social respecto del abandono. Todas esas presiones explican la extrema diversidad que manifiestan esos cuadros clínicos.

La observación etológica de los niños sin familia nos enseña que la inmensa potencia modeladora de la mirada social puede regir trayectorias biográficas radicalmente opuestas. Algunos niños están condenados a no desarrollarse en circuitos sociales que los frenan, mientras que otros tienen un desarrollo superior al que habrían tenido dentro de su entorno familiar.

En la Edad Media, los niños eran criados en comunidades, pequeños reinos de infantes. En el siglo XVII, se socializan imitando a los adultos del mismo sexo. En el siglo XVIII, aparece el concepto de educación que tenía por desafío la lucha contra la mala naturaleza. El adiestramiento de los niños fue pergeñado por los educadores del siglo XIX en un contexto dominado por la máquina. Después de la guerra de 1940, los profesores utilizaron más bien la noción de instrucción. Esa idea exigía la representación de un niño vacío en el que el adulto podía verter informaciones.

Los hijos de la basura nos proponen considerar la función parental como el pintor considera a su modelo, lo que implica la presencia sensorial de los educadores, pues el padre invisible, descalificado en el hogar, se vuelve carismático en el grupo social. Y la madre invisible se vuelve madre fantasmática, como una divinidad primitiva, abastecedora y devoradora.

El inmenso poder de la mirada social revela una carencia de nuestra cultura que, ante el desarrollo actual, inaudito, de la adolescencia, aún no ha previsto nada que oficie de relevo entre la familia tranquilizadora y la sociedad agresora.

Hasta ahora, para comprender el desarrollo de los niños, sólo se disponía del modelo edípico. Los niños sin familia ya no son muy numerosos en Occidente, pero el modelo de esos niños narcisos está en amplia expansión.

En el Tercer Mundo, son muy numerosos: niños de poblaciones trasplantadas, deportadas, masacradas, separadas. El Tercer Mundo conoce hoy en día lo que Europa conoció hasta 1950.

Ese modelo teórico del niño sin familia se desarrolla en Occidente a raíz del «trasplante interior», donde las personas de una misma población se desarraigan sin cesar para adaptarse a una cultura del cambio. Se necesitaron cuatrocientos años para construir la catedral de Notre-Dame, mientras que cinco años alcanzan para realizar una ciudad nueva. Las personas que van a vivir a esa ciudad no se conocen, no tienen el tiempo para establecer una red afectiva y social antes de la mudanza siguiente.[22] Como el niño sin familia, esos hombres sin raíces deben inventar su cultura.

La función de la familia es neurotizar al niño, imponerle pautas de desarrollo prefabricadas, limitantes y facilitadoras. El niño de familia cae en un mundo donde encuentra un medio social y fantasmático ya organizado para canalizar y desplegar su desarrollo.

El niño sin familia cae en un medio inestable, desorganizado, de formas cambiantes, circuitos sociales cerrados y caóticos, presiones fantasmáticas incoherentes, mirada social desvalorizadora. La única referencia estable y familiar que persiste en ese mundo sin forma es él mismo. El niño se vuelve entonces autocentrado. La representación de sí mismo se convierte en su principal organizador.

El niño sin familia, privado de organizador externo, se transforma en narciso sin espejo. Sólo puede imaginar aquello en lo que desea convertirse, mientras que el niño edípico lo percibe y se refiere a ello.

Evidentemente, el destino mítico fue realizado por Edipo, que era un niño abandonado.

A propósito, ¿cuál era el oficio de su padre?

Notas

1. J.-L. Lahaye, *Cent Familles*, Carrère, 1985.
2. L. Malson, *Les enfants sauvages*, 1964, 10/18, clasifica de manera científica los casos, a fin de evaluar el componente de naturaleza y el componente de cultura en su desarrollo.
3. J. A. L. Singh y R. M. Zingg, *L'homme en friche. De l'enfant-loup à Kaspar Hauser*, Bruselas, Complexe, 1980.
4. D. Burlingham y A. Freud, *Enfants sans famille*, París, PUF, 1948.
5. N. Loutre du Pasquier, *Le devenir d'enfants abandonnés. Le tissage du lien*, París, PUF, 1981.
6. M. Duyme, *Les enfants abandonnés: rôle des familles adoptives et des assistantes maternelles*, París, CNRS, 1982.

7. M. Robert, *Roman des origines et origines du roman*, París, Gallimard, 1972.

8. M. Soulé, *Le nouveau roman familial*, París, ESF, 1984.

9. D. Widlöcher, *Les logiques de la dépression*, París, Fayard, 1983.

10. R. Spitz, *La première année de la vie de l'enfant*, París, PUF, 1953. [*El primer año de vida del niño*. Madrid, Aguilar, 1993.]

11. P. Garrigues y J.-F. Mennesson, *Le jeu, l'enfant*, París, ESF, 1985.

12. L. Petit Clerc y J.-F. Saucier, Adaptation aux pairs de la garderie, en *Éthologie et développement de l'enfant*, París, Stock, 1985.

13. Observación realizada por Tizard, 1972.

14. F. F. Strayer y R. Gauthier, L'approche éthologique de l'observation du comportement, *Apprentissage et socialisation*, núm. 5-1, 1982, pp. 12-24.

15. M. Lemay, *J'ai mal à ma mère, op. cit.*, 1979.

16. Los niños de las tropas, en su mayoría huérfanos, integraban los regimientos más expuestos.

17. La persona no puede organizarse en un grupo social desorganizado.

18. D. Baumann, *La mémoire des oubliés*, París, Albin Michel, 1988.

19. Archivos de Lebensborn en M. Hillel, *Au nom de la race*, París, Fayard, 1975.

20. Shem Yucum, 1981, Beijing Medical College, China, en *Architecture et santé mentale*, presentación personal en el coloquio OMS, Bruselas, E. Alfred Sand.

21. J. Guyotat, *Mort, naissance et filiation*, París, Masson, 1980.

22. S. Angeli (comp.), *Les enfants de la rue*, Champignueles, Berger-Levrault, 1986.

11

El apego, continuación y fin

La vejez acaba de nacer.

Hasta el siglo XIX, la muerte no era un asunto de viejos. Las mujeres morían en los partos, los hombres, en el trabajo o se mataban entre ellos en peleas, los niños rara vez llegaban a la edad adulta.

Los griegos de la Antigüedad veneraban la docta asamblea de los ancianos de 45 años. En la Edad Media cristiana se despreciaba a las mujeres sin hijos y a los hombres sin trabajo. Cuando al burgués del siglo XIX la edad avanzada lo abrumaba, hacia los 40 años, se retiraba del mundo y dejaba de vivir esperando la muerte.

El anciano leía, lo que demostraba su falta de vitalidad. Había perdido los dientes, se rascaba todo el tiempo a causa de enfermedades de la piel que afectaban a todos a partir de los 25 años. Se cubría con ropas fuera de moda y soportaba el odio silencioso de su hijo mayor, aprisionado en esa familia cuya herencia esperaba. Esa situación explica el asesinato frecuente de ancianos de 50 años.[1]

El noble anciano nace en el siglo XIX, cuando su fortuna consolida su estatus familiar, y muere en el siglo XX, cuando aparece la tercera edad. Esta neutralidad terminológica revela el temor de expresar nuestra emoción ante esas viejas mujeres, tan frágiles y tan duraderas a quienes se les construyen las Hespérides, esas tierras en el fin del mundo donde crecen los manzanos que dan inmortalidad.

La mitología y la economía se asociaron para crear esa nueva imagen del anciano. Niños y adultos reaccionan ante la vejez: de la huida ansiosa a la agresividad, la distancia es corta. La frase «no quiero verlos» expresa un comportamiento de huida, así como un deseo de encierro: «¿Por qué no construyen para ellos bonitas casas de retiro?». O bien: «Se les debería dar una inyección euforizante…».

Múltiples indicios permiten sostener que el concepto de viejo es un recién nacido: el de los precios que estructuran una industria encargada de satisfacer y de explotar ese nuevo yacimiento de oro gris; el jurídico, que conlleva la aparición de leyes que asocian la edad de la jubilación con ese curioso modelo de hombre libre y reumático, mantenido por una sociedad que le propone una vida de adolescente viejo, pues hoy en día los viajes hacen a la vejez, y por último, y sobre todo, el cultural, que permite comprender en esos nuevos debates que la muerte ya no es cosa de jóvenes y que habrá que formular reglamentos para permitir que los técnicos ofrezcan a los viejos una muerte más digna.

Enunciar leyes generales sobre la vejez en el mundo animal es difícil. El sexo permite la inmortalidad de la especie al transmitir las células que poseen el capital genético, pero condena a muerte a los individuos. Es posible imaginar la función de la muerte en tanto relevo genético; en cambio, resulta difícil hallar una función de la vejez. Cuando un animal de edad ya no puede dominar, muere.

Los peces, sin duda dotados para la estrategia de la masacre, con frecuencia asocian el sexo y la muerte. Los salmones, cuando remontan las cascadas de agua dulce para encontrar sus sitios de desove, sirven de alimento a los osos, los lobos y las golondrinas, que los comen al paso. Después del acto sexual, los machos envejecen a una velocidad sorprendente, como si el acto sexual hubiera liberado una hormona del deterioro. Se hacen más lentos, se inmovilizan, pierden las escamas y sus defensas biológicas. En unos días, su carne se deshace en pedazos y mueren. No tienen tiempo de llegar a viejos, y su vejez nunca puede integrarse en un proceso social.

En el caso de los musmones, el macho dominante es desafiado por un joven al que controla a golpes de cuernos, hasta el día en que ese joven lo domina. Desde ese momento, el gran macho se separa del grupo, lo sigue a distancia y manifiesta lo que podríamos llamar comportamientos de fracaso. Come menos, duerme mal, se sobresalta ante el menor estrés y anticipa menos los gestos que va a hacer. Evalúa menos atentamente la roca sobre la que va a saltar, a menudo se resbala, presta menos atención a los obstáculos del camino, a los que se aferra y se lastima. Un día, de resbalones inesperados en gestos mal preparados, no cae en la roca sobre la que desea saltar sino en el barranco. Ese accidente no es accidental; era probable. Apenas dejó de ser dominante, el viejo musmón se las arregló para morir.

Siempre es un viejo ganso, de cinco o seis años, el que conduce el grupo a tierra, y una madre oca la que vuela a la cabeza de las migraciones. Ella elige el momento de la partida, la dirección del vuelo y el lugar de la etapa. Cuando ésta descansa, el viejo ganso monta la guardia y amenaza a los intrusos.[2]

Darwin describió la autoridad del jefe de manada en los ciervos. Esa dominancia de los viejos fue comprobada a menudo por otros etólogos en medio natural. Los babuinos viejos y desdentados coordinan el grupo en sus decisiones. Los chimpancés viejos se vuelven dominantes apenas comienzan a emblanquecerse los pelos de los hombros. Basta, incluso, con blanquear los hombros de un joven con pintura para volverlo dominante.

Esos animales que llamamos *viejos* en la literatura etológica corresponden, en realidad, a un adulto maduro: los 40 años en Occidente. Pues, en medio natural, los animales viven un tercio de la esperanza de vida programada genéticamente. En cuanto aparece un signo de debilitamiento morfológico o conductual, los jóvenes echan al viejo defectuoso y los predadores lo comen. Cualquier cojera, cualquier alejamiento del grupo, cualquier desvío de comportamiento transforma al individuo en animal de caza. Los lobos festejan y saltan apenas descubren una anomalía en la manera de pacer de los alces, pues, si pacen mal, quiere decir que sus dientes están anormales, gastados, viejos. Esos viejos alces no seguirán siendo viejos por mucho tiempo.

Para retardar el desgaste, se buscan recetas. Sabiendo que si se hacen crecer árboles en tierras pobres, se aumenta mucho su resistencia, se criaron animales en medios fríos y pobres en alimentos, a fin de aumentar su longevidad.[3] Esa limitación estimula las defensas del organismo que dura más tiempo. Esta idea, muy defendida en los medios de investigación sobre los mecanismos del envejecimiento, condujo a algunos médicos a proponer criar a nuestros niños en condiciones duras y de pobreza: los padres, tan ávidos de dar a sus hijos lo que ellos no tuvieron en la infancia, crean una patología de plétora, en lugar de darles buenas condiciones de desarrollo.

En realidad, las respuestas no son claras, incluso si se refuerza la hipótesis de la imposición. La domesticación ofrece un modelo más pertinente: los animales criados en medio doméstico viven más tiempo que en medio natural, pero se desgastan siendo mucho más jóvenes. No se trata de animales cubiertos de canas por la experiencia o que se despedazan por el acto sexual: han envejecido antes bajo el efecto de la abundancia alimentaria y de la plétora tranquilizadora que, a fuerza de eliminar todo estrés, terminó por eliminar todas las estimulaciones de defensa. Envejecen biológicamente, pero la persistencia de los juegos en esos animales da prueba de la persistencia de sus aprendizajes.

Muy jóvenes, esos animales domésticos comienzan a sufrir reumatismos, arteriosclerosis, infartos, hemiplejías y una suerte de sida, pues la vejez es una gran proveedora de inmunodeficiencia adquirida. Por mucho tiempo, seguirán siendo viejos… y enfermos, mientras que, en medio natural, no son ni viejos ni enfermos: mueren.

La domesticación nos lleva a plantear la cuestión de otra manera. Ya no se trata de saber cuál es la función de la vejez, tan poco frecuente en la naturaleza, sino qué significa la vejez en una ecología que permite su aparición.

Toda sociedad realiza por sus ritos, sus circuitos institucionales y sus técnicas que modifican la vida cotidiana, una muy importante restricción ecológica. Por más que se diga que la baja esperanza de vida promedio hasta el siglo XIX se debía a la enorme mortalidad infantil, la edad promedio de los esqueletos muestra una juventud extrema. La datación de los dientes y de los puntos de osificación permite medir la edad promedio del muerto, del paleolítico, 26 años, al neolítico, 32 años; en el siglo XVIII, las personas morían a los 25 años, en el XIX, a los 36 y, a comienzos del XX, a los 48 años. La observación de esqueletos de 80 años o más es muy reciente.[4]

¿Qué significa esta explosión reciente de la vejez? Durante la década de 1980 en Francia, se registraban 500.000 dementes y se preveía que habría un millón al final del siglo XX.

En nuestra cultura técnica, la explicación técnica enseguida viene a la mente: mejoramiento de la higiene, medicamentos y condiciones de vida. Los nutricionistas dan su receta: comer poco, en medio frío. Una población de ratas, por ejemplo, mal alimentadas y mal calefaccionadas, vive un 50% más que la misma especie bien alimentada y bien calefaccionada.[5] También se debe comer bien: lo que aumenta la esperanza de vida de los seres vivos de edad avanzada es la calidad alimentaria en su infancia. El ácido nordihidroguaiarético (NDGA) aumenta en un 50% la esperanza de vida... ¡de un mosquito![6]

El asunto está menos claro para la especie humana: se sabe que todos los tóxicos disminuyen la esperanza de vida, el alcohol, el tabaco, la grasa y el azúcar, entre otros, pero no se conoce ninguna sustancia que permita alargarla. No obstante, ¡se debe reconocer que los sueros de Bogomoletz, Jouvence, procainamida rumana y placentas austríacas mejoran manifiestamente la calidad de vida de quienes las venden! Lamentablemente según esta teoría, los hombres de los países fríos envejecen precozmente y la mortalidad de los países mal alimentados es aterradora.

Sin embargo, los estudios científicos que abundan desde hace algunos años comienzan a hacer surgir ciertas leyes: si un marciano leyera esos estudios, llegaría a la conclusión de que el hombre occidental sufre de autismo en su infancia y se vuelve demente hacia los 30 años. Lo que demuestra que los textos científicos no describen lo real, sólo descubren lo que esclarecen nuestras preocupaciones y nuestras capacidades técnicas actuales. A partir de ese esclarecimiento, puede observarse que la vejez no se distribuye al azar. Los docentes viven una larga y bonita vejez, después de una vida profesional tranquila. Los obreros rara vez llegan a viejos: mueren cerca de la edad de la jubilación, después de una vida profesional que recuerda a veces las torturas sociales del siglo XIX.

En los países no industrializados, las mujeres mueren muy jóvenes. En Europa, por lo general, se critican los medios en que se efectúan los partos, pero, en África, la ausencia de profesionales del nacimiento hace de la gravidez una enfermedad muy peligrosa, ya que una de cada tres mujeres muere a causa de ella.

En los países industrializados, en cambio, las mujeres ganan la carrera de la longevidad: viven mucho más tiempo que los hombres, que se masacran en accidentes de trabajo, con el alcohol, el tabaco, el automóvil y el desprecio de sí mismos. Pero después de los 65 años, la calidad de vida de esas sobrevivientes lleva a preguntarse si vale la pena vivir así: soledad, pobreza, demencia, enfermedades incesantes componen la vida cotidiana de esa victoria femenina.[7]

A juzgar por esos numerosos trabajos, en lugar de buscar los factores del deterioro que conlleva la vejez, algunos neuropsicólogos se lanzaron en busca de los bellos ancianos, muy importantes para nosotros, pues ofrecen un modelo tranquilizador de vejez. Dos factores de protección contra el envejecimiento aparecen de manera unánime: ¡el intelecto y el matrimonio!

Intelecto no significa inteligencia, sino hacer funcionar la cabeza, para leer o escribir, sobre todo para dirigir una asociación, dar asesoramiento de gestión o de fabricación. Intelecto significa tener un proyecto en mente. Pero las raíces de esos proyectos se instalan muy temprano en la vida: las poblaciones de intelectuales viven más tiempo, y la calidad de esa vejez les ofrece momentos de vida agradables. Parece incluso que siempre ha sido así. Cuando los hombres morían entre los 40 y los 50 años, los «sabios» llegaban a los 64 años en el siglo XVII, 65,8 en el siglo XVIII, 68,8 en el XIX, y 71,5 hacia 1960. Bertrand Russell vivió y creó hasta los 98 años, y Einstein, hasta los 76.[8]

Los matemáticos, que no son hombres como los otros, manifiestan un pico de creatividad increíblemente precoz entre los 15 y los 20 años. Ese pico cae a partir de los 25 años, y se transforma con la edad en creatividad verbal que, por su parte, mejora cuando el cerebro envejece.

El placer de hacer funcionar la cabeza constituye uno de los factores de protección más eficaces contra el envejecimiento.

El intelecto, la alimentación, la estimulación por la acción, el placer o lo social: sin dificultad podemos admitir que estos factores luchan contra la vejez. Pero ¿cómo comprender que el factor de protección más inesperado sea... el matrimonio?

Los solteros libres, solos, sin preocupaciones y sin hijos, envejecen mal, sobre todo los hombres. Las parejas casadas tienen una esperanza de vida más larga y de mejor calidad que las personas solas. ¿Cómo comprender que el matrimonio tenga un efecto protector contra el envejecimiento? ¿Tantas preocupaciones, tantos conflictos, tantas angustias, renuncias, limitaciones, responsabilidades tendrían un efecto benéfico? A menos que el hecho de vivir en pareja contenga en sí mismo los efectos protectores contra el envejecimiento.

La primera modificación conductual que aparece después de un divorcio o la muerte del cónyuge es el cambio alimentario. Las mujeres vuelven a los alimentos pastosos (yogures, cremas, café con leche); los hombres, al bistec-queso-pan. Esta monotonía alimentaria provoca rápidamente trastornos digestivos o vitamínicos.

La segunda modificación es el cambio en la vestimenta: los hombres solos descubren las vestimentas de caza o de deporte, y se conforman con usar ropas viejas. Las mujeres solas se ponen vestimenta práctica, útil, cerrada. Una paciente, vestida con un abrigo por encima de su vestido, sólo caminaba si se ponía zapatillas de paño forradas. Otra hablaba del alivio de no tener que vestirse más con «el impudor de las mujeres que deben mostrar las piernas, los muslos y todos sus escotes».*

Podemos formular la hipótesis siguiente: el hecho de vivir en pareja, con las pesadas consecuencias que acarrea, contiene los ingredientes necesarios para la lucha contra el envejecimiento. Ese apego conflictivo crea acontecimientos estimulantes y da sentido a lo cotidiano.

En las parejas de edad, se halla el mismo fenómeno de apego conflictivo que describimos para la crisis de la adolescencia, entre los padres y los hijos, y durante la inhibición del deseo en las parejas de larga duración.

El contrato afectivo, el vínculo instaurado desde los primeros gestos de la pareja, sigue oculto durante esos decenios bajo lo cotidiano. Emerge con la jubilación, cuando la pareja ya no puede evitar la expresión de esa parte oculta de su personalidad: «Sabía bien que mi marido era autoritario, pero nunca había tenido la ocasión de sufrirlo, pues como trabajábamos los dos, nos íbamos temprano a la mañana y nos veíamos apenas a la noche».* El marido se jubila y se ocupa entusiastamente de la casa. Reina allí un orden impecable, las compras están bien calculadas; los menúes, equilibrados en calorías y en dinero. Hasta el día en que la mujer, por su parte, se jubila y decide inmiscuirse en ese ámbito naturalmente reservado a las mujeres. El marido reacciona mediante una depresión agresiva. Por primera vez en su vida, a los 68 años, ya no puede decidir, gobernar, manejar su vida y la de los demás.

Esa desvalorización social de las personas mayores, asociada a la importancia creciente de lo cotidiano, como comer platos sanos, dormir la siesta, rodearse de objetos familiares, sentirse seguro con algunos comerciantes conocidos, da el poder a las mujeres e instaura el matriarcado en las personas mayores.[9]

El conflicto ya no se desarrolla en torno de la conquista sexual o social, como en la adolescencia, sino en torno de la conquista de lo cotidiano. Las mujeres mayores soportan mal ese intento de toma del poder doméstico por los hombres. A menudo mandan al marido a jugar fuera de la casa: «Ve a jugar a la petanca… Ve a ver a tus amigos… No soporto que esté todo el día cerca de mí… Odio que haga las compras o lave los platos, ¿por qué se mete?».*

Los conflictos que explotan con retraso, ocultos durante 50 años bajo las urgencias cotidianas del trabajo y de los hijos, dormitaban desde los primeros minutos del encuentro de la pareja. Las parejas mayores conflictivas repiten el conflicto que ya habían expresado sus padres en la adolescencia.[10] Ese niño que agrede a su madre porque ella es demasiado ordenada, se casará con una mujer desordenada y se lo reprochará 50 años más tarde. Esa niña que reprocha a su padre hablar demasiado de su trabajo se casará con un alegre muchacho que, durante toda su vida conyugal, tendrá dificultades para encontrar un trabajo. «Me casé con ese muchacho para probar a mi madre que era capaz de casarme sin amor»,* se transformará 50 años más tarde en: «Me pregunto por qué nos casamos, siempre vivimos como extraños».

Algunas personas, muy ansiosas desde la infancia, viven el apego como una suerte de bulimia afectiva. Les alcanza con estar cerca de la persona de apego para sentirse plenas. Les perdonan sus imperfecciones y los conflictos. Pero el día en que esa persona muere, el mundo se vacía y pierde sentido. No hay sustitución posible, escapatoria a otro proyecto, ni compensación con otro apego. Ya no le queda más que morir, pues la vida que lleva es peor que la muerte, después de la pérdida del ser amado.

Por ello, no hay que reírse del duelo que algunas personas hacen cuando muere un animal de compañía. Ese perrito encarnaba el afecto puro: «No es interesado, cuando vuelvo, es el único que me festeja».* La pérdida de esa afición sin ambivalencia va a provocar un vacío total, una vida muerta, sin alternativa posible. «Otro perro nunca podrá reemplazar a mi perrita… Si hubiera visto cómo me miraba a los ojos con todo su afecto».*

Rara vez se oye una frase similar después de la pérdida de un marido. La pareja mayor sufre el problema que se ha instaurado desde los primeros gestos del encuentro. La jubilación casi siempre es vivida como una liberación profesional, un mejoramiento de la vida. Sólo adquiere el significado de una pérdida para aquellos a los que el trabajo había ofrecido una prótesis neurótica. Lo mismo ocurre en relación con la partida de los hijos ya mayores. El adolescente desagradable envenena la vida cotidiana familiar; su partida da a los padres un gusto de libertad recobrada. Las parejas mayores que sufren «la depresión del nido vacío» son aquellas que habían ofrecido a los hijos una dedicación afectiva exclusiva: «Siempre viví a través de mis hijos… mis hijos son todo para mí… nos quedamos juntos por ellos».*

A menudo, la ambivalencia constituye una cláusula del contrato inconsciente firmado en el encuentro de la pareja. Arruina la vida cotidiana durante 50 años, pero permite dar a la muerte del cónyuge un significado de liberación: «Mi marido quería hacerme feliz. Yo era propiedad suya. Él quería que su propiedad fuera feliz. Me dio la fuerza para oponerme a él y despegarme de él… Me siento mejor desde su muerte. Por fin independiente. Tengo vergüenza de sentirme tan bien por ser libre. No me atrevo a decirlo a los niños. Estoy muy sorprendida de sentirme bien, de vivir a mi ritmo. Me gustaría viajar si no me retuviera mi perro».*

Incluso la sexualidad de las parejas mayores responde a ese esquema: las personas mayores expresan en sus dificultades sexuales la cláusula contractual que firmaron a los 20 años: los hombres engañan con mayor frecuencia a su mujer antes de los 40 años, las mujeres engañan con mayor frecuencia a su marido después de esa edad. El pico de los sueños eróticos se expresa en los hombres hacia los 25 años. Las mujeres se dejan llevar por la expresión de sus fantasías sexuales después de los 40 años, en el momento en que los hombres tienen previsto calmarse.

¡Qué difícil es encontrarse!

La crisis más intensa de la historia de una vida es la vejez. Del mismo modo que el conflicto que se expresa en la pubertad se ha instaurado en los primeros años de la vida, puede decirse que los sufrimientos que se expresan en la vejez se han instaurado en la juventud. Por eso puede verse a las personas mayores sufrir el problema que había organizado su infancia. Esa mujer mayor de 85 años se deshace súbitamente en lágrimas. Cuando se le pregunta qué le pasa, responde: «Soy huérfana, perdí a mi madre a los cinco años… nunca voy a superarlo…»*

Otra paciente se vuelve odiosa con su marido, al que agrede en cualquier ocasión desde los 78 años. Cuando tratamos de comprender las razones de su agresividad, responde: «Estoy furiosa conmigo por haberme casado con este tipo... Tendría que haberme casado con el otro... Julián... estábamos hechos el uno para el otro, los dos teníamos un premio de violín del conservatorio... por qué me casé con éste... nunca lo voy a querer».*

Esa vuelta del pasado se explica por el tipo de memoria de las personas mayores. Su disminución de síntesis protídica impide toda fijación de los recuerdos recientes. Lo que les viene a la conciencia, lo que recuerdan es lo que se ha fijado durante la infancia y la juventud. Por razones biológicas, las personas mayores sufren su pasado lejano.

En el laboratorio de procesamiento de los conocimientos, acabamos de describir un signo de etología clínica que permite fechar la aparición del proceso de despegue de las personas mayores.[11]

El espejo que se encuentra en mi oficina da origen a esta historia. Un día, en una consulta, una señora mayor se sobresaltó y murmuró a sus hijas: «Cállense, alguien nos está vigilando». Las hijas, sorprendidas, angustiadas por ese signo, hicieron muchos esfuerzos para negarlo: «pero no, mamá, eres tú la que está en el espejo», y rápidamente pasamos a otros problemas.

Retomamos esa observación de manera más metódica. En los escritores: «Me levanté con las manos extendidas... se veía como si fuera pleno día, y ¡sin embargo no me vi en el espejo... ¡Estaba vacío, claro, profundo y resplandeciente de luz! ¡Mi imagen no aparecía y yo estaba frente a él!», escribe Guy de Maupassant en *El Horla*. Roman Polanski utilizó el mismo efecto en *El baile de los vampiros*, cuando el cazador baila con el vampiro y sólo el reflejo del hombre aparece en el espejo. Charcot denominó a ese trastorno de la percepción «autoprosopagnosia», el no reconocimiento de la propia fisonomía.

Freud realizó una autoobservación.

«Estaba sentado solo en un compartimiento de coche cama, cuando a raíz de un violento sacudón... la puerta que conducía al gabinete de aseo se abrió, y un hombre de cierta edad en ropa de cama y gorra de viaje entró en mi compartimiento... me precipité para advertirle, pero me di cuenta, estupefacto, de que el intruso no era sino mi propia imagen reflejada en el espejo…»[12]

Cuando repetimos la misma observación con personas mayores, lo que nos sorprendió fue la facilidad con la que obtuvimos el no reconocimiento de sí en el espejo. Las personas mayores se sobresaltan ante esa extraña familiaridad y tratan de evitarla. Luego dicen: «Me parece que lo conozco, es mi vecino», o bien: «Es mi padre… es mi madre… es un horror». Conservan en ellos esa memoria que crea el sentimiento de familiaridad, se nombran en el lenguaje, nombran a sus hijos y reconocen sus rostros. Pero no se reconocen a sí mismos: se despegan del tiempo presente, y siguen narrándose en imperfecto.

Ello demuestra que el rostro no es una imagen como las otras. Es una percepción que, de entrada, provoca una representación: «Es mi padre». Cuando esa fulguración de la imagen no es posible, se debe pasar por el desvío analítico: «Es mi verruga debajo del ojo… es mi ropa de cama… es el gesto que yo hago que se refleja en el espejo: entonces soy yo».*

Las personas mayores sienten en secreto el primer signo del despegue de sí mismos, mientras siguen identificándose en el lenguaje. La palabra, instaurada desde el comienzo del funcionamiento cerebral, resiste mejor que la imagen y se desorganiza mucho más tarde, cuando la clínica de la demencia se vuelve flagrante.

La familia sigue la misma evolución. El cónyuge y los hijos sufren la alteración cerebral de su padre, hasta el día en que el anciano enfermo deja de reconocerlos. El día en que dice «buen día, señora» a su hija o «¿quién es ese?» ante su hijo, marca la fecha del despegue.

El hijo cuyo rostro ya no es reconocido por su padre deja de sentirse reconocido: «¡No tengo nada más que ver con ese hombre que ni siquiera me reconoce!». La muerte inicia su trabajo.

La inevitable enfermedad de las personas de más de 65 años se integra también en la historia psicológica de la pareja. Las parejas que en su juventud firmaron un contrato de placer, de proyecto de vida, de coherencia intelectual y afectiva, tienen menos enfermedad y más hijos que las parejas de contrato mórbido.[13] Las parejas de contrato neurótico tienen menos hijos, más enfermedades físicas y muchos más trastornos psiquiátricos.

Apenas aparece en esas parejas mayores la enfermedad, adquiere sentido en función de la historia de la pareja. Con mucha frecuencia, el más generoso de los dos, el más enamorado, el que se casó para hacer feliz al otro, es decir el más melancólico, va a «aprovechar» la enfermedad de su cónyuge para dedicarse a él. «Redescubrí el afecto por mi marido cuando tuvo cáncer, porque volvió a necesitar de mí».*

A veces, la enfermedad invierte la dominancia en una pareja que ha pasado su vida luchando por el poder: «Desde que tiene Parkinson, se volvió gentil y por fin se deja guiar. Me siento mucho mejor desde que está enfermo».*

Si se sigue el devenir de los enfermos adultos,[14] se comprueba una gran proporción de curaciones, contrariamente a lo que se supone. El 20% de las recaídas repetidas o de las depresiones permanentes se manifiesta en las personas solas. La mayoría de los deprimidos que lograron vivir en una red afectiva de conflictos permanentes tienen un mejor pronóstico que las personas solas que han vivido en una tranquilidad desprovista de sentido. El matrimonio, incluso, ofrece a la mayoría de los psicóticos un medio de equilibrio que les permite evitar los establecimientos psiquiátricos.

El mismo razonamiento puede hacerse en el caso de los huérfanos: es el sufrimiento de una infancia sin familia, de un asilo psiquiátrico o de una prueba que se debe superar lo que da sentido al matrimonio y crea su función tranquilizadora. El hecho de estar en familia, en pareja, en grupo familiar o de amigos da sentido a los hechos y atenúa el estrés, mientras que la soledad mata el sentido.

No existe peor agresión que el no sentido.

Notas

1. Ph. Ariès, «Une histoire de la vieillesse?», en *Le continent gris, Communications,* París, Seuil, 1983.
2. K. Lorenz, *L'Année de l'oie cendrée,* París, Stock, 1978.
3. J. Treton e Y. Courtois, «Mécanismes et théories du vieillissement», *Gazette médicale,* vol. 93, núm. 4, 1986.
4. L. Robert, «Biologie du vieillissement», *Communications,* núm. 37, Seuil, 1983.
5. Observación efectuada por Max Kay.
6. J. P. Richie y B. J. Mills, «Proceeding for the society», *Experimental Biology and Medecine,* vol. 183, 1986, pp. 81-85.

7. A. J. Silman, «Why do women live longer and is it worth it?», *Brit. Med. J.*, núm. 294, 1987, pp. 1303-1312.

8. Y. Christen, «Les bons neurones font-ils de vieux os?», *Alzheimer Actualité*, septiembre de 1987.

9. I. Simeone, «Le couple âgé et le vieillissement», *Actualités psychiatriques*, núm. 3, 1986.

10. D. K. Benchouk, *Vieillissement physiologique et pathologique du couple*, tesis, Universidad de Ginebra, 1982.

11. B. Cyrulnik y M. Ohayon, «Ethologie du visage âgé dans le miroir», en *Le visage: sens et contresens*, París, ESHEL, 1988.

12. J. Postel, «Les troubles de la reconnaissance spéculaire de soi au cours des démences tardives», en *Image spéculaire du corps* (J. Corraze, comp.), Privat, 1980.

13. G. Tordjman, *Le couple. Réalités et problèmes*, París, Hachette, 1981.

14. B. Cyrulnik, Y. Garnier y D. y R. Thomas, «Étude catamnestique de 3.000 patients pendant 10 ans», *Psychiatries*, núm. 3, 1982.

12

¿Por qué concluir?

La mejor manera de anquilosar una idea es venerarla.

Alcanza con repetir las frases, los gestos y los tics verbales del maestro para que, en unas pocas palabras, la idea se transforme en recitación, se seque y muera.

Para concluir, se necesitaría una frase definitiva que permitiera cerrar 10 años de investigaciones. Se debería hallar la maravillosa interrogación que permitiera subrayar la importancia del apego, y su fragilidad.

Una pregunta perversa no tendría un efecto negativo. Bastaría con recordar hasta qué punto nuestros valores culturales promueven el apego entre la madre y el hijo, luego subrayar que lo que fortalece el apego diluye ese deseo de apego. El deseo sólo aumenta cuando comienza a faltar. La satisfacción lo apaga. Las madres que castigan, esas «malas madres», refuerzan los comportamientos de apego en los mamíferos. Y en los humanos, refuerzan las fantasías de apego: «Cuando yo sea grande, voy a ser capaz de formar la familia que mis padres no lograron tener».*

Nada refuerza más el deseo de familia que la falta de familia, el deseo de vínculo que la ausencia de vínculo.

Cuando las buenas madres nos ofrecen la autonomía, cuando las buenas sociedades hacen que los individuos sean capaces de lanzarse a la aventura individual, fomentan las trayectorias personales... y contribuyen a fragmentar el cuerpo social.

¿Cómo escapar de esto? Freud analizó los apegos neuróticos. Tras la guerra, los psicoanalistas describieron los trastornos físicos y mentales provocados por las carencias afectivas. ¿Habrá que observar ahora la patología de la plétora debida a los excesos de apegos, cuando el niño demasiado amado, demasiado tranquilo, pierde el sentido de la vida?

Hagamos lo que hagamos, no lo lograremos.

Cuando nos apegamos a nuestros hijos, ¿les hacemos perder esa necesidad de apego? Cuando viven en paz en una sociedad superorganizada, ¿sus biografías se escriben en el no sentido?

Perverso todo esto, ¿no?

«¿Por qué?»

Esta pregunta neurótica nos lleva a la inteligencia dolorosa, a la necesidad de comprender. ¿Acaso podríamos imaginar una existencia sin «porqués», un destino hecho de certezas y de plenitud tranquila? ¿Se necesita una sospecha de angustia para dar sentido a la vida?

A menos que intentemos otra manera de terminar un libro. En lugar de extraer verdades definitivas, ideas geniales y preguntas estimulantes, podríamos, simplemente, admitir nuestras limitaciones, nuestros fracasos y nuestros obstáculos.[1]

Hasta el presente, yo he publicado las pepitas etológicas extraídas del río del mundo vivo, nuestras maravillosas observaciones, en lugar de nuestros fracasos. Tendía a exponer nuestras producciones y nuestras victorias, y dejaba a los otros la tarea de criticar en los pasillos o de publicar sus desacuerdos. Ahora prefiero concluir reflexionando sobre los obstáculos que actualmente encuentra la investigación en etología.

El obstáculo institucional. Me sorprende la cantidad de visitantes o de estudiantes que desean conocer mi laboratorio: se sienten decepcionados cuando les respondo que el laboratorio se encuentra allí adonde nos conduce la hipótesis. Hipótesis que a veces nos conduce a pacientes psicóticos para observar sus comportamientos proxémicos, el etograma de sus miradas, u otras interacciones en un espacio donde la restricción es natural.[2]

Esas salidas agradables en las que se comparte un buen momento no son tomadas en serio cuando de pedir un subsidio se trata.

El obstáculo conceptual. Un primer obstáculo surge cuando se intenta definir el término «natural». Pues qué es más natural para un hombre que el ritual de la comida, aunque esté muy marcado por su cultura, ya que cambia de un grupo social a otro, de un lugar a otro, de un momento a otro. Lo que es natural, lo que motiva el comportamiento, es la necesidad de comer, como la que tienen todos los seres vivos. Pero esa necesidad, apenas es formulada por la biología, apenas se convierte en orientación hacia el alimento, sufre las presiones del grupo y de las normas de su época.

¿Acaso existe algo más natural que una estimulación sexual? Pero ¿existe algo más reglamentado que esa motivación? Las costumbres cambian cada 10 años y cada 10 kilómetros: normas inestables, rara vez escritas, tan interiorizadas que las creemos naturales.

Entonces la etología, que se define como «el estudio de las costumbres en medio natural», podría definirse también como «el estudio de las costumbres en medio espontáneo», «auténtico», o con cualquier otro término que designe un acontecimiento del que el observador no es responsable.

Esto permite inventar la expresión «simulacro de medio natural». La mesa y la cama, que son los dos objetos más importantes de nuestra vida, permitirían describir el conjunto de caracteres que definen la condición humana. El observador no es responsable de los rituales de la mesa, de la utilización del tenedor o de las reglas de protocolo. Pero dado que están allí, surgidas de la historia de nuestro grupo social, ¿por qué no observarlas?

Los animales serían seres naturales, mientras que el hombre sería un ser de cultura. Como prueba, la prohibición del incesto donde las normas de parentesco varían infinitamente según la invención de los inventores de reglas.

A veces pienso que esa dicotomía naturaleza-cultura, hombre-animal, individuo-grupo, organogénesis-psicogénesis, es un avatar del alma. Se necesitaba que el animal fuera un animal-máquina para reservar el alma al hombre. El animal sería natural, dependiente de su maquinaria biológica; tendría reflejos, instintos, ante los que podemos maravillarnos. Pero el hombre, atención: ¡tiene un alma! ¡Inventa la cultura! ¡Es libre!

La materia, esa cochinada biológica, sólo pertenece al mundo inferior de lo vivo, es decir, a los animales. El mundo inferior de los hombres sólo se refiere a su cloaca o a sus restos mortales.

Aun aceptando que un comportamiento natural es un comportamiento que se desarrollaría de la misma manera si el observador no lo presenciara, ello no quiere decir que el observador no participe en la construcción del hecho que observa, todo lo contrario.

El obstáculo del inconsciente. El principal obstáculo sería el inconsciente del observador. ¿Por qué la escuela alemana trabaja, principalmente, sobre los problemas congénitos, las coordinaciones motoras hereditarias, los comportamientos independientes de cualquier aprendizaje? Sus observaciones son apasionantes; sus experiencias, elegantes: una ardilla aislada desde el nacimiento, privada entonces de todo modelo, manifiesta a partir del primer otoño una serie de comportamientos complejos y finalizados. Ningún aprendizaje fue posible. Sin embargo, la ardilla sabe acumular las avellanas en la boca, cavar un pozo al pie de un roble, cubrirlo de hojas y roer la corteza del árbol, signo que la caracteriza, verdadera firma... que, cuando llegue el invierno, le permitirá reconocer su refugio.

¿Por qué los investigadores de esa escuela recorren el mundo buscando comportamientos universales independientes de la cultura? Los encuentran: una mujer samburu, una niña waikina y una francesa levantan las cejas cuando las tienta el flirt, aunque sus palabras digan lo contrario.[3] Aparte de este consejo práctico, que puede ser muy útil para los donjuanes, ese tipo de observaciones plantea un problema epistemológico: ¿qué beneficio puede acarrearle al investigador cuyas brillantes observaciones eran esa hipótesis? ¿A qué deseo inconsciente responde esa necesidad de demostrar los límites de la cultura y la influencia moderada del medio?

Antes de la guerra, se decía que la biología era de derecha. Respaldaba una representación colonialista según la cual algunos hombres eran de calidad inferior: «La capacidad craneana, reflejo de la inteligencia, es de 1.572,95 en los ingleses. La de los parisinos es de 1.461,53. La de los alemanes, 1.448. La de los africanos, malayos, gorilas e idiotas, 1.300». Pregunta: ¿de qué nacionalidad es el autor?[4]

El obstáculo ideológico. Para luchar contra esa biología de derecha, la izquierda de la década de 1950 privilegió las teorías del medio, al punto que pude ver en las facultades de medicina de Bucarest y de Moscú las banderas que hacía colocar Lyssenko y que decían: «El cromosoma es un invento burgués para legitimar el capital». El estudiante que hablaba de cromosoma no aprobaba.

Esa negación de la materia por parte de los pensadores materialistas se originaba en el contexto social de sus conocimientos y en su necesidad ideológica de reforzar la idea del medio.

El obstáculo biográfico. Por eso siempre propongo a los investigadores y los estudiantes que vienen a trabajar conmigo hacer un breve ejercicio de reflexión sobre la contratransferencia del objeto científico.[5]

La conclusión de un trabajo resulta de un procedimiento metódico y, sobre todo, de una crítica por el medio científico que provoca una verdadera selección cultural de las ideas. Pero ¿cómo llegan las hipótesis al investigador?

No es lo mismo estudiar la transmisión de los mitos familiares en las familias de inmigrantes cuando uno es descendiente de inmigrantes... o demostrar que los niños abandonados se desarrollan bien, cuando uno ha sido un niño abandonado. Ningún estudio sobre la transmisión de la inteligencia puede pretender ser neutral ideológicamente cuando se sabe que hoy en día la escuela es la institución que fabrica las nuevas clases sociales.

El obstáculo representativo. Es un obstáculo importante para la orientación de las investigaciones. Una representación redundante detiene cualquier pensamiento de investigación. «Si un cuerpo cae es porque posee la virtud de caer», decían los escolásticos. Basándose en un término derivado del conocimiento de leyes físicas, cualquier nuevo cuestionamiento perdía sentido, puesto que ya se había hallado la explicación.

Más tarde, los pensadores organicistas reemplazaron el término «virtud» por el de instinto, pulsión, hormona o neuromediador: «Este hombre está triste porque sufre un trastorno del neuromediador de la tristeza». La observación es correcta, pues los cuerpos caen y los hombres pueden estar tristes. Pero la explicación que hace referencia a una sola representación de un mundo donde no se hablaría sino una lengua plantea un problema de exclusividad de la comprensión. ¡No hay una sola manera de ver!

Ese método que consiste en basarse en un término referido a una representación orgánica o física exclusivamente interrumpe cualquier proceso de investigación al ofrecernos la explicación: «Un neuromediador provocó el trastorno, o una fuerza psicoquinésica, o un instinto, […] las mujeres no tienen alma, los hombres son más aptos, la cultura condiciona a las niñas (pero no a los niños…)».

Siempre se necesita alguien que haga sombra, un pensador de pensamientos oscuros para incitar a hacer la luz. No existe nada peor que una explicación para detener un proceso de comprensión.

En este sentido, el *obstáculo de la evidencia* es una gran trampa, puesto que es evidente. Si alcanza con ver, no vale la pena hacer una observación.

Hacía mucho tiempo que yo no había hecho reír con la palabra «psicología». Noté que, en algunos medios, esa palabra tiene una gran virtud hilarante. De modo que la pronuncié en un servicio de neonatología con el éxito habitual, pero no deseado. Algunos rieron, y me explicaron que un bebé prematuro de seis meses estaba más cerca de lo biológico que de lo psicológico. Era subtalámico, es decir, sin cerebro, con reflejos necesariamente arcaicos, sin visión, sin memoria, sin palabra. Un producto biológico, dicen. Entonces comprendí por qué en algunos hospitales los recién nacidos son envueltos en una hoja de aluminio, como el jamón del almacén. No se envuelve a una persona en una hoja de plata, se la viste con la ropa de su cultura. Es evidente.

Hasta el día en que grabamos los llantos de los prematuros y los llevamos al analizador de frecuencia del laboratorio. El ordenador nos entregó una hoja de papel plateado (también) en la que había transformado el llanto en imagen montañosa: las frecuencias bajas a la izquierda, las altas a la derecha.

Al establecer una correlación entre la estructura de los llantos y las variaciones del entorno, hicimos observable el acontecimiento siguiente: toda variación del entorno aumenta el componente agudo de los llantos. Alcanza con cambiar el tejido de la cabecera de la cama o hacer que se acerque un médico reanimador para que el ordenador transforme el llanto del bebé en un dibujo cargado de picos agudos.[6] Los prematuros reaccionan vivazmente a cualquier variación del entorno. Lo que implica que son muy sensibles y que poseen una memoria a corto plazo que les permite reconocer al que regularmente los pincha con una aguja en la arteria femoral.

¡La evidencia no era tan evidente! Tenemos ojos para ver lo que pensamos. La evidencia es una percepción selectiva, organizada como una representación. De allí la necesidad del trabajo de observación para desmontar la trampa que construimos para encerrarnos en ella.

El ordenador nos plantea el problema del *obstáculo técnico*.

No es difícil grabar el cara a cara de una madre con su bebé de unas semanas. Una visión rápida del filme habría dado origen a esta observación ingenua: «Hacen los mismos gestos». En lenguaje etológico, ello se formula de la siguiente manera: «La interacción madre-hijo hace surgir una sincronía postural, mímica y gestual». Pero cuando el sensor técnico permite un análisis en cámara lenta, se puede observar que es el bebé el que, en un 60% de los casos, desencadena la secuencia de imitación.[7] Sin embargo, nuestro ojo no puede verlo, puesto que no está dotado de la capacidad de congelar la imagen en 1/16 de segundo.

Nuestra observación ingenua muestra que rápidamente el bebé pierde el interés en la interacción y deja de responder a las solicitaciones maternas. En ese momento, podemos incorporar al análisis otra hipótesis derivada de otras observaciones: una madre no se comporta de la misma manera con un bebé varón que con un bebé niña. Esta hipótesis sobreañadida permitirá al sensor técnico contar el número de solicitaciones sonoras y gestuales de la madre en función del sexo del bebé. ¡Y el contador responde que las madres solicitan a los bebés niñas mucho más que a los bebés varones!

Esta observación estimulará los valores personales del observador y provocará interpretaciones muy diferentes: «Aquí está la prueba de que las madres son más intrusivas y más fastidiosas con las niñas», o en el caso contrario: «Aquí está la prueba de que las madres son más atentas y más afectuosas con las niñas. Lo he visto con mis propios ojos. Está científicamente comprobado».

Lo que nos conduce al principal obstáculo, que adopta la forma de un Himalaya epistemológico:

El obstáculo verbal. Los psicoanalistas ya nos habían enseñado que las palabras a veces sirven para callar. La etología nos enseña que también pueden enceguecernos.

Georges Devereux invitó a Margaret Mead a su pueblo natal[8] en Hungría. Conocía todos los caminos y hasta la menor piedrita del lugar. Cada ritual alimentario, la invitación a comer, el hecho de compartir lo que se ha cazado, el canasto de frutas ofrecido a la extranjera adquiría para él un sentido preciso, procedente de su historia.

Ese especialista mundial del estudio transcultural de los rituales familiares sabía comprender las palabras de bienvenida y las historias que fundaban el lazo mítico entre la gente de su pueblo, pero desde el segundo día Margaret Mead notó estructuras que soldaban o separaban a las familias. Como no comprendía una sola palabra e ignoraba todas las historias, sólo le quedaban los ojos para ver. Entonces vio que algunas familias evitaban ciertos lugares del pueblo, que algunos desvíos de calles o de senderos en los campos no podían justificarse por la ocupación del suelo. Como no tenía acceso al significado del discurso, sólo le quedaba observar los gestos del cuerpo, la intensidad de las vocalizaciones, el flujo sonoro de las palabras y la dirección de las miradas. Tenía acceso directamente al aspecto sensorial del significante. Esa percepción le permitió descubrir muy rápidamente las alianzas efectivas, disociadas de las producciones verbales.

Su «mirada alejada» le permitió observar lo que Devereux nunca había podido ver, enceguecido por su relación afectiva y el uso de su lengua.

Durante mucho tiempo se nos dijo que «la etología se detiene en el lenguaje». Pero partiendo del postulado según el cual la etología humana sólo podría observar hombres sin lenguaje, las descripciones nos condujeron a la conclusión contraria: hacer la etología del hombre sin lenguaje equivaldría a observar un pez fuera del agua.

El hombre sin lenguaje no es un hombre natural, pues el lenguaje inflitra toda situación humana. Pero ese lenguaje no es lo que se creía.

Al observar los procesos de comunicación animal, aprendimos a analizar las sintaxis conductuales y los objetos sonoros producidos por la palabra. Descubrimos entonces que los bebés en el útero perciben, categorizan esas palabras-objetos sonoros y responden a ellas por ajustes conductuales, al punto que los obstetras hoy en día los interpretan como indicios de bienestar. Gracias a la falsa pista de los hombres sin lenguaje, se pudo describir la competencia lingüística de los bebés, en un estadio de su desarrollo en que la retórica del discurso aún es poco significante.

Queda por saber qué hacemos cuando nombramos lo que observamos...

Este *obstáculo nominalista* es muy importante en un proceso descriptivo y explicativo como el que pretende efectuar la etología. Y nos ha jugado muchas malas pasadas.

En la década de 1970, algunos etólogos describieron los comportamientos de socialización de un grupo de niños preverbales en una guardería infantil. Armados con una cámara y un concepto, dieron la vuelta a las mesas y las pusieron una encima de otra. La simple creación de ese lugar insólito estimuló la competencia entre los niños de la guardería y se pudieron observar los comportamientos suscitados por ese acontecimiento. El análisis de los gestos en cámara lenta reveló cómo algunos niños se apropiaban de ese espacio maravilloso. Trepaban a la mesa y amenazaban a los competidores, vocalizaban llevando la cabeza adelante.[9]

En el 93% de los casos, se apropiaban de ese lugar mediante gestos significantes... antes de emplear cualquier palabra. Luego esos niños socializaban bien y accedían muy rápidamente a los gestos simbólicos, al lenguaje y a la escolarización.

El etólogo llamó «dominante» a ese niño tan fácil de socializar por la competencia. El término «dominante» hacía referencia a una situación social identificable por ciertos comportamientos: ser el primero en elegir los alimentos, apropiarse del espacio de descanso, amenazar, aceptar la sumisión de los pares, calmar los conflictos, iniciar los desplazamientos del grupo, inducir los juegos, etcétera.

El acta de bautismo así publicada conoció una aventura ideológica que ya nada tenía que ver con la intención de los investigadores y producía, incluso, un contrasentido total.

Decir que un niño es «dominante» implica que otros son «dominados». La precocidad de esa manifestación, antes incluso de que se enuncien las consignas educativas, fue interpretada como una prueba de su calidad biológica. El reducido número de niñas revelaba una naturaleza femenina más sumisa.

Queda así demostrado cómo los hechos científicos pueden alimentar una ideología.

Llega Sarah Hrdy, primatóloga y mujer no sumisa. Publica *Des guenons et des femmes* (Monas y mujeres). El hecho de ser hombre y de dar ese título a su libro habría conferido a esas palabras un sentido diferente. Lo cual demuestra hasta qué punto el contexto, la historia e incluso el sexo del hablante participan en la formación del sentido que el oyente da a las palabras. ¿Las palabras de las mujeres tendrían un sentido diferente pronunciadas por un hombre?

Helen E. Fisher[10] explica que, para ella, el término «dominante» remite a comportamientos creadores de redes sociales. En su idea, el dominante es el animal que funciona como referencia y en torno del cual el grupo se organiza y se calma. Se observa entonces que ese término se aplica a algunas hembras viejas, alrededor de las cuales se organiza el grupo. Esa estabilidad permite la transmisión de ciertas adquisiciones conductuales, como lavar las patatas y salarlas sumergiéndolas en agua de mar. Esa transmisión culinaria no es posible para los machos, demasiado inestables, que abandonan el grupo y toman el poder gracias a su vivacidad, lo que les impide analizar. Las hembras, en cambio, mantenidas a distancia, observan tranquilamente y aprenden esa innovación.

¿La manera de nombrar las cosas podría entonces inducir observaciones diferentes?

El obstáculo de las conclusiones. El hecho de concluir plantea un obstáculo porque las conclusiones nunca son concluyentes, cerradas. Una conclusión debería servir, simplemente, como pregunta para un debate posterior.

Se podrían buscar otros obstáculos para continuar el debate: el obstáculo del significado que, al designar cosas ausentes, produce contrasentidos.

El obstáculo experimental, pues ¿acaso la experimentación no es una observación dirigida? Y cuando se conoce la cuota de producción que nuestro inconsciente incorpora en toda observación…

El obstáculo del texto, el obstáculo del contexto, el obstáculo del cotexto, el obstáculo de la historia, el obstáculo de los relatos individuales y culturales, el obstáculo del placer, el obstáculo económico (la asignación de un presupuesto facilita mucho la producción de un hecho científico), que provoca el obstáculo político, el obstáculo del líder del grupo, del inhibidor del grupo, de los opositores al grupo…

Sin duda, existen numerosos obstáculos. Pero éstos también sirven como impulsos.

El costo del establecimiento de un vínculo no es el menor obstáculo, pues el apego tiene un precio muy elevado; sin embargo, su ausencia es más costosa aún.

Tal vez antes de leer este libro ustedes tenían las ideas claras. Espero que ahora estén muy confusas, pues se debe dudar, ¡créanme!

Nos vemos pronto, para seguir discutiéndolas.

Notas

1. B. Cyrulnik, «Les points de butée de la recherche en éthologie», *Bulletin de liaison du certificat de'Études Spéciales en Psychiatrie de Lyon*, Universidad Claude-Bernard, núms. 46-47, julio-octubre de 1987.

2. Observación detallada en B. Cyrulnik, *Mémoire de singe et paroles d'homme*, París, Hachette, 1983.

3. I. Eibl-Eibesfeldt, *Éthologie. Biologie du comportement, op. cit.*, 1972, reeditado en 1988. [*Biología del comportamiento humano. Manual de etología humana.* Madrid, Alianza, 1993.]

4. D. Morton, *Crania americana*, 1893, citado en (obra colectiva) «De Darwin au darwinisme», *Science et idéologie*, París, Vrin, 1982.

5. G. Devereux, *De l'angoisse à la méthode dans les sciences du comportement*, París, Flammarion, 1980.

6. M. Rufo y B. Cyrulnik, *Détermination d'un score étho-psychologique chez les enfants prématurés. Nouvelles approches de la santé mentale de la naissance à l'adolescence*, XI Congreso Internacional, París, julio de 1986, París, ESF.

7. C. Trevarthen, P. Hubley y L. Sheran, «Les activités innées du nourrisson», en *La recherche en éthologie*, París, Seuil, 1979.

8. G. Devereux, *De l'angoisse à la méthode dans les sciences du comportement, op. cit.*, 1980, y presentación personal en mayo de 1968 en la Facultad de Medicina.

9. H. Montagner, *L'enfant et la communication*, París, Stock-Pernoud, 1978.

10. Helen E. Fisher, *La stratégie du sexe*, París, Calmann-Lévy, 1983.

Bibliografía

La bibliografía está ubicada al final de cada capítulo a lo largo del libro.

A continuación se ofrece una lista de obras que pueden orientar al lector interesado en profundizar en el tema.

Ainsworth, M. S. D., Bell, S. M. y Stayton, D. J. 1979. «L'attachement de l'enfant à sa mère», *La recherche en éthologie*. París, Seuil.

Auriol, B. 1981. «Une erreur géniale», *L'Aube des sens, Cahiers du nouveau-né*, París, Stock.

Bateson, G. 1977. *Vers une écologie de l'esprit*. París, Seuil, 2 tomos.

Bischof, N. 1978. «Éthologie comparative de la prévention de l'inceste», *Anthropologie bio-sociale*, Bruselas, Complexe.

Blondin, R. 1984. *Le mensonge amoureux*. Laussane, L'Age d'homme.

Bowlby, J. 1984. *Attachement et perte*, tomo I: *L'attachement;* tomo II: *La séparation;* tomo III: *La perte*. París, PUF.

Brazelton, T. B. 1982. *La dynamique du nourrisson*. París, ESF.

Busnel, M.-C. y Herbinet, B. 1982. *L'aube des sens, Cahiers du nouveau-né*, París, Stock.

Campan, R. 1980. *L'animal et son univers*. París, Privat.

Changeux, J. P. 1983. *L'homme neuronal*. París, Fayard. [*El hombre neuronal*. Madrid, Espasa-Calpe, 1986.]

Chauvin, R. 1975. *L'éthologie*. París, PUF.

Corraze, J. 1975. *La communication non verbale*. París, PUF.

Cosnier, J. y Brossard, A. 1984. *La communication non verbale*. Neuchâtel, Delachaux et Niestlé.

Cyrulnik, B. 1983. *Mémoire de singe et paroles d'homme*. París, Hachette, 1984.

Delannoy, J. y Feyereisen, P. 1987. *L'éthologie humaine*, col. «Que sais-je?», núm. 2339. París, PUF.

Demaret, A. 1980. *Éthologie et psychiatrie*. Bruselas, P. Mardaga.

Doré, F. Y. 1983. *L'apprentissage, une approche psycho-éthologique*. Montreal, Maloine.

Eibl-Eibesfeldt, I. 1972. *Éthologie. Biologie du comportement*. París, Éditions Scientifiques, reeditado en 1988. [*Biología del comportamiento humano. Manual de etología humana*. Madrid, Alianza, 1993.]

Feyereisen, P. y Lannoy, J. D. de. 1985. *Psychologie du geste*. Bruselas, P. Mardaga.

Garrigues, P., Mennesson, J.-F. et al. 1985. «Fluctuations comparées de l'activité motrice en situation de jeu», *Le jeu, l'enfant*. París, ESF.

Guyomarch, J. C. 1980. *L'éthologie*. París, Masson.

Goffman, E. 1973. *La mise en scène de la vie quotidienne*. París, Éditions de Minuit.

—. 1974. *Les rites d'interaction*. París, Éditions de Minuit.

Goustard, M. 1975. *Le psychisme des primates*. París, Masson. [*Los monos antropoides*. Madrid, Oikos Tau, 1971.]

Langaney, A. 1988. *Les hommes*. París, Armand Colin.

Lebovici, S. 1983. *Le nourrisson, la mère et le psychanalyste*. París, Le Centurion.

Le Camus, J. 1985. *Les relations et les interactions du jeune enfant*. París, ESF.

Lorenz, K. 1984. *Les fondements de l'éthologie*. París, Flammarion.

Maruani, G. y Watzlawick, P. 1982. *L'interaction en médecine et en psychiatrie*. Génitif.

Medioni, J. y Boesiger, E. 1977. *Mécaniques éthologiques de l'évolution*. París, Masson.

Montagner, H. 1988. *L'attachement*. París, Odile Jacob.

Morris, D. 1978. *La clé des gestes*. París, Grasset.

Nadel-Brulfert, J. y Baudonnière, P. M. 1980. «L'imitation, mode d'échange prépondérant entre pairs», *Enfance*.

Nisbett, A. 1979. *Konrad Lorenz*. París, Belfond.

Querleu, D., Renard, X. y Versyp, F. 1986. «Vie sensorielle du fœtus», *Éthologie autour de la naissance, Méd. Enf.*, noviembre.

Schaffer, R. 1981. *Le comportement maternel*. Bruselas, P. Mardaga.

Sluckin, W., Herbert, M. y Sluckin, A. 1983. *Le lien maternel*. Bruselas, P. Mardaga.

Stambak, M. 1983. *Les bébés entre eux*. París, PUF. [*Los bebés entre ellos*. Barcelona, Gedisa, 1984.]

Tremblay, R. E. 1985. *Éthologie et développement de l'enfant*. París, Stock.

Vidal, J. M. 1985. «Explications biologiques et anthropologiques de l'interdit de l'inceste», *Nouv. Rev. Ethnopsy*, núm. 3.

Widlöcher, D. 1983. *Les logiques de la dépression*. París, Fayard.

Zazzo, R. 1974. *L'attachement*. Neuchâtel, Delachaux et Niestlé.

Impreso en los talleres de
DocuMaster
(Master Copy, S.A. de C.V.)
Plásticos #84, Local 2, ala sur,
Fracc. Industrial Alce Blanco,
Naucalpan de Juárez, C. P. 53370.

www.documaster.mx
IMPRESO EN MÉXICO